SAGGISTICA 17

Mare Nostrum

prospettive di un dialogo
tra alterità e mediterraneità

Mare Nostrum

prospettive di un dialogo
tra alterità e mediterraneità

Edited by
Antonio C. Vitti
Anthony Julian Tamburri

BORDIGHERA PRESS

Library of Congress Control Number: 2015912679

Printed in the United States.

Published by
BORDIGHERA PRESS
John D. Calandra Italian American Institute
25 West 43rd Street, 17th Floor
New York, NY 10036

SAGGISTICA 17
ISBN 978-1-59954-100-6

TABLE OF CONTENTS

PREFACE

A s with our inaugural volume, *Europe, Italy, and the Mediterrane-an: L'Europa, l'Italia, e il Mediterraneo*, which was born from the first conference organized by the Mediterranean Centre for Intercultural Studies (MCIS), this collection of essays is born out of the Centre's second conference that took place in Erice, Sicily, in May 2014.

This collection contributes to the fundamental mission of the MCIS—founded in 2012 and located in Erice—with the specific goal of creating a dialogue between those scholars whose intellectual work is dedicated to topics and themes related to any aspect of Mediterranean culture, in the broadest sense of the term. This volume also underscores our desire—and dare we say, necessity—to make readily available the best of work that emanates from the Centre's annual meetings.[1]

The topics of the essays herein are varied and, in some cases, multi-directional. There are essays that deal with movement away from Italy, investigating further the Italian *diaspora*, which, as we all know, has led to the birth of Italian "colonies" in different parts of the world—be they in other locales within the Mediterranean, be they across the Atlantic in various parts of the Americas, if not on other continents as well, such as Australia and the rest of Europe.[2] In other cases, there are essays dealing with movement

---

[1] General information on the Mediterranean Centre for Intercultural Studies can be found at the following site: http://centrostudimediterranei.com. The founding members of the Centre are: Antonio Vitti, Jerome Pilarski, Pinola Savalli, Gino Tellini, and Anthony Julian Tamburri.

[2] As we stated previously, the use of the term "colonies" harks back to the term popular among the Italians at the turn of the twentieth century. Since then, the term has taken on other significance, especially after the onset of a «post-colonial» critical discourse.

toward Italy—creating, in turn, a new, diverse Italy that has now become a land of [im]migratory arrival as opposed to its historic position as a country of [e]migratory departure. One other result of this trajectory of reverse migration is what we might consider a "coloring" of Italy.[3] Other essays, in turn, examine the dialogue of cultural inheritance that spans chronology within the confines of the geo-cultural zone we know as Italy. And while some examine the written and how it interacts with both Italian-ness and Mediterranean-ness, others, still, examine the Italian cinematic discourse that has developed over the past fifty years.

This second volume underscores our continued hope that the enclosed essays will further provoke new thoughts in our reader along with the desire to join us at one of our future conferences in a locale—Erice, Sicily—that inspires dialogue, conversation, and inquiry into Mediterranean studies.

Antonio C. Vitti & Anthony Julian Tamburri, Summer 2015

---

[3] While this is not the venue for such a discussion, we might consider such discourse of color having its roots, to some degree, in the contested discourse of the Southern Question, according to which some saw southern Italy as an extension of Africa, as was often stated, and still is today by some.

Mare Nostrum
Prospettive di un dialogo tra alterità e mediterraneità

> "Il mare unisce i paesi che separa."
> Alexandre Pope

L e pagine che seguiranno sono una lucida dimostrazione di come il "Mare Nostrum" sia una componente performante e fondamentale nella storia dell'essere umano. Il Mar Mediterraneo, crocevia del mondo e cuore pulsante della storia, ci attrae e ci respinge, in un eterno movimento sussultorio, che sprofonda poi, nell'eternità di una storia difficile da comprendere.

Un viaggio interessante questo libro, che ci permette di esplorare la storia al microscopio, una vena sottile che attraversa, quasi mestamente e con rispetto, i più disparati aspetti che fanno parte dell'animo umano. La letteratura, il vino, il cinema, vecchie fiabe che esaltano il genio umano elevandolo a non vivere come "bruti", seguendo invece "virtute e conoscenza".

È l'arte che ci eleva ad esseri pensanti, quando si palesa in tutte le sue forme. I saggi di questa raccolta seguono un filo conduttore che porta a chiedersi, cos'è dunque l'arte? Quanti amori e quante opere ha ispirato il mare, potremmo dunque dire che l'arte in se è anche figlia del Mediterraneo?

L'insieme porta il lettore ad una lettura, che passa attraverso l'avventura mediterranea di Madama Bertola fino ad arrivare alla letteratura contemporanea di Andrea Camilleri. Dal cinema di Luchino Visconti a quello di Gianni Amelio, che attraverso l'analisi di *Così ridevano* del 1998 si rilegge *Rocco e i suoi fratelli* del 1960, offrendoci una rilettura di come viene visto e filtrato, il concetto di mediterraneità, attraverso l'obbiettivo della camera da presa. "Angela una storia vera" film di Roberta Torre, racconta invece la mediterraneità e il plusvalore del piacere femminile.

La raccolta di questi saggi include, anche la poesia di Mario Scalisi che accumuna la cultura araba e nord africana disegnando un cordone ombelicale che ci nutre e ci contamina. Per i curiosi ed i cultori, la Civiltà del vino e del tè: "due artes bibendi a confronto" del Mediterraneo, fattori questi non di secondaria importanza, sia per il progresso della storia, ma soprattutto della produzione artistica relativa appunto al bacino del Mediterraneo. La visione fiabesca della mediterraneità, viene esposta attraverso le storie di "Pinocchio e il richiamo del Mare" prima e in un secondo tempo con: "L'ultimo Pulcinella: dal Sud al Nord per una lezione di umanesimo".

Per concludere, il Mediterraneo che viene presentato in questa raccolta, a mio avviso, si potrebbe tradurre perfettamente in alcuni versi in dialetto genovese:

"Ghe naveghimu 'nsci scheuggi, emigrant du rie cu'I cioi 'nt'I euggi, finche; u matin cresci'a da pue'ilu reche'ugge, fre' di ganeuffeni e de figge, bacan d'acorda marsa d'aegua e de sa, che a ne liga e a ne porta 'nte 'na creuza de ma."[4]

Creuza de Ma ossia mulattiera di mare, probabilmente uno dei dischi più discussi del cantautore Fabrizio De Andrè. Un'opera totalmente ispirata al concetto di mediterraneità, discorso veicolato non solamente dalla parte poetica del disco, (cantato in dialetto genovese) ma soprattutto dalla sperimentazione musicale attraverso la ricerca storica, l'utilizzo di strumenti, e quindi di sonorità, che provengono da tutto il bacino del mediterraneo. Attraverso questo volume, è possibile comprendere che l'insieme di tutte que-

---

[4] "E se nella barca del vino ci navigheremo sugli scogli, emigranti della risata con i chiodi negli occhi, finche' il mattino crescera' da poterlo raccogliere, padrone della corda marcia d'acqua e di sale, che ci lega e ci porta in una mulattiera di mare." Fabrizio De Andrè - *Crêuza de mä -1984 – Label Ricordi.*

ste nobili arti, appartengono alla cultura del "Mare Nostrum", il quale si colloca nell'imprescindibile sfera dell'essere mediterraneo unendoci tutti sotto una grande bandiera, proprio come diceva Pope, il mare unisce i paesi che separa.

Joseph Di Rezze, Summer 2015

ORTENSIO SCAMMACCA:
"LA ROSALIA" TRA RELIGIONE E POLITICA

Lucilla Bonavita

> *Ego Rosalia Sinibaldi Quisquinae et Rosarum*
> *Domini Filia Amore Do.ni Mei Iesu Christi In*
> *Hoc Antro Habitari Decretum.*

L'iscrizione riportata fornisce delle indicazioni relative alla Santa: "Io Rosalia, per amore del mio Signore Gesù Cristo, ho deciso di abitare in questa grotta"; a conferma di ciò la stessa Rosalia, protagonista della omonima tragedia di Padre Ortensio
Scammacca,[1] nel prologo del primo atto, così recita in versi sciolti:

> Io Rosalia di Sinibaldo figlia,
> che di Quisquina, e del Rosato monte,
> che li risguarda, il gran barone s'appella
> per amore del ver'uomo, e ver Dio Cristo
> tolsi di far mia vita in questa grotta.[2]

---

[1]Ortensio Scammacca (Lentini, 1562-Palermo, 1648) è stato un drammaturgo e
poeta tragico italiano, definito dai contemporanei "Il Divino Poeta di Sicilia". Si
trasferì molto giovane dalla natìa Lentini verso il capoluogo, Palermo, per seguire le lezioni al Convento dei Gesuiti dove avrebbe tenuto i corsi di Teologia e Filosofia oltre che di Lingue e Scritture Sacre. Per le informazioni biografiche si fa
riferimento alla voce 'Ortensio Scammacca' nel sito www.treccani.it.
[2]Rosalia Sinibaldi (o di Sinibaldo) nasce a Palermo intorno al 1128. La tradizione
narra che mentre il conte Ruggero osservava il tramonto con sua moglie, la con-
tessa Elvira, una figura gli apparve dicendogli: "Ruggero io ti annuncio che, per
volere di Dio, nascerà nella casa di Sinibaldo, tuo congiunto, una rosa senza spi-
ne", per questo motivo pare che, poco tempo dopo, quando nacque, alla bambina
venne assegnato il nome Rosalia. Esiste un'altra tradizione che vede spettatori
della visione Guglielmo II e sua moglie Margherita, ma ciò non sarebbe possibile:
il 1128, presunta data di nascita di Rosalia, non coincide col regno di Guglielmo,
che va dalla morte del padre Guglielmo I nel 1166 alla propria nel 1189. Nel 1128,

L'argomento è il seguente: "Guglielmo il Malo, Re di Sicilia, per lo mal governo del regno, per la vita sua menata in lascivia, e per aver voluto uccidere Santa Rosalia, che avea avuto ardire di riprenderlo di questi suoi vizi, fu per giusto giudicio di Dio da' suoi vassalli deposto dal regno, e fatto prigione, e il suo mal consigliero Maione ucciso, per le quali cose avendo conosciuto gli errori suoi, e pentitosene, ottenne per mezzo di Santa Rosalia da Dio perdono, e restituzione al regno. Ma poi per aver malamente col piede ributtato da sé il suo primogenito Ruggiero, perché si era lasciato condurre per la città, e salutare per Re in luogo suo, ne meritò la morte del figlio, il quale per quello colpo ricevuto dal padre se ne morì di dolore. E egli fatto certo da S. Rosalia della sua

---

siamo a due anni dell'incoronazione di Ruggero II, la Sicilia è ancora una Contea e Palermo sta per diventare capitale del Regno Normano d'Italia meridionale. Suo padre, il conte Sinibaldo, signore della Quisquina e del monte delle Rose (attuali territori di Santo Stefano Quisquina e Bivona, siti in provincia di Agrigento), faceva discendere la sua famiglia da Carlo Magno. Sua madre Maria Guiscardi era a sua volta di nobili origini e imparentata con la corte normanna. Da giovane visse in ricchezza presso la corte di re Ruggero, un giorno il conte Baldovino salvò il re Ruggero da un animale selvaggio che lo stava attaccando, il re volle ricambiarlo con un dono e Baldovino chiese in sposa Rosalia. La ragazza, all'indomani dell'offerta si presentò alla corte con le bionde trecce tagliate declinando l'offerta preferendo abbracciare la fede. Inizialmente Rosalia si rifugiò presso il monastero delle Basiliane a Palermo, ma ben presto anche quel luogo fu troppo stretto a causa delle continue visite dei genitori e del promesso sposo che cercavano di dissuaderla dal suo intento. Decise quindi di trovare rifugio presso una grotta nei possedimenti del padre, che aveva visitato da fanciulla, presso Bivona. La sua fama intanto si diffuse presto e la grotta divenne luogo di pellegrinaggio. Un giorno la grotta fu trovata vuota e successivamente si venne a sapere che aveva deciso di tornare a Palermo occupando una grotta sul Monte Pellegrino per sfuggire ai pellegrini e trovare un rifugio silenzioso. Ma anche lì ben presto la sua fama la rese celebre ed iniziarono i pellegrinaggi. Il 4 settembre del 1165 venne trovata morta dai pellegrini. (S. CABIBBO, *Santa Rosalia tra cielo e terra*, Palermo, Sellerio Editore, 2004).

2

morte, per far già penitenza de' suoi peccati si ritira a vita privata, lasciando il governo alla moglie".[3]

La vita di Santa Rosalia è poco conosciuta da un punto di vista storico, ma è tramandata da una folta tradizione popolare, soprattutto orale, il cui intento è quello devozionale. Una delle rappresentazioni più antiche della vita della Santa di cui ci è giunto il testo, è *La Rosalia*, tragedia sacra del padre gesuita Ortensio Scammacca che operò a Palermo nell'età barocca, autore di quarantacinque testi teatrali, oltre a sette perduti, pubblicati a Palermo nel 1632 da Giovan Battista Maringo con il titolo *Delle tragedie sacre e morali*. L'enorme produzione letteraria attesta la predisposizione dello Scammacca alla varietà: la testimonianza ne è data dalla vastità delle fonti, infatti, l'Autore attinge alla storia dell'Antico Testamento (*Roboamo*, vol. II, *Giuseppe venduto*, vol. IX, ecc.), alla tradizione popolare siciliana (*Amira*, vol. I tragedia di soggetto arabo, del *Boemondo* ,vol. X, che riecheggia un'antica tradizione normanna, *Matteo di Termine*, vol. IX che riconduce all'età dei Svevi), ma anche a personaggi tipici dell'età moderna come ne è esempio la trilogia costituita da *Tommaso in Conturbia*, dal *Tommaso in Londra* e dal *Tommaso Moro*, vol. XII e alle vite dei santi delle quali *La Rosalia* ne costituisce un emblematico esempio, insieme a *S. Lucia* e *S. Agata* e alle altre contenute nel I, II e III volume delle sue *Tragedie*.[4]

La Rosalia fu realizzata all'interno di un contesto storico-letterario nel quale viva era la presenza dell'azione edificante e apostolica

---

[3] Di seguito si riporta la traduzione: Guglielmo il Malo, Re di Sicilia, a causa della cattiva gestione del regno, della sua vita lasciva e dell'uccisione di Santa Rosalia che aveva avuto l'ardire di riprenderlo nei suoi vizi, fu, per giusto giudizio di Dio, deposto dal regno dai suoi stessi vassalli e condotto in prigione, ma pentitosi di tutti i suoi errori, ottenne, per mezzo di Santa Rosalia, il perdono da Dio e la restituzione del regno. Avendo però poi allontanato il suo figlio primogenito Ruggiero, perché si era lasciato salutare come Re al suo posto, ne causò la morte. Informato dell'avvenuto decesso dalla Santa, si ritirò a vita privata per far penitenza dei suoi peccati, lasciando il governo alla moglie.

[4] E. BERTANA, *La tragedia*, Milano, Vallardi, 1917, p. 179.

condotta dai Padri gesuiti attraverso le missioni disseminate oltre che nell'America Latina, nei paesi del bacino del Mediterraneo, Francia, Spagna, Italia e in modo particolare nelle città di Palermo e di Messina,[5] grazie alla presenza dei collegi gesuitici che qui svolgevano una forte azione moralizzante dato che "l'intendimento apologetico, dottrinale, catechetico, ecc., nella tragedia gesuitica è, più che altrove, scoperto, molto più diffuso; ed anche lo Scammacca naturalmente si propose per prima cosa, componendo le sue tragedie, d'edificare e d'ammonire gli spettatori, per la loro temporale e spirituale salute".[6]

Dal punto di vista testuale, la suddivisione in cinque atti e la presenza dell'unità di tempo e di luogo, ancorano il testo ai canoni aristotelici: l'azione, infatti, si svolge in una sola giornata nel palazzo reale di Palermo; richiama ad alcuni elementi della leggenda di Santa Rosalia, quali la fuga dal palazzo reale e la permanenza nell'eremo di Quisquina. Il nucleo centrale del dramma è costituito dalla vicenda storica relativa al sovrano normanno, come sostenuto da Giovanni Romagnoli nel suo saggio *Santa Rosalia nel teatro da Scammacca a Salazar all'opra dei pupi*, a tal punto che "il personaggio della Santa, il richiamo alle cui vicende biografiche diventa quasi incidentale, viene innestato nella vicenda storica relativa a questo sovrano normanno, che costituisce il nucleo centrale del dramma, come traspare già dall'Argomento che l'Autore premette al testo, ciò che rende discutibile l'autodesignazione dell'opera come dramma sacro piuttosto che come dramma storico".[7] In questa sede, invece, si cercherà di dimostrare, attraverso un'analisi testuale, come le due componenti, quella religiosa e quella politica, siano strettamente intrecciate, pur conservando la designazione di

---

[5] Un importante saggio sull'argomento è quello di G. ISGRÒ, *Fra le invenzioni della scena gesuitica*, Roma, Bulzoni, 2008.

[6] E. BERTANA, *Op. cit.*, p. 181.

[7] Cfr. G. ROMAGNOLI, *Santa Rosalia nel teatro da Scammacca a Salazar all'opra dei pupi*, in www.centrointernazionalestudisulmito.com, p. 5.

dramma sacro. La componente storica è indiscutibilmente molto forte e il Medioevo rappresenta per il drammaturgo una visione metastorica del passato: Scammacca, infatti, effettua una vera e propria operazione di dislocamento dei problemi politici e delle inquietudini dell'età del Seicento in epoche remote.[8] Un tema contemporaneo veniva, perciò, rimosso e collocato in tempi lontani, diventando, in tal modo, storia. Il passato è chiamato ad operare, dunque, come cassa di risonanza dei terrori e delle aspirazioni del periodo storico contemporaneo all'autore. E allora i versi dell'Atto Secondo: "Ripiglia in man lo scettro, e 'l bel governo; / fa, che ritorni a l'ore prime, e schietto, / che mostrasti al principio, il secol guasto"[9] attraverso le quali Matteo Bonelli cerca di agire sulla coscienza del Re, appaiono come monito non solo a Guglielmo ma a tutti i personaggi della storia, e in particolare a quella contemporanea a Padre Scammacca, che come Guglielmo, si sono lasciati allontanare dal retto cammino a causa dei numerosi vizi. Se la storia era rivelazione della tirannide, nel detentore del potere si trovavano unite la forza smisurata del suo ruolo e la sua infinita debolezza, così come accade al sovrano normanno.[10] Ma d'altro canto è altrettanto indiscutibile la componente religiosa: la comparsa sulla scena di Santa Rosalia, infatti, avviene per volere divino, come si ricava nell'Atto Primo dalle parole che la Santa rivolge all'angelo:

> Ma sia lecito a me, fatto 'l viaggio, / quel, ch'innanzi 'l partir, fa non mi parve, / d'ubbidir desiando al solo cenno, / or domandar, perché da quella pace, / che mi godea, Dio sol meco parlando, / et io con lui nel solitario albergo, / ogni cura mortal tacendo

---

[8] Cfr, su questo tema, G. TOFFANIN, *Machiavelli e il "tacitismo"*, Napoli, Guida editori, 1912.

[9] Cfr. G. ROMAGNOLI, *Op. cit.*, p. 48.

[10] Cfr. su questo tema, W. BENJAMIN, *Il dramma barocco tedesco*, Torino, Biblioteca Einaudi,1999.

dentro, / m'hai trasferito in parte, ove conviemmi / udir del mondo i torbidi tumulti?"[11]

La Santa credeva di trascorrere nella grotta definita "santo nido"[12] i rimanenti anni della sua vita, ma successivamente si rende conto che Dio "altro ha disposto, / chi vuol mia voglia al suo voler conforme, / e forse è voler suo, che 'queste parti / il mio mortale ove 'l pigliai, deponga".[13] Inoltre, dalle parole dell'angelo dell'Atto Primo:

> A destinato luogo, or che siam giunti; / tempo è di appalesar l'alto consiglio./ Non perché del tuo fin sia presso il giorno / Dio t'ha fatta venir per mia condutta / a depor la tua fama, ov'ella nacque; / ma perché a l'altra, e torbida tempesta, / ch'oggi vedrassi in questo mar di genti / sollevata al fiatar di mobil'aure, / che la nave real battuta, e scossa / romper farà già quasi infra gli scogli, / tu facci, qual si de', seren tranquillo. / Come sia questo , a dir più non m'allungo: / e molto men, come di Dio lo sdegno / sia mosso contra quel, ch'ha in man lo scettro / delle fertil Sicilia, e suoi Normanni"[14]

si deduce che Santa Rosalia viene inviata a corte per volere divino, trasportata in volo dagli Angeli, per correggere gli eccessi del monarca che stava compromettendo le sorti del regno e ribadisce la sua missione nell'Atto II nel quale afferma:

> "Non io per ottener, lasciai la grotta, / ne' palagi reali oscuri honori, / servo dominio, e povere ricchezze; / ma, per ben vostro, e per tor voi da morte, / se pur di ciò non vi farete indegni".[15]

---

[11] G. ROMAGNOLI, *Op. cit.*, p. 15.
[12] *Ivi*, p. 16.
[13] *Ibidem*.
[14] *Ibidem*.
[15] G. ROMAGNOLI, *Op. cit.*, p. 41.

La conferma della missione soprannaturale della Santa viene di nuovo data nell'Atto IV. Infatti, alla regina Margherita che ribadisce la santità di Rosalia, la fanciulla dirà:

"Quest'io non dico; anzi di pian confesso; / che son del Re del Cielo inutil serva. / Per messaggi di lui, ch'a ciò mi manda".[16]

La dimensione soprannaturale è anche ribadita nell'Atto Quinto:

"Il mio non mio parlar sentite, o Regi; / ma di colui, ch'a nome suo mi manda".[17]

È proprio all'interno dell'Atto Quinto che Rosalia svela il volere di Dio, portando a compimento il suo ruolo di messaggera divina:

"Per lo vostro miglior questo ha disposto. / Ruggier, che cosa era da lui, s'ha tolto. / E quel, ch'è innanzi tempo al parer vostro, / tu al suo immenso saper maturo frutto".[18]

A Guglielmo, la Santa profetizza che Dio gli lascerà pochi giorni da vivere affinchè possa chiedere perdono delle sue colpe:

"Te, Guglielmo, dì pochi a viver lascio, anzi a morir ne la prigione terrestre, / perché de' falli tuoi tu faccia emenda. / Dopo spazio non molto a l'altro mondo / ti chiamerà; tu t'apparecchia intanto; / et affretta a fornir con santi passi / la via, ch'adduce a la magion celeste".[19]

---

[16] *Ivi*, p. 77.
[17] *Ivi*, p. 97.
[18] *Ibidem*.
[19] G. ROMAGNOLI, *Op. cit.*, p. 98.

Alla Regina, Dio ha deciso di affidare tutto il governo e vuole che sia tutrice del futuro Re che farà innalzare un tempio consacrato alla Madre di Dio alla quale cento ministri eleveranno preghiere incessantemente:

> "Costui qui presso a' pie' d'un alto monte, / pur sopra un colle, il qual Real sia detto /da sua real presenza, e lunga stanza, /a la madre di Dio sacrato, ed almo / sorger farà da' fondamenti un tempio / vestito ad oro, e rilucenti marmi, / a cui mai non fia pari altro nel mondo. /Quivi a Dio renderan preghiere, e canti / de l'incruento altar sacri ministri /desti al culto divin la notte, e 'l giorno, / perfetti di virtù, di numer cento".[20]

La Santa rivela, infine, che "Tutto ciò vidi in vision celeste"[21]: in tal modo padre Scammacca ritorna alla funzione medievale della visione celeste arricchendola di un valore politico, ma garantendone sempre il significato soprannaturale. Di fronte alla Rivelazione divina, le reazioni della Regina e di Guglielmo sembrano addirittura ossimoriche, infatti, Margherita si lamenta della struggente rivelazione poiché, dopo aver sopportato il marito per tanti anni, ora che potrebbe goderlo nel bene, Dio glielo toglie, ma a questo si aggiunge anche la preoccupazione della gestione del governo: "Chi darà nel governo a me consiglio?".[22] Alla 'lamentatio' di Margherita seguono paradossalmente, se non inseriti all'interno del processo di conversione, i ringraziamenti di Guglielmo: "Ringrazio Dio, che con pietà riguarda / me , la mia casa, il real seme, il regno. / Ond'io dal suo voler niente mi allungo"[23], parole che contrastano con l'atteggiamento della Regina che non trova consolazione a causa del progetto di Dio. A tale riguardo è proprio Guglielmo che le suggerisce di aver fede in Dio: "Datti pace, Regina,

---

[20] *Ibidem.*

[21] *Ibidem.*

[22] G. ROMAGNOLI, *Op. cit.*, p. 99.

[23] *Ibidem.*

e tien ben fermo / esser miglior, quant'ha 'l buon Dio disposto".[24]
E il verso "Sia dunque il voler nostro al suo conforme"[25] non può
non rievocare i versi danteschi del canto III del Paradiso nei quali
Piccarda dichiara:

> "A questo regno, a tutto 'l regno piace, / come allo re ch'a suo
> voler ne 'nvoglia; / e la sua volontade è la vostra pace".[26]

La beatitudine, pertanto, nasce dalla conformità delle anime al volere di Dio, frutto, in Guglielmo del processo di conversione. È indicativo che proprio queste parole fungano da commiato dalla
Regina, dalla corte e dal resto del mondo che non lo rivedranno
più "se non defunto",[27] poiché vivrà il resto dei suoi giorni nascosto "nel sacro chiostro / là 've i padri Romiti a Dio dan laude",[28]
parole che sanciscono il definitivo allontanamento dalla vita politica: "Più del regno, e governo, io non m'impaccio".[29] La parola
salvifica di Cristo laverà Guglielmo da ogni colpa e il riscatto della
sua anima avverrà proprio nel momento in cui accetterà, senza ri-
luttanza, il volere di Dio che lo condurrà a concludere la sua vita
nel chiostro. Dinnanzi a ciò, appare chiaro la sorte della Regina:
"Fu mio destino star sempre sola, e scevra / dal mio Guglielmo, / o
sia perverso, o santo".[30] Dunque, sia prima che dopo la conversione operata da Dio attraverso Rosalia, la Regina è da lui destinata
ad una inevitabile solitudine e sul suo destino di sposa e di regina
sembrano prevalere i principi politici della Ragion di Stato.

---

[24] G. ROMAGNOLI, *Op. cit.*, p. 102.

[25] *Ibidem.*

[26] D. ALIGHIERI, *La Divina Commedia*, commento di G. Biagioli, vol. III, Milano,
per Giovanni Silvestri, 1829, pp. 45-46. Il commentatore afferma che "a suo voler
ne 'voglia" è "un bel modo di dire che Dio accende il desiderio nostro in fuoco
conforme al suo".

[27] G. ROMAGNOLI, *Op. cit.*, p. 103.

[28] *Ibidem.*

[29] *Ibidem.*

[30] *Ibidem.*

Prima, però, di giungere alla rivelazione del piano divino, per far desistere il Re dal suo deviato comportamento, la Santa utilizza una serrata argomentazione: innanzitutto ricorda a Guglielmo il ruolo istituzionale che ricopre e, in seconda istanza, ne sottolinea la forte dimensione cristiana. Così Rosalia argomenta:

> Due cose al Re Guglielmo il Re dei regi / intender fa per me sua vil messaggia. / Prima, che tu sei Re; poi vuol secondo / che tu, Signor, d'esser cristiano intendi, / come Re non sei nato ad agi, e vezzi, / ma del tuo grande imperio al ben nascesti, / al vero onor, mostrando a tuoi vassalli, / che sei Re lor legittimo.[31]

In riferimento alla prima affermazione, la Santa ricorda a Guglielmo quali devono essere i doveri del Re:

> "Questi son del buon Re gli antichi offici: / prima ascoltar, poi far giustizia a tutti / senza riguardo aver; chi la dimanda, / se ricco, o pover fia, nobile, o vulgo".[32]

Per quanto concerne il secondo assunto, la Santa cerca di allontanare il sovrano dalla sua condotta lussuriosa, ricordandogli che, essendo cristiano, la "santa legge [...] / a ciascun cristiano aver comanda / solo una donna in matrimonio giunta"[33] e lo invita a riflettere sulle sue parole. La funzione escatologica della Santa è confermata, sempre nell'Atto Primo, dalle parole di Margherita:

> "So che Dio fu l'autor del ritorno. / Per altro fin cert'io creder non posso, / che per pubblico ben tu qui venisti; / quando a l'estremo, ahi gran dolor, son giunte / le cose nostre, ed io condutta al verde".[34]

---

[31] G. ROMAGNOLI, *Op. cit.*, p. 29.
[32] *Ibidem.*
[33] *Ibidem.*
[34] G. ROMAGNOLI, *Op. cit.*, p. 18.

Il "pubblico ben" è facilmente riconducibile al bene pubblico dell'età contemporanea al nostro Autore, pertanto la funzione della rappresentazione de *La Rosalia* è, non solo morale e educativa, ma anche politica ed invita gli spettatori, attraverso la riflessione sulla messinscena che si sta rappresentando, ad una maggiore presa di consapevolezza dello scenario e delle condizioni politiche del momento storico dell'epoca.

La narrazione, da parte della regina, nel corso del Primo Atto, della corruzione morale di Re Guglielmo che aveva volto "l'amore a l'Arabe donzelle / da Dio lontane [...] La sua vaga libidine sfogando / con una, e con un'altra ei va di quelle, / olio, e legne mettendo il dì le notti / al sozzo fuoco, onde 'l meschino avvampa",[35] serve, inoltre, a porre in evidenza la dissolutezza che costellava la vita privata di Re Guglielmo e che inevitabilmente si rifletteva, con dannose conseguenze, anche nella sfera politica: un disordine morale, dunque, ma anche politico. Il sovrano, infatti, quarto figlio di Ruggero II e di Elvira Alfonso di Castiglia diventò re di Sicilia nel 1154 alla morte del padre. Crebbe nella sfarzosa corte di Palermo subendo inevitabilmente l'influenza della cultura araba. Una volta salito al trono, non rinunciò a dedicarsi alle mollezze e agli agi, di cui sono testimonianza le parole di Margherita, trascurando in tal modo gli affari del Regno che vennero affidati a Maione di Bari, una delle persone di fiducia.[36] È interessante notare come il riferimento al mondo arabo si ammanta di una accezione non certamente positiva, qualora le 'Arabe donzelle' sono portatrici di lascivia e di lussuria e il mondo arabo ritorna nell'Atto

---

[35] *Ivi,* p. 19.
[36] Per un approfondimento del profilo storico del re Guglielmo, si confronti: G. RAVEGNANI, *I trattati con Bisanzio 992-1198,* Venezia, Il Cardo, 1992; B. PIO, *Guglielmo I d'Altavilla. Gestione del potere e lotta politica nell'Italia normanna (1154-1169),* Bologna, Patron Editore, 1996; D. MATTHEW, *I Normanni in Italia,* Laterza, Roma-Bari, 1997 (ed.orig. *The Norman Kingdom of Sicily,* London 1992); J. J. NORWICH, *Bisanzio,* Milano, Mondadori, 2000; G. RAVEGNANI, *I bizantini in Italia,* Bologna, il Mulino, 2004.

Quarto, quando, dovendo decidere dove imprigionare il Re per sottrarlo alle ire del volgo che voleva deporlo, si stabilisce di "porlo qui vicino a quella villa / ch'Alcuba l'idioma arabo appella, / sgombre indi pria le Saracine putte, / delizie sue ne i dì vissuti indarno";[37] il riferimento è a quello stesso edificio nominato da Boccaccio nella sesta novella della quinta giornata che narra la vicenda d'amore tra Gian di Procida, nipote dell'omonimo eroe del Vespro Siciliano e Restituta, una bella ragazza di Ischia rapita da alcuni giovani siciliani per offrirla a Federico II d'Aragona, l'allora re di Sicilia. Nel castello di Cuba, costruito da Guglielmo II nel 1180,[38] Boccaccio immagina che venga tenuta prigioniera Restituta senza dare ulteriori spiegazioni sulla possibile presenza di altre fanciulle. Così, infatti, scrive:

> Il re veggendola bella, l'ebbe cara; ma per ciò che cagionevole era alquanto della persona, infino a tanto che più forte fosse, comandò che ella fosse messa in certe case bellissime d'un suo giardino, il quale chiamavano Cuba, e quivi servita, e così fu fatto.[39]

Tra i personaggi della tragedia, il più "stereotipato",[40] come evidenziato da Gianfranco Romagnoli appare proprio quello di Rosalia che viene dipinta come perfetto e incontestabile araldo di Dio, votata a Lui sin dalla infanzia, che con autorevolezza si rivolge ai nobili e ai sovrani senza manifestare un minimo segno di umana debolezza poiché il suo diretto interlocutore è Cristo stesso: infatti, dal monologo di Rosalia dell'atto primo che segue il

---

[37] G. ROMAGNOLI, *Op. cit,*. p. 74.

[38] La Cuba fu fatta costruire da Guglielmo II, figlio di Guglielmo I il Malo, protagonista della tragedia *La Rosalia* di Scammacca, pertanto ai fini di una certa veridicità storica, il particolare sulla Alcuba fornito da Scammacca sembra non rispondere ad essa.

[39] G. BOCCACCIO, *Decameron*, a cura di Vittore Branca, Milano, Mondadori, 1989, p. 467.

[40] G. ROMAGNOLI, *Op. cit.*, p. 5.

dialogo tra lei e la regina Margherita che espone i vizi di re Guglielmo, così si legge:

> Che debbo far, che mi consigli, o Cristo? / Come a tanto mal potrò gir contra? / Donde a Satan comincierò la guerra? Men vado al Re, perché del mal s'accorga? [...] Venite spirti / miei consiglieri sotto visibil forme. / Fate a me col dir vostro, o Santi aperto, che comanda a me Dio, vado o qui resto?[41]

La sicurezza, la fortezza granitica della Santa è pertanto sostenuta e garantita dall'aiuto diretto di Dio al quale fa appello attraverso la mediazione dei Santi e nel momento di smarrimento, rimprovera a se stessa la poca fede:

> Ahi, smemorata, è uscito a te di mente, / del maestro divin l'aureo consiglio? Quando, diss'egli, andrete innanzi a' regi, / non abbiate pensier, che cosa, o come / si debba dir; ma tutto a me si lasci. / Io vi do allora, e sapienza, e lingua, la qual non potranno egual risposta / dar gli aversari, onde verran convinti".[42]

La garanzia della santità di Rosalia e della veridicità ed autenticità del suo messaggio è costituita, dunque, dalla dimensione soprannaturale che edulcora ed attenua ogni possibile atteggiamento incredulo. Ma la eccessiva enfasi della dimensione sovrannaturale che fa apparire il personaggio della Santa poco attendibile e plausibile è giustificata dal fatto, secondo Romagnoli, che "questi difetti, tuttavia, sono da considerarsi voluti dall'Autore in quanto funzionali alla finalità edificante che il dramma si propone, anche a danno della veridicità storica e della plausibilità del loro spessore umano".[43]

---

[41] *Ivi*, p. 22-23.
[42] *Ivi*, p. 23.
[43] G. ROMAGNOLI, *Op. cit.*, p. 6.

In conclusione, appare evidente che la struttura della tragedia si articola intorno a due nuclei narratologici fondamentali: la religione e la politica, infatti, si intrecciano indissolubilmente nel testo teatrale con il prevalere ora dell'una ora dell'altra a seconda dell'intensità dell'argomento trattato, anche se, nel finale sembra prevalere la dimensione religiosa, espressa dal coro:

> Da mal seme in incolto arido suolo / chi a la fin sia produtto / per buon pentir di vita eterno frutto, / chi coglie, ove non sparge, il può far solo.[44]

Dall'analisi testuale effettuata, rimane ancora difficile stabilire in modo inequivocabile ne *La Rosalia* un prevalere della connotazione storica su quella religiosa pertanto.

A sostegno di quanto affermato, potrebbero essere di aiuto gli interventi della Santa. Nel testo teatrale, infatti, essi sono concentrati soprattutto nell'Atto primo nel quale si dà ampio spazio alla missione salvifica-soprannaturale della presenza di Rosalia; nell'Atto secondo che vede come protagonisti Maione, Guglielmo e Rosalia che cerca di distoglierli dalla prava condotta, si assiste ad una rarefazione degli interventi della Santa fino a registrarne una totale assenza nell'Atto terzo nel quale predominante è il fatto politico: Maione, il primo ministro, la persona più fidata del Re viene ucciso da Matteo Bonelli che, attraverso un'azione ermeneutica, mette in evidenza la meschinità del Re; gli interventi di Rosalia riprendono nell'Atto Quarto nel quale, grazie alle parole di Margherita, viene resa manifesta la santità di Rosalia e proseguono nell'Atto Quinto nel quale la Santa svela il progetto di Dio su ciascuno dei componenti della famiglia reale normanna, facendo in questo caso prevalere la dimensione soprannaturale che regola, determina e giustifica le sorti del Regno.

---

[44] *Ivi*, p. 104.

BIBLIOGRAFIA

AA.VV., *Le caratteristiche educative della Compagnia di Gesù*, Roma, Pontificia Università Gregoriana, 1986.

I. ARELLANO, *Historia del teatre espanol del siglo XVII*, 2005, Madrid, Catedra, cap. I.

W. V. BANGERT, *Storia della Compagnia di Gesù*, Marietti, Genova, 1990.

E. BERTANA, *La tragedia*, Milano, Vallardi, 1917.

G. P. BRIZZI [a cura di], *La ratio studiorum – modelli culturali e pratiche educative dei gesuiti in Italia tra Cinquecento e Seicento*, Roma, Bulzoni,1981.

F. CAMBI, *Manuale di Storia della Pedagogia*, Roma-Bari, Laterza, 2003.

S. CABIBBO, *Santa Rosalia tra cielo e terra*, Palermo, Sellerio Editore, 2004.

F. CHARMOT, s.j., *La Pèdagogie dès Jèsuites*, Paris, Aux Éditions Spes, 1941.

M. CHIABÒ, F. DOGLIO [a cura di] *I gesuiti e i primordi del teatro barocco in Europa*, Roma, Torre d'Orfeo, 1995.

F. DE DAINVILLE s.j., *Allégorie et actualité sur les tréteaux des jésuites*, in Colloques Internationaux du Centre National de la recherche Scientifique, *Dramaturgie et Société. Rapports entre l'oeuvre théâtrale, son interprétation et son public aux XVI et XVII siècles*, Nancy-Paris, Éditions du Centre National de la Recherche Scientifique, 1967.

P. C. HARTMANN, *I gesuiti*, Roma, Carocci, 2003.

G. ISGRÒ, *Fra le invenzioni della scena gesuitica*, Roma, Bulzoni, 2008.

P. LERZUNDI, *Introducción a El gobernador prudente di Gaspar de Ávila*, Lewiston, Edwin Mellen Press, 2009, p. 2.

L. NATOLI, *H. Scammacca e le sue tragedie*, Palermo, Giannone e Lamantia, 1885.

G. ROMAGNOLI, *Santa Rosalia e altre storie*, Palermo, Anteprima, 2004.

L. E. ROUX, *Cent ans d'expérience théatrale dans les Collèges de la Compagnie de Jésus en Espagne*, in *Dramaturgie et Société. Rapports entre l'oeuvre l'oeuvre théâtrale, son interprétation et son public aux XVI et XVII siècles*, Nancy-Paris, Éditions du Centre National de la Recherche Scientifique, 1967.

M. SACCO MESSIMEO, *Il martire e il tiranno: Ortensio Scammacca e il teatro tragico barocco*, Roma, Bulzoni, 1988.

Strumentalizzazione politica, culturale e linguistica delle autorità coloniali francesi in Tunisia: il caso Mario Scalesi

Alfonso Campisi

> Contrariamente al Cristo, l'ineffabile Salvatore,
> che nacque nel presepio e morì crocifisso,
> io sono nato in croce e muoio in una stalla,
> dove le strida del bestiame soffocheranno la mia voce.
> — Mario Scalesi

Il suo vero nome era Mario Scalisi, che ha voluto egli stesso modificare in Scalesi per poterlo francesizzare meglio. Marius Scalési per i francesi e Mario Scalesi per gli italiani.

L'ambiguità del nome, riassume di già tutta la problematica della multi appartenenza identitaria o della non appartenenza identitaria. L'Opera di Scalesi, dai più ingiustamente misconosciuta, è di certo alle origini della poesia nordafricana di espressione francese ed è rappresentata da un'unica raccolta, "Les poèmes d'un maudit", uscita postuma. A curare l'edizione italiana, col testo originario a fronte, è stato il trapanese Salvatore Mugno, autore delle traduzioni e di diversi saggi su Scalesi con Yvonne Fracassetti Brondino.

Mario Scalesi nasce a Tunisi il 16 febbraio 1892 al numero 31 di rue Bab Souika, la strada degli umili disgraziati emigrati siciliani, maltesi e poveri tunisini, condividendo le stesse condizioni di vita e esprimendosi in un sabir franco-siculo-arabo, (una lingua di relazione utilizzata fra locutori diversi, parlanti lingue materne diverse e messi di fronte alla necessità di comunicare) la lingua di strada per il giovane Mario. Il padre Gioacchino, arrivato come clandestino con una barca a remi dalle coste trapanesi alle coste africane, sott'ufficiale della Marina italiana, ha appena lasciato la sua città natale, Trapani, dopo avere avuto problemi con la giustizia e con un agente di polizia, per trasferirsi clandestinamente a Tunisi. La madre, maltese è natia di Tunisi. Mario cresce con 5 fratelli nel quartiere popolare di Bab Souika. Il padre trova lavoro in quanto impiegato delle ferrovie come spesso accadeva agli emigrati siciliani, la madre è cameriera presso una famiglia francese.

All'età di 5 anni, Mario cade dalle scale di casa e questa caduta sarà l'inizio di grandi sofferenze fisiche ma soprattutto psichiche. Questa caduta rappresenterà per Scalesi, una mutilazione, che non ha di certo scelto, e che gli impedirà per sempre di godere delle felicità della vita. Sarà "una morte al presente e una morte gioiosa del corpo" dirà Scalesi. Sarà l'eterna castrazione. Scalesi si ripiega su se stesso, trovando la sua origine in un "corpo alienato, disprezzato, rifiutato", di un universo affettivo negatogli e in particolare quello dell'amore e della donna.

Madre natura gli ha dato solo bruttezza, un fisico ingrato e forme disgraziate. Gobbo, storpio e zoppo, alla maniera di Leopardi, malato di tubercolosi, messo da parte dai suoi compagni dalla sua più giovane età, che lo umiliano e lo scherniscono. Le donne non lo avvicinano, se possono non perdono occasione per umiliarlo. Esce raramente di casa, preferibilmente di notte, quando incontra i fantasmi dell'odio e dell'abiezione. Scalesi è un vero maledetto, messo ai margini dalla società, respinto dai suoi simili, ignorato da chi dovrebbe invece amarlo. E per di più, è un essere che sta dentro un corpo che non vorrebbe. Un corpo prigione, in cui la sua anima in catene fa risuonare un grido lacerante di rivolta e di disperazione, che nella sua opera in versi risente dell'influenza di modelli illustri. Modelli anche da rinnegare: come nel caso di Baudelaire, amato ma a un certo punto rigettato. Scalesi troverà rifugio nella biblioteca nazionale di Tunisi. Scoprirà così le opere di diversi poeti francesi come Victor Hugo e Char-

les Baudelaire, Arthur Rimbaud, Stephane Mallarmé, che influen-
zeranno molto la poesia di Scalesi. Sarà infatti considerato " Un
poète maudit" all'immagine dei "Poètes maudits " francesi.

C. Begue, nella sua opera " Hommage à Marius Scalési" dirà :
" être poète c'est faire une vaste harmonie de toutes ses déshar-
monies". La Tunisi coloniale sarà lo sfondo dei suoi versi, le sofferenze che canta, le istanze di emancipazione sono quelle delle
classi proletarie.

Mario, come tutti i proletari dell'epoca, comincia a frequentare
la piccola scuola elementare francese di quartiere. Ma a causa dei
problemi finanziari della famiglia, dovrà abbandonare gli studi.
La sua formazione sarà così quella di un autodidatta con una
grande passione per la letteratura. Grazie all'amicizia con Arthur
Pellegrin e altri intellettuali francesi, avrà la possibilità
d'esprimere le proprie capacità critiche in riviste conosciute
dell'epoca come " La Tunisie illustrée" e " Soleil". I suoi cavalli di
battaglia saranno l'affermazione di una letteratura tipicamente
nordafricana, che si riallaccia alla sua insofferenza nei confronti
dell'esotismo. Un esotismo "fantastico", scrive lo stesso autore,
«stupido e dottoresco», «incipriato, muschiato», «fittizio»". " per
letteratura nord-africana dice Pellegrin, si intende una letteratura
che prende la sua ispirazione, i suoi mezzi,la sua ragione e la sua
esistenza da tutto ciò che è nord africano, una letteratura che chiede soltanto alla metropoli di utilizzare la lingua francese per
esprimere l'Africa del nord"

In Scalesi ritroviamo infatti la convinzione che una *specificità
letteraria nord africana* può esistere e al di sopra delle diverse comunità etniche africane che vivono in Tunisia. D'altronde Scalesi è
membro fondatore de "La Société des écrivains d'Afrique du
nord" che sostiene la necessità da parte della cultura locale
d'esprimere la sua propria specificità. Scalesi, *europeo d'Africa* è un
uomo senza identità e poeta di grandezza universale, che si manifesta attraverso la sua irriducibilità alle categorie dell'apparte-

nenza. Un'identità drammaticamente individuale, quella dei "Parias en pleures" i paria in lacrime che non hanno né patria, né lingua, perché non hanno voce... Ed è proprio attraverso la rappresentazione stilizzata di altri paria come " Les pleureuses, Les incompris, Les naufragés, L'épopée du pauvre...) che Scalesi rappresenta la sua propria patria. Nel suo poema "Lapidation" possiamo leggere:

> ...Infirme, j'ai dit ma jeunesse, celle des parias en pleures, dont on exploite la faiblesse et dont on raille les douleurs.
> Car, des plus anciens axiomes, Lecteur, voici le plus certain: les malédictions des hommes secondent celles du destin.
> Dans l'abandon, dans la famine, Honni comme un pestiféré, J'ai fleuri ma vie en ruine d'un idéal désespéré.
> Et, ramassant ces pierres tristes au fond d'un enfer inédit, Je vous jette mes améthystes, Oh frères qui m'avez maudit![1]

La lucidità di Scalesi della sua condizione, sulla qualità e i limiti dei suoi versi, sulla genesi stessa della sua poesia, autobiografica e non cerebrale è vissuta dal poeta come un grido di dolore liberatorio: "Scrivere per non morire"dirà Scalesi, perchè il linguaggio poetico è la sua sola salvezza che non vedrà nella religione, vista piuttosto come un tradimento, un abbandono e il passaggio brutale e ineluttabile dalla pace alla ribellione, in una straziante alternanza fra l'amore e l'odio. Scalesi resterà credente e

---

[1] Traduzione in italiano : Malato, ho detto la mia giovinezza, quella dei paria in lacrime, sfruttati dalla debolezza e dal dolore.
...lettore, ciò che è certo è che le maledizioni degli uomini assecondano quelle del destino.
Nell'abbandono, nella fame, maledetto come un appestato, ho visto la mia vita in rovina di un ideale disperato.
E, raccogliendo queste pietre tristi in fondo ad un inferno gretto, getto le mie ametiste oh fratelli che mi avete maledetto!

praticante ma indirizzandosi a dio dirà: " Je crois encore en toi: j'ai besoin de hair". (Communion)

Le tante sofferenze, tra cui la tubercolosi e la meningite, condurranno pian piano Scalesi alla demenza. Dopo un breve periodo di ricovero presso l'Ospedale Garibaldi di Tunisi, morirà nel manicomio Vignicella di Palermo, a trent'anni, il 13 marzo del 1922, "per marasmo": il suo corpo verrà buttato in una fossa comune del cimitero della città lasciando dietro di se, dei poemi sublimi. Un epilogo più maledetto di così non sarebbe proprio immaginabile. Presaggio di questa fine, sono i versi che seguono:

"Je veux dormir parmi les dormeurs ignorés, quelque part, sous la terre, abimé dans mes rêves (De Profundis)
(Voglio dormire fra i dormienti ignorati, da qualche parte, sotto terra, sprofondato nei miei sogni)

Prima di parlare adesso della *strumentalizzazione del caso Scalesi* ad opera delle autorità francesi è doveroso aprire una breve parentesi storica sulla situazione politica e la rivalità franco-italiana per il dominio della Tunisia, rivalità che vedeva opporre il carattere ufficiale della posizione francese, nazione protettrice, all'importanza numerica e strutturale della presenza italiana. Questa rivalità caratteristica dei rapporti internazionali in Tunisia durante tutto il protettorato, al punto di diventare la " question italienne en Tunisie", è certamente la chiave di lettura della commemorazione di Scalesi, ma anche la chiave per capire la ricerca identitaria che fu sotterranea e silenziosa. La preoccupazione francese era giustificata. In effetti, la colonia italiana presente in Tunisia, sedimentatasi in seguito alle vecchie e nuove ondate di emigrazione, di israeliti livornesi del XV sec e chiamati Grana, ai rifugiati politici del Risorgimento, dai militari intellettuali piemontesi ai proletari siciliani, aveva dominato e continuava a dominare numericamente e per importanza tutte le altre comunità europee in Tunisia e in particolar modo la scena economica e socio-culturale: dall'amministrazione alle professioni liberali, dalle attività commerciali a quelle artigianali, dalla finanza alla scuola. Ricordiamo la figura del conte Raffo, di origini liguri e ministro degli esteri del Bey dagli anni 1830 agli anni 1850, Luigi Calligaris che fonda la "Scuola Politecnica militare" nel 1840, la borghesia ebraica livornese che domina la finanza e i commerci, l'italiano lingua veicolare "della piazza e della corte" e lingua della diplomazia tunisina nei suoi rapporti con l'estero. Jean Ganiage scriverà : " In questo paese tutti parlano italiano e gli italiani rappresentano un vero stato nello stato". Il solo caso della stampa è tra i più significativi: si contavano più di 120 testate italiane tra il 1838 e il 1956 e il primo giornale stampato in Tunisia, è in lingua italiana e esattamente il 21 marzo 1838. Detto questo, si può adesso capire il perché i francesi volevano vedere in Scalesi l'affermarsi della presenza culturale francese considerata come passaggio obbligatorio verso l'affermazione della presenza politica e amministrativa in Tunisia. Sarà considerato però sempre dalla presenza coloniale, come "questo straniero", poiché mai naturalizzato francese o definito ancora come "grande poeta francese dei territori d'oltre mare", o ancora come "un'assimilazione dell'elemento italiano all'elemento francese" (Yves Chatelain nel Mouvement intellectuel italien) e dagli italiani che l'hanno invece sempre ignorato e scoperto solo una ventina di anni fa Mario Scalesi, sarà definito come "il poeta italiano di lingua francese in Tunisia". A questi due paesi dobbiamo aggiungere anche la Tunisia, che vuole rivendicarlo, e a giusto titolo, come il "poeta italiano d'espressione francese di Tunisia" o tout court come "un poeta tunisino". In realtà Mario Scalesi è cresciuto nella medina di Tunisi, a fianco ai tunisini, nutrendosi di cultura tunisina. E quindi normale che la Tunisia voglia rivendicarlo come un poeta tunisino a tutti gli effetti; come forse si sarebbe potuto lui stesso rivendicare.

Scalesi funge da trait d'union fra la Tunisia, la Francia, l'Italia e Malta ed i suoi popoli. L'opera di questo poeta senza frontiere e dalle molteplici radici è come il luogo geometrico d'una cultura mediterranea unica e diversa. Oggi però, proprio a causa di questa pluri-appartenenza mediterranea, Scalesi è come una bottiglia gettata in mar che deve essere salvata. In realtà, questa pluri-appartenenza è all'origine dell'isolamento di Scalesi, difficile da situare sul piano identitario, culturale e sociale. Il poeta dirà ma "cos'è la multietnicità se non lo scontro di diverse etnie... se non dolore, lacrime e sangue, fino a raggiungere la pazzia?" Oggi, all'ora delle culture multietniche la sua figura multiculturale ci appare di grande moda e significato. Un invito è da me rivolto a questi quattro paesi del Mediterraneo, con i quali Scalesi ha dei legami profondi, di collaborare insieme affinché l'opera di questo grande poeta ingiustamente sconosciuto possa uscire dall'oblio. Per il nostro Mediterraneo, per la nostra cultura mediterranea, è il nobile obiettivo dei paesi che si affacciano sul " Mar nostrum". La cultura potrà contribuire anche alla concretizzazione di questo ideale e l'opera scalesiana porta in sé tutta l'essenza di questa mediterraneità. Invito anche i miei colleghi delle università americane qui presenti ad aiutarmi ad esportare Mario Scalesi e la sua poesia in America, anche con una pubblicazione bilingue, dove resta sconosciuto al grande pubblico.

La Francia, francesizzerà il nome del poeta in Marius Scalési e lo considererà come una "conquista linguistica e culturale della nazione protettrice", sottolineando dunque che Marius Scalési è " il risultato dell'opera magnifica dell'istruzione e dell'educazione che è stata istaurata in Tunisia dalla politica francese".

Nel libro "Hommage à Marius Scalési" di Arthur Pellegrin, si leggerà: " L'esempio di Mario Scalési, dimostra che tutte le speranze sono possibili, compresa quella di creare una intellettualità ampia e vigorosa che raggiungerà i secoli morti dello splendore dell'antica Cartagine". E indiscutibile il fatto che Scalesi non fu soltanto il poeta dell'alchimia e della trasfigurazione del dolore e della sublimazione; ma fu anche il poeta della rabbia, della vendetta e della rivolta.

Nel suo discorso, il Direttore generale della pubblica istruzione Monsieur Gau, dirà: "questo ragazzo di razza incerta, spinto dal caso nei quartieri popolari di Tunisi, all'uscita dalla scuola elementare francese e entrato con tutta la sua forza nella letteratura ... per forgiare lo strumento del suo genio poetico e letterario"

Mario Scalesi in effetti, non cesserà mai di esprimere la sua gratitudine alla Francia, nazione che gli ha permesso l'accesso alla cultura, dato che essendo figlio di emigrati siciliani venne escluso dall'intellettualità italiana occupata nella difesa della sua italianità, venne escluso dalla borghesia italiana preoccupata nel difendere i suoi propri interessi ai quali un proletario non poteva di certo interessarsi, accolto invece dal milieu intellettuale francese in quanto un assimilato . Nei suoi versi si leggerà:

"Tu m'as nourri du cerveau de tes sages, de ta chaire, de ton sang, de ton ardent soleil Oh France! Et quand mon cœur n'était que blanches pages, Ton nom s'y dessina ainsi qu'un feu vermeil » (Oh Francia, hai nutrito il mio intelletto con i tuoi saggi, con la tua carne, col tuo sangue, col tuo sole ardente. E quando il mio cuore era solo una pagina bianca, il tuo nome è stato inciso in rosso vermiglio)

Questi versi mostrano come per Scalesi, la cultura più accessibile, alla realtà politica e sociale dell'epoca è stata la francese e non l'italiana. Infatti, non farà completamente parte della polemica franco-italiana (querelle franco-italienne). Scalesi, non sarà minimamente considerato dalle autorità italiane né come individuo né ancor meno come poeta. Scalesi, essendo un intellettuale, si salverà però a mio avviso da quella triste classificazione che era stata fatta sulla stampa francese del momento, in cui si scriveva che tutti i siciliani erano mafiosi e banditi, chiedendo di bloccare quest'esodo verso la Tunisia. E pur vero che tra la massa di emigrati siciliani ci sono parecchi pregiudicati, fuggiti dall'isola, e che continuano a delinquere in Tunisia. Si griderà allora al "Danger sicilien" e si presenterà la Sicilia con i soliti pregiudizi di rito. Lo studioso Loth per esempio malgrado l'essere favorevole all'emigrazione siciliana dirà: "A Tunisi si era organizzata una vera e propria mafia simile a quella di Palermo e Trapani ... vige l'omertà e i reati di sangue sono all'ordine del giorno ... non soltanto nel mondo dei banditi ma anche nella massa pacifica dei lavoratori ... il siciliano abituato da generazioni a contare su se stesso non si affida alle istituzioni pubbliche per vendicarsi di un affronto (Vedi anche "Le choc des races" de Charles Géniaux del 1911 per capire che l'emigrato, il diverso è sempre un problema ieri come oggi). L'Italia ha peccato e sottovalutato non solo Scalesi, ma anche tutti gli intellettuali italiani nati in Tunisia durante il protettorato, che hanno visto come unica possibilità quella di doversi naturalizzare francese. Grazie alla Francia, pittori, poeti, intellettuali italiani vedranno le loro opere valorizzate e protette. Il mio J'ACCUSE oggi in questa sede è rivolto proprio all'Italia e al governo italiano che non ha mai avuto né voluto sviluppare una politica culturale e linguistica all'estero a differenza della Francia. La prova è la Tunisia del passato ma anche del presente. Del passato, con i suoi 200.000 e più emigrati italiani, di gran lunga superiore alla comunità francese, al presente perché oggi la Tunisia fa parte di quei rari paesi in cui la diffusione e l'insegnamento della lingua e cultura italiana è tra i più alti in percentuale rispetto agli altri paesi del mondo. Nessuna politica culturale e linguistica è attuata oggi dal governo italiano in Tunisia per proteggere la lingua e la cultura italiana in un paese che si trova a soli 60 Km dalle coste siciliane.

La lingua francese, dirà Scalesi "s'impone come mezzo d'espressione culturale nell'Africa del nord per diventare così "la lingua dell'espressione, della libertà, e strumento di fuga dall'oppressione e dalla miseria nella quale la comunità siciliana dell'epoca viveva". Mentre l'Italia ignorerà la presenza di Scalesi, questo sarà presentato dal protettore francese come un " Miracolo della cultura francese in Africa". Escluso come un lebbroso, troverà nella poesia la sola ragione di vita di fronte ai sacrifici e alle umiliazioni.

"Je puis tourner à la démence, voilà pourquoi j'écris des vers....
Mes pleures ont fleuri le silence, voilà pourquoi j'écris des vers.
(Ballade) (Posso diventare pazzo, ecco perché scrivo dei versi ...
le mie lacrime han fatto fiorire il silenzio, ecco perché scrivo dei versi".

Il canto quindi di un poeta autentico capace con la sola forza delle parole e il prestigio delle sue metafore di creare un mondo e di farci divenire parte integrante di esso.

Per terminare, concludo con una delle sue poesie intitolata "l'Accident":

L'Accident, Un baiser, les minarets, Révolte.
L'istante in cui ho cessato di vivere,
lo vedrò per molto tempo ancora.
(Quando la speranza chiuderà il suo libro, si potrà dire che è morta)
Musa, voglio che tu celebri
Questo vecchia e banale scala
Che mi ha spezzato le vertebre,
forzandomi a non poterla dimenticare.
Conosci la storia, credo
Questi fantastici sogni d'infanzia da te visitati
Rideva la mia ingenuità
Era natale. L'inverno d'Africa,
quest'inverno simile al mese d'aprile
fiorivano nell'aria balsamica
i raggi del sole.
Io salivo a prendere le carte.
Un'usanza di altri tempi
Voleva che si giocasse a carte,
le fave cotte e le noci.

La scala era un po' buia.
Felice, portavo con me il gioco,
quando il mio piede scivolò nell'ombra
pensando a quel cielo blu.
Si dice che fuggendo il sudario
A volte la notte, un trepasso,
occupa la camera mortuaria
per ritornar nel passato
E queste macabre fughe
Vedete come si negano a torto:
sento fuggire i miei pensieri malati
verso la scala in cui sono morto.

Possiamo dire che oggi Mario Scalesi è una delle voci più alte e rappresentative della letteratura francofona del Maghreb e che merita di essere esportato e studiato all'estero.

BIBLIOGRAFIA

Les Poèmes d'un Maudit, a cura della Société des Ecrivains de l'Afrique du Nord, Parigi, Belles Lettres, 1923.

Poémes d'un Maudit, prefazione di J. Durel, Tunisi, Kahéna, 1930.

Les Poèmes d'un Maudit, Tunisi, Saliba, 1935.

Les Poèmes d'un Maudit, Tunisi, Mario Scalesi & Abel Krandof, 1996.

Les Poèmes d'un Maudit. Le liriche di un Maledetto. La poesia mediterranea di un italiano di Tunisi, traduzione, saggio introduttivo e cura di Salvatore Mugno, presentazione di Renzo Paris, con un contributo di Yvonne Fracassetti Brondino e una nota di Dino Grammatico, Palermo, Isspe, 1997.

Mario Scalesi, précurseur de la littérature multiculturelle au Maghreb, a cura di Abderrazak Bannour e Yvonne Fracassetti Brondino, Parigi, Publisud, 2002.

Les Poèmes d'un Maudit. Le liriche di un Maledetto, traduzione e cura di Salvatore Mugno, Mercato S. Severino (SA), Edizioni Il Grappolo, 2006.

Les Poèmes d'un Maudit, traduit en langue tunisienne par Hédi Balegh, Tunisi, Artypo, 2010 (edizione bilingue, francese-arabo).

A. PELLEGRIN, *La Littérature nord-africaine*, Tunisi, Bibliothèque Nord-Africaine, 1920.

M. HELLER, «Annales Africaines», Algeri, 20 giugno, 1922.

P. MILLE, «Les Temps», Parigi, 29 novembre 1933.

P. MILLE, «Les Nouvelles Littéraires», Parigi, 2 dicembre 1933.

Y.G. Le DANTEC, *Le mouvement poétique*, «Revue des duex mondes», Parigi, 15 ottobre 1935, n. 5.

C.M. ROBERT, «Afrique», Algeria, 1936; poi in plaquette: *Un poète maudit. La Passion de Marius Scalési*, Algeri, Editions d'Afrique, 1936.

P. RONZY, *Un poète italo-maltais d'expression française: Mario Scalesi (1892-1922)*, «La Rassegna della letteratura italiana», voll. 44-45, Istituto universitario di Magistero Genova, Firenze, Sansoni, 1936.

Y. CHATELAIN, *La vie littéraire et intellectuelle en Tunisie de 1900 à 1937*, Parigi, Librairie Orientaliste, pp. 158-159.

A. CORPORA, *Onoranze a Mario Scalesi*, «L'Unione», Tunisi, 30 gennaio 1937.

ANGELA, DA UNA STORIA VERA (2002):
IL PLUSVALORE DEL PIACERE FEMMINILE DI ROBERTA TORRE

Elisabetta D'Amanda

A l suo terzo film che racconta di mafia, Roberta Torre sceglie una storia solo in apparenza sottotono rispetto a *Tano da morire* (1997) o *Sud Side Story* (2000) e racconta—come dichiara nel titolo—una 'storia vera'. Il film nasce, infatti, dapprima come progetto documentario e si trasforma in finzione con una svolta da uno sguardo corale a una storia a tre dove, come ci ricorda Áine O'Leary,[1] però la presenza di Angela è centrale.

> Quando il cinema vuol raccontare la Sicilia e la mafia utilizza spesso storie epiche con molti cadaveri. Con "Angela—una storia vera" Roberta Torre si distingue ancora una volta ma in modo diverso e meno forzatamente plateale rispetto ai suoi film precedenti (*Tano da morire*, *Sud Side Story*): in questo caso si "limita," infatti, a raccontare una storia vera, proprio come precisa il sottotitolo del film stesso. Con risultati tutt'altro che limitati.

Siamo nel 1984, anno scelto non a caso da Torre perché indicativo di una fase molto intensa della mafia palermitana, ma prima che le donne di mafia assumessero ruoli centrali sia nel coinvolgimento diretto nell'attività criminale, come avviene successivamente con personaggi come Giusy Vitale, e che abbandonassero il tradizionale ruolo di 'custodi' dei disvalori mafiosi, come invece nel caso di Ninetta Bagarella, moglie di Totò Riina molto presente proprio in quel periodo.

---

[1] Áine O'Leary. "Anthropological Anxieties: Roberta Torre Critique's of Mafia Violence." *Vision of Struggle of Women's Filmmaking in the Mediterranean*. Ed. F. Laviosa. New York: Palmgrave MacMillan, 2010.

Angela, Donatella Finocchiaro, nata e cresciuta appunto in un mondo di mafia, non conosce altre realtà, ma è coinvolta negli affari di famiglia come corriere e intermediario per la distribuzione dell'eroina sotto la copertura dell'amministrazione di un negozio di scarpe a Palermo. Precisa e moralmente indifferente, la macchina da presa che Roberta Torre ha affidato a Daniele Ciprì, qui direttore della fotografia—segue e anzi insegue non uomini e donne ma frammenti d'umanità, non azioni dense di senso ma, ancora, frammenti di corpi, oggetti, situazioni. Emblematiche di questa scelta stilistica sono due sequenze in particolare, quella d'apertura del film e quella in cui Masino, Andrea di Stefano, intravede per la prima volta Angela al suo arrivo a Palermo.

Nella prima parte del film, inoltre, non c'è—cioè, non è mostrato—alcun insieme di sfondo, alcun orizzonte generale. L'effetto di questa scelta stilistica è quasi sorprendente. Invece di restare fuori dal mondo di Angela e di Saro—il marito, Mario Pupella, e di Masino e di avvertirne sempre più l'estraneità, finiamo per vederlo dall'interno.

Nel prologo di apertura la macchina da presa scopre Angela che si rimira allo specchio, prima riflesso indistinto allo specchio, e poi in primo piano, e canta in dialetto sottovoce, e la spia vogliosa, ma poi vaga indifferente a perdersi nello sfondo altrettanto privo d'identità, grigio e indistinguibile. Angela, bella e sensuale, ricorda la canzone di Nada, *Amore disperato (1984)*, dove la protagonista—'angelo caduto dal cielo'—si annoia mentre è 'scrutata senza poesia da fanatici in pelle'. E proprio questa canzone a tutto volume suona dalla radio nel negozio di Saro e Angela, quando Angela ci arriva, dopo una delle tante transazioni della distribuzione d'eroina, e infastidita chiede alla commessa di abbassare la musica e sale al piano superiore. Qui di nascosto ma senza farci caso continua a canticchiare sovrappensiero proprio il verso della canzone, 'sembra un angelo caduto dal cielo', rivelando la sua intuitiva consapevolezza ma anche la sua età reale, che normalmente nasconde dietro all'aria da 'padrona' del negozio, di sé e delle proprie emozioni. Sposata con un uomo più vecchio di lei, che la vive come qualcosa da esibire e soprattutto come qualcuno comunque acquisito e che non si deve corteggiare o gratificare. Persino la collana che porta da Milano a seguito di un scambio di narcotici e refurtiva preziosa e pezzo forte del bottino, secondo Saro non va bene per Angela. Gliela nega ma Angela—con un primo segno di disobbedienza all'ordine stabilito di questo gruppo—nel buio del negozio, di nascosto, se la mette.

Il mondo di Angela cambia luce, quando in città arriva Masino, il sole entra in scena per la prima volta quando la macchina di Masino sbuca in una strada, e dopo vari interni e pochi esterni tenebrosi e claustrofobici, usciamo in esterni a Palermo, che ci viene qui presentata formalmente per la prima volta a pieno titolo nella sua complessa ricchezza anche se privata di romanticismo. E subito dopo il suo arrivo, Masino vede Angela per la prima volta. Sta nella casa rifugio, che gli è stata assegnata in quanto latitante, e dietro la grata di una finestra parzialmente rotta, Masino vede d'improvviso come un abbaglio Angela in camicia rossa, appoggiata ad un muro che riposa dopo essere sfuggita a un appostamento e la perquisizione di poliziotti in borghese. E così Angela sta appoggiata al muro, mentre un tiepido sole la illumina. C'è un ralenti dell'immagine quando Masino 'riconosce' Angela e il sonoro viene interrotto. In questa sospensione di tempo e luogo, Masino la riconosce appunto, in quanto proprio riflesso, anche lei in gabbia dall'altra parte della grata. E poi di nuovo l'immagine si ricompone, riprende la sua naturale velocità e suono—e Angela e Masino sono inquadrati ora insieme e la composizione li denuncia entrambi parte della stessa prigione, da cui stanno—da qui in avanti—iniziando a sfuggire, in modo incoerente e confuso. E mentre Angela riprende la sua strada, Masino esce e la segue, entrambi portano occhiali da sole, per proteggersi da questa luce che ancora non possono fronteggiare. Si incontrano al mercato di Ballarò dove Angela si ferma a comprare arance e Masino la supera lievemente e—primo a togliersi gli occhiali— torna indietro, e la affianca prima di pagare per lei. Di nuovo, per un istante la composizione li sovrappone formando una giustapposizione—che ancora una volta sottolinea il legame profondo dei due. Angela si toglie pure gli occhiali e rimane sorpresa e sospettosa dal gesto generoso cui non è abituata nel suo mondo fatto di precise transazioni. Continua il suo tragitto di scambi di droga ma si ferma nell'attesa di una consegna. Ed assapora un'arancia. Il tema musicale principale del film rallenta come le immagini. Masino intanto spia Angela dietro a dei pancali di legno, e uno spiraglio di luce filtrando tra i tetti, inquadra prima la bocca di Angela e poi i suoi occhi, lei si gode questo calore e questa luce, e il piacere si fa strada, in modo apparente per la prima volta nella vita di Angela fatta—fino a quel momento—di noiosi rituali senza vita. La realtà torna presente, quando il cliente di Saro, che lei stava aspettando, la riporta all'oggi e le ricorda molto rapidamente il suo ruolo di corriere con una lamentela sulla qualità della merce, e puntualizzando le dice, "io a mia moglie non farei mai fare queste cose." Le ricorda in un solo momento, che quello non è il modo di trattare una donna, sottolineando che Saro la usa, ma tra l'altro anche che lei è fuori posto in questo mondo in transizione tra vecchio e nuovo ordine mafioso. Angela immediatamente rientra nei ranghi e difende il suo ruolo ignorando l'attacco e parlando solo di affari.

Il 18 novembre scandisce la data in cui Masino si mette lui questa volta la camicia rossa e entra ufficialmente nel negozio e nella vita di Angela, lo fa con sicurezza e misurandosi le scarpe si guarda in piedi allo specchio. Qui mentre i due si confrontano di fronte allo stesso, Masino viene inquadrato di fianco ad Angela sdoppiato ad indicare da qui in avanti il suo programma ma anche a rivelarsi pienamente a Angela nelle sue intenzioni. La storia di Angela con varie incertezze e tentativi di mantenere l'ordine stabilito, familiare e conosciuto, sfocia nella scelta del piacere sullo stesso. Lei e Masino iniziano una relazione segreta, mentre però mantengono nell'apparenza i propri ruoli rispettivamente di moglie/corriere e collaboratore di Saro. La vicenda si evolve e mentre Angela e Masino vivono sempre più intensamente la propria relazione, avviene il collasso del gruppo mafioso, via intercettazioni telefoniche della polizia tra le quali proprio quelle delle telefonate di Angela e Masino. Angela, mantiene il proprio ruolo anche nella crisi, e quando le investigazioni portano alla luce le sue telefonate con Masino, si rifiuta di usare la scappatoia offertale dal magistrato per evitare che la relazione venga alla luce in quanto parte degli atti processuali e tanto meno fa opera di pentitismo. Il meccanismo di cambiamento per Angela si è comunque messo in moto e quando viene rilasciata, riprende contatti segreti con Masino anche lui liberato. Angela ha scelto il piacere e non può più tornare indietro.

La parabola di questa vicenda da una 'storia vera' corrobora dunque le tesi di Rosi Braidotti,

> Mi sembra che con Foucault, Irigaray e le teorie psicanalitiche femministe si siano presentate alcune alternative … corroboranti, ad esempio la sottolineatura del piacere come elemento costitutivo della soggettività. E se ciò che teneva il soggetto legato agli apparati di potere che lo costruiscono e nel contempo lo limitano fosse precisamente il plusvalore del piacere? E` il piacere, in special modo il piacere eccessivo, trasgressivo e incontenibile della *jouissance*, a fornire la colla che fissa l'immaginario sociodiretto al soggetto e viceversa. Žižek interpreta questa forza di assuefazione come effetto irresistibile dell'ideologia sul soggetto. Pensandoci attraverso il filtro di Irigaray e Deleuze voglio sollevare invece un'altra possibilità: e se il fissatore del paesaggio psichico fosse la traboccante pienezza del piacere? (Braidotti, *In metamorfosi*, 70)

Angela si scopre poco alla volta di non essere soddisfatta del suo ruolo. Il marito, nell'averla coinvolta per una migliore copertura nei suoi traffici, non le attribuisce il valore dovuto. Non le attribuisce nemmeno un ruolo pari a quello dei suoi collaboratori. E Angela non è interessata a coprire un ruolo più importante, fino a che nella sua vita non irrompe Masino ovvero la passione e il piacere e con questa la consapevolezza, anche se mai completamente denunciata della propria identità.

In questo scenario di mafia, la donna esiste solo in relazione alla sua appartenza ad un uomo e, la protagonista, in trappola tra il passato e il futuro, non tradisce comunque il codice di comportamento con cui è cresciuta, perchè non ne conosce un altro, ma muovendosi a tentoni si spinge intuitivamente in una nuova direzione. Questo ce lo mostra, come abbiamo detto, la fotografia assediante di Daniele Ciprì, che spinge l'acceleratore sulla nuova abbozzata identità sia nelle scene d'amore che nella scena in cui, dopo il crollo dell'organizzazione, il loro arresto e poi rilascio, Angela e Masino fingono di essersi appena incontrati "Facciamo finta che oggi ci incontriamo e domani partiamo, facciamo finta..." Un ultimo tentativo al quale un'ancora incerta Angela si sottopone di buon grado, non liberatasi dai vecchi schemi di soggezione, per poi ritrovarsi sola ma finalmente libera di iniziare un percorso e, come ci ricorda Roberta Torre nei titoli di coda, mentre Angela è al mare sulla banchina, "*...lavora in una sartoria e la si incontra spesso al porto.*"

Quindi non parte, non è ancora pronta a farlo, ma è finalmente sola con il suo sguardo rivolto oltre.

MEDITERRANEI, IDENTIFICAZIONI E DISSONANZE:
UN APPROCCIO MULTIDISCIPLINARE

Luisa A. Messina Fajardo
UNIVERSITÀ DEGLI STUDI DI ROMA TRE

1. INTRODUZIONE

La genesi del presente contributo si ricollega ad un libro dal quale abbiamo preso il titolo: *Mediterranei, Identificazioni e Dissonanze*. Il volume raccoglie i dialoghi scientifici e fecondi di un gruppo di studiosi che si è riunito in un Convegno itinerante intitolato *I Giornata Siciliana di Studi Ispanici del Mediterraneo*, 6-8 maggio 2010. La Convention si è tenuta in Sicilia e ha coinvolto quattro città: Catania, Enna, Caltagirone e Militello Val di Catania. Il dialogo è continuato poi nel contesto di un seminario tenutosi a Roma quest'anno presso il Dipartimento di Scienze Politiche dell' Università Roma Tre.

Vorrei riproporne l'argomento perché sono convinta che la profondità e la coesione dei vari contributi sia meritevole di un'ulteriore diffusione sotto una nuova veste, come quella di un saggio critico di poche pagine.

Il titolo scelto per il libro e anche per la nostra relazione, è allusivo a quella molteplice valenza semantica riferibile al mar Mediterraneo. Dell'antico Mare Nostrum, infatti, si può dire che esso sia un mare di partenze e di approdi, di scambi culturali, linguistici e territoriali; un mare di speranze, ma anche un mare che inghiottisce i desideri di vita di molti esseri umani, quindi, un mare che disperde, e diffonde e riporta a galla.

Nella presente comunicazione intendo, quindi, riprendere i temi trattati nel libro al fine di farne un'analisi comparativa (non

esaustiva) tra alcuni fattori culturali appartenenti al mondo ispa-
nico ma immersi in quella macrocultura mediterranea che si
espande oltre l'oceano fino a raggiungere il mare dei Caraibi e così
approdare in terre americane.

2 LA CULTURA MEDITERRANEA: LE TEORIE

Attuale è il tema della ricerca di una cultura mediterranea, di
una mediterraneità che accomuni tutti i popoli dell'area. Il Mediterraneo, sin dal secondo dopoguerra è un'area geografica di
grande interesse e di studio tra gli antropologi sociali e culturali.
In modo particolare, essi hanno insistito su un punto centrale: esiste veramente una cultura distintiva del Mediterraneo?

Purtroppo, ancora oggi non c'è una risposta definitiva a questo quesito.

Occorre, innanzitutto, cercare di capire cosa intendiamo con il
termine "cultura".

Per gli antropologi la cultura non contempla i raffinati prodotti dell'intelletto o della creatività; ma piuttosto, implica le "pratiche quotidiane di una comunità umana, le sue modalità di adat-
tamento all'ambiente, i valori e le istituzioni che regolano la vita
sociale in una collettività. Esistono, allora, tra i diversi paesi del
Mediterraneo dei tratti culturali simili, che permettono di parlare
di una identificazione culturale mediterranea e che al tempo stesso ci consentono di differenziarli dagli altri paesi appartenenti ad
aree antropologiche diverse, come per esempio, l'Europa del
Nord, l'Africa sub-sahariana.

Senza pretendere l'esaustività e la completezza di risposte
esaurienti a questioni così complesse che richiederebbero una di-
sponibilità di tempo più ampia, va sottolineato, tuttavia, che si
rende necessario fare un breve accenno storico. È bene ricordare
che quest'area è stata percorsa da contrapposizioni culturali molto
importanti di cui ancora oggi si percepisce l'eco: Oriente-Occidente,
democrazia-tirannia, Cristianesimo-Islam, sviluppo-arretratezza,

capitalismo-comunismo, ecc. In questo senso, nel libro si parla di dissonanze, cioè di tratti contrapposti; ma si parla anche di "identificazioni", cioè, di tratti analoghi che inducono a pensare ad un'essenza culturale comune. Secondo alcuni studiosi (si veda Goody 1991), la cultura mediterranea,

> [...] è ciò che resta di una antica unità culturale, compromessa poi dall'avvento delle grandi religioni (che avrebbero non solo introdotto rotture insanabili, ma anche minato alla base le originarie istituzioni autoctone. (Dei)

Altri studiosi come, Fernand Braudel (in Fabio Dei, 2009), sostengono una tesi secondo la quale:

> [...] inizialmente eterogenee, le regioni mediterranee hanno sviluppato alcuni tratti culturali comuni a partire proprio dal momento del loro declino storico; in particolare, come difesa e reazione alla pressione subita da parte dei grandi imperi e delle istituzioni ecclesiastiche (un punto di vista suggerito fra gli altri dal grande storico Fernand Braudel, 1986).

E tuttavia, sia che si tratti del patrimonio lasciato in eredità da una remota unità culturale caduta in disgrazia a causa delle lotte per le religioni, sia che si tratti del risultato del declino storico, il Mediterraneo è chiamato culla dei popoli proprio perché è un bacino nel quale da sempre si assiste a un incontro-scontro di società e culture, da quella spagnola a quella araba, da quella greco-romana a quella ebraica, che ha fatto sì che oggi tutti i popoli mediterranei abbiano qualcosa in comune, a partire dal linguaggio fino agli usi e ai modi di vivere.

Nel 1949 Fernand Braudel, grande storico francese, pubblicò *La Méditerranée et le monde méditerranéen à l'époque de Philippe II* (trad. it. 1953), il libro, sicuramente più emblematico nella proposta di guardare al Mediterraneo come a un soggetto unitario o, per dirla con Braudel stesso, come a un vero e proprio personaggio.

Braudel sostiene che per la frequenza dei contatti e degli scambi, dovuti alle colonizzazioni greche e alle conquiste spagnole e arabe, le zone mediterranee, un tempo eterogenee, abbiano sviluppato non solo dei tratti, bensì un'identità comune come difesa e reazione alle pressioni subite da parte di grandi imperi e delle istituzioni ecclesiastiche. Probabilmente non si è trattato di una reazione a qualcosa ma di una ibridazione, una contaminazione culturale, avvenuta in maniera semplicemente naturale. I contatti e gli scambi, che si sono ripetuti a lungo nella storia, ovviamente hanno portato popoli diversi ad acquisire usanze dell'altro e a mescolarle con le proprie, così da crearne via via sempre di nuove, che, nel tempo, si consolidano in un'unica cultura più o meno omogenea.

Nel Mediterraneo esiste una comunanza culturale intesa come condivisione di modi di vivere, valori, tradizioni e linguaggio, sebbene non è chiaro quanto questi tratti comuni ma "dissonanti" (irregolari) siano sufficienti per definire un'unità antropologica (area culturale) diversa da altre aree culturali[1]. Se esiste una sorta di antropologia del Mediterraneo, quali caratteristiche culturali potrebbe avere? Davis (199: 95) sostiene che tra essi possiamo pensare all'onore, all'ospitalità, il *patronage*, la comunità contadina, la religione, i riti di inversione, le lingue, la musica, le attività produttive, il lavoro, l'ambiente, la letteratura, la gastronomia, ecc. Con tutte le limitazioni che l'elenco può contenere, esso ritrae abbastanza bene la letteratura etnografica: si tratta, quindi, di cogliere l'ethos di una cultura.

3. LA RELIGIONE

Per quanto concerne il tema della religione, gli antropologi sostengono che spagnoli, arabi, italiani e tutte le altre popolazioni da

---

[1] Alcuni studiosi (alcuni in pro altri in contro) considerano il Mediterraneo come un'area privilegiata di comparazione interculturale, e altri propongono una intersezione (mediterranei) e vogliono concentrarsi su altri contesti comparativi (ad esempio l'Europa, il Medio Oriente etc.).

loro definite mediterranee sono legate in modo integrale e tradizionale alle grandi religioni monoteistiche, come il cristianesimo, l'islam, l'ebraismo, e pertanto prive di influenze e penetrazioni dall'esterno. A confutare o perlomeno a rendere dubbiosa questa tesi viene in aiuto il santo nero afro-siciliano San Benedetto, presentato nel libro da noi preso in esame da Alessandro Dell'Aira (2012). Benedetto (San Benito in spagnolo), francescano fu un irregolare vissuto in Sicilia nel '500, portatore di una religione mista e figura di transizione e collegamento tra il mondo animista, tipico del mondo africano, dal quale provenivano i suoi genitori, e quello cristiano in cui egli si sentì integrato. Il culto del santo nero è rimasto intatto fino ad oggi non solo in Sicilia ma anche e soprattutto in Brasile e in America Latina dove il culto fu esportato dai colonizzatori spagnoli e portoghesi. San Benedetto è una figura ibrida che sta a significare che non si può parlare solo dei classici e tradizionali culti, perché essi si sono contaminati ed evoluti attraverso vari momenti di contatto tra le varie etnie del Mediterraneo prima e nell'area caraibica dopo. Tutta la serie di Madonne nere che pare siano giunte dal mare e rinvenute nelle grotte costiere dei paesi dell'Italia del sud o dell'Andalusia, sono le stesse Madonne nere che vengono adorate nell'America Latina seppur con tratti leggermente diversi (perché acquisiscono caratteristiche magiche tipiche dello sciamanesimo o delle religioni tradizionali) che le leggende locali fanno provenire invece dal mar dei Caraibi.

4. LA CULTURA SEFARDITA E TANGERI

Nel secondo secolo a.C. c'era la cultura greca, trasmessa nel Nord Africa, nei Balcani, nelle penisole iberiche ed italiche, attraverso la miriade di colonie disseminate nel Mediterraneo che componevano la Magna Grecia. I pochi coloni greci che vi si stabilirono riuscirono a far trasmigrare un modello culturale tanto forte da porsi come base di quell'identità mediterranea di cui oggi parliamo, così come fecero secoli dopo gli spagnoli nelle loro colonie americane. Si tratta di un'identità tanto forte da sopravvivere a quella latina con la quale va a mescolarsi senza però scomparire. Nel periodo successivo due sono i territori che divengono simbolo di una cultura ibrida definita mediterranea che si va consolidando: l'Andalusia e la Sicilia. Per quanto riguarda la regione andalusa, in questa sede, vogliamo ricordare la comunità ebrea, che si stabilì nella zona strutturalmente cristiana, ma effettivamente arabo-musulmana da tempo, dopo la diaspora dovuta alla caduta di Gerusalemme nel 70 d. C. La popolazione che si stanziò in Al-Andaluz, i Sefarditi, spagnoli di religione ebraica che convivono pacificamente con gli Arabi, attingendo da essi parte della loro cultura, ma identificandosi innanzitutto come spagnoli, dovette nuovamente emigrare nel Nord Africa e nel Medio Oriente nel 1492, portando con sé usi, costumi e tradizioni. Questo popolo si trasferì così nel Medio Oriente portando con sé non solo una lingua di "memoria" iberica, la yaquetía, come sottolinea Daniela Natale (2012: 201-208), ma anche figure e storie tradizionali, come quelle su Giufà, ricordato nel libro da Salvatore Riolo (2012: 169-182). Buffo e contorto è il personaggio, simile al Pierino italiano o al Picaro spagnolo, la cui origine si perde nel crogiolo di etnie che si mescolarono nel Mediterraneo (ebrea, araba, siciliana), prima di diffondersi nell'universo caraibico come simbolo e ponte tra le varie culture arabo-iberiche.

Questo popolo poliedrico che ne risulta e che si muove nel Mediterraneo, trova la sua nuova terra nella città di Tangeri, città aperta, dalle molte lingue e culture, dove convivono parole andaluse, portoghesi, arabe ed inglesi che si innestano sul castigliano degli ebrei sefarditi del Marocco, creando un'identificazione totale tra la città, la gente e la propria lingua, testimonianza, ancora una volta, di come il linguaggio sia la base di ogni cultura.

5. LA SICILIA E IL MONDO ISPANICO

Tuttavia non si può parlare di Mediterraneo e mediterraneità senza lasciare il posto d'onore all'isola siciliana, simbolo e unione delle culture che la compongono. La Sicilia, antica Trinacria greca, è l'isola del mito classico, è il fulcro degli scambi commerciali e culturali del mondo antico e moderno; dopo la conquista da parte della corona aragonese nel 1516, è il luogo dove si compenetrano nei secoli greci, arabi, spagnoli, italiani. Il vincolo che lega spagnoli e siciliani, la forte diffusione della cultura iberica nell'isola, si esplicita in un'infinità di aspetti, che vanno dall'architettura alle tradizioni popolari, e persino alla lingua e alla paremiologia. In questo senso, possiamo dire che lo scambio interlinguistico e interculturale si manifesta concretamente nelle paremie (strutture di carattere sentenzioso), come cristallizzazione di un "sentir", cioè, di un modo di essere e pensare che corrispondono a uno solo, quello dell'uomo mediterraneo, come viene espresso nel libro da tre paremiologhe.

Di fatti in relazione al concetto di amicizia, in particolare delle amicizie sbagliate, non stupisce sentir dire in Sicilia: "*Cù pratica cu zoppu, all'annu zuppichìa*" ed in Spagna "*Quien con un cojo va, al cabo del año cojearà*", che corrisponde all'italiano "*Chi va con lo zoppo impara a zoppicar*" *e* alla paremia latina attribuita a Seneca "*Si juxta claudum habites, claudicare disces*";

6. IL LINGUAGGIO MARINO: LESSICO E FRASEOLOGIA

E' soprattutto, sulla relazione che intercorre tra l'uomo e il mare che vogliamo ora soffermarci. Si tratta di un linguaggio che ha radici antiche e profonde. Fin dagli albori della nostra storia, infatti, l'elemento marino ha assunto un significato vitale per l'esistenza umana, simbolo dell'inizio e della fine di tutto. Questo discorso appare ancor più evidente se ci riferiamo al Mar Mediterraneo, sulle cui sponde sono sorte le antiche civiltà da cui il mondo odierno si è evoluto, le quali hanno vissuto fino al XV secolo nella convinzione che proprio in quel mare fossero situati i confini della Terra, al di là dei quali si prospettava la fine del mondo nel quale loro vivevano. Questo legame è evidente nella rilevanza che il mare assume nella cultura, quindi in primis nel linguaggio, dei popoli che vivono sulle sue sponde: essi esprimono attraverso la ricchezza del registro linguistico marino, il modo di vivere di una società di pescatori e la saggezza popolare di un'epoca remota che manifesta il suo sentire e il suo vivere attraverso espressioni metaforiche. Aspetto questo analizzato dalla sottoscritta nel libro *Mediterranei, Identificazioni e Dissonanze*. Dal mare è nato il linguaggio marino, il quale si è diffuso, a partire dal XVI secolo. In particolare, il linguaggio marino, possiamo dire, è il primo linguaggio particolarmente tecnico, che si carica di un elevato simbolismo[2]. Difatti, i marinai e i mercanti di cultura e di estrazione differente, che condividono lo stesso stile di vita, utilizzano un linguaggio comune, per descrivere gli stessi sogni e le stesse difficoltà giornaliere, ma soprattutto l'arte della navigazione[3]. Inoltre, bisogna aggiungere che il linguaggio generale assorbe progressivamente questi termini professionali[4]. Si sviluppa, perciò, un lessico[5] e una fraseo-

---

[2] Si veda Luisa A. Messina Fajardo (2012: 74-76).
[3] Considerando infatti che siamo in presenza di territori bagnati dal mare per lunghissimi tratti, non poteva non essere un referente molto presente nelle paremie popolari, che ne sottolineano la pericolosità, l'immensità (*"Tra il dire e il fare c'è di mezzo il mare"*, *"Del dicho al hecho hay gran trecho"*) ed il rispetto che gli è dovuto (*"A la mujer y al mar has de respetar"* cioè *"Con la donna e il mare c'è poco da scherzare"*).
[4] A questo riguardo si legga in L. Messina fajardo (2012: 81): *Está más fuerte que un trinquete*, se usa para indicar a una persona robusta, fuerte, pero la palabra *trinquete* es de uso marino, se refiere al palo más cercano a la proa. *Nadar entre dos aguas*, mantener una actitud ambigua. *Echar anclas*, aferrarse a una idea. *Cada palo aguante su vela*, quiere dar a entender que se debe aguantar el trabajo o responsabilidad que corresponde, sin cargarlo sobre los demás. *Recoger velas* equivale a contenerse, moderarse, aunque literalmente se refiere a retirar las velas de la embarcación. *Capear el temporal* es pasar por alto un compromiso, algo desagradable. Pero se refiere a un momento difícil, cuando hay temporal, que las naves deben superar.
[5] Numerose sono le espressioni spagnole del linguaggio marino la cui origine è araba, italiana, catalana e portoghese. Per esempio *almadraba, almirante, bagarino* e

logia settoriale[6], che nascono dal sapere tecnico-scientifico della gente di mare.

7. LA MITOLOGIA

La mitologia segue lo stesso itinerario del linguaggio.

Il mito "della Grecia passa per l'Italia, arriva e si espande nella mitica Trinacria, passa per la Catalogna", che assorbe i miti stranieri con facilità, perché ha una naturale predisposizione verso il

---

arsenal sono parole che provengono dall'arabo; dall'italiano *galera, carena, fragata*; dal catalano *rol, bajel* e dal portoghese *vigía* e *carabela*. Esistono poi delle espressioni di origine francese, inglese e neerlandese. Questo aspetto evidenzia la confluenza tra le diverse lingue anche in un linguaggio così specifico e settoriale, come quello marino (Messina Fajardo, 2012: 78-79).

[6] A tale riguardo si può vedere Messina Fajardo (2012: 84-85): *Ponerse a la capa*: (capear). Es disponer las velas de modo que la embarcación ande poco. *Dar caza*. Dicho de una embarcación es seguir a otra para alcanzarla. *Vergas en alto*. Se dice cuando la embarcación está pronta y expedita para navegar. *Embicar las verga*. Es poner una verga en dirección oblicua respecto a la horizontal o como señal de luto a bordo. *Abatir un ancla*. Es colocarla en dirección más apartada de la que tenía con respecto a la de la corriente, marea o viento. Pescar un ancla. Se dice cuando la embarcación se engancha casualmente un ancla perdida, al levar la propia. *Ancla de la esparanza*. Es la muy grande que se utiliza en casos extremos. *Estar (el ancla) a la pendura* Se usa para referirse al ancla cuando pende de la serviola.

Tomar por la lúa (una embarcación). Es perder el gobierno porque las velas reciben el viento por la parte de sotavento, por donde no están amuradas. *Levar por tea*. Cuando se leva con el tea (un cable) desde una lancha.

Alzar las vela. Es disponerse para navegar.A toda vela. Se refiere a navegar la embarcación con gran viento.

Dar fondo, (fondear). Es asegurar (la embarcación) por medio de anclas. *Echar a fondo*. Es echar a pique. *Tomar por avante*. Virar involuntariamente por la parte por donde viene el viento. *Tomar la vuelta de tierra*. Se refiere a virar con dirección a la costa. *Echar al través una nave*. Vararla para hacerla pedazos, cuando se la ha desechado por inútil. *Ir al través una nave*. Tener que ser desechada o desbaratada, por inútil, en el puerto para donde hacía el viaje. *Ir de través (una nave)*. Es cuando (la nave) va arrollada por la corriente o por el viento.

Ir o navegar de bolina. Corresponde a navegar de modo que la dirección de la quilla forme con la del viento el ángulo menor posible.

mondo greco e latino, "e abbraccia tutta la penisola iberica", come viene sottolineato da Giuseppe Grilli (2012:231-241). Tuttavia, la Catalogna mantiene una forte unicità culturale, che si manifesta attraverso il catalano e le tradizioni popolari uniche, che influenzano, anche, la vita di altri territori (Grilli, 2012:234). Infatti, per esempio, in molte province della Sardegna, si parlano dei dialetti (geoletti) che derivano dal catalano e ci sono delle tradizioni di chiara discendenza catalana.

Il mar Mediterraneo è, quindi, la culla della mitologia classica ma è divenuto, allo stesso tempo, origine e veicolo del sistema mitologico. Tra le isole greche e mediterranee nascono le grandi storie mitiche, quella di Ulisse, l'eroe ionico creato da Omero, che viaggia in quel braccio di mare che unisce e separa Grecia e Sicilia, facendo tappa anche in Sicilia dove si scontra vittoriosamente con il Ciclope; quello stesso Ciclope cantato da Góngora nel racconto dello straziante amore tra il gigante e la giovane Galatea: *Fábula de Polifemo y Galatea* (1612).

8. LA LETTERATURA: IL "GIALLO"

Elementi linguistici comuni si traducono spesso anche nello stesso tipo di scrittura letteraria, com'è evidente nella scelta delle trame e dei paesaggi che ci vengono raccontati attraverso i protagonisti del giallo mediterraneo, siciliano e la *novela negra* spagnola, analizzata da Daniela Privitera (2012:191-200): il commissario siciliano Montalbano di Camilleri da una parte, e il detective Pepe Carvalho di Vásquez Montalbán e Petra Delicado di Alicia Gimènez-Bartlett, dall'altro.

Il tema della memoria, come unico criterio per distinguere tra giustizia ed ingiustizia, la consapevolezza che il crimine moderno (corruzione politica, lotte per il potere, stupri e omicidi) affonda le sue radici nella storia dei rispettivi paesi sono le linee guida dei personaggi dei romanzi che divengono giudici e non solo attori. Questi detective si muovono sullo sfondo di paesaggi mediterranei che, a tratti, con la loro tragica bellezza, divengono i veri protagonisti della narrazione, gli spazi metaforici dove drammaticità ed ironia si combinano nella rappresentazione del giallo mediterraneo. Il paesaggio è l'uomo, è il luogo in cui si svolge la sua vita, la sua storia, è il posto in cui nasce la sua cultura e la sua memoria. Il paesaggio esiste prima nella nostra coscienza, come risultato dell'interazione con il territorio, simbolo culturale prima che geografico.

9. IL PAESAGGIO PERSONAGGIO UNICO MEDITERRANEO

Non è senza significato che guardando il paesaggio si comprende molto dell'uomo che vi vive in esso e viceversa. Il paesaggio è memoria, nel senso che è una rete sedimentata di relazioni e racconta, se ascoltato, vicende materiali e non, stratificate e mischiate nel corso del tempo e della storia che rappresentano l'identità di chi lo vive. Nel Mediterraneo convivono tanti paesaggi, tra loro diversi ma con una loro continuità, simbolo delle differenze dei popoli che lo abitano ma anche della somiglianza che è nata in secoli di globalizzazione.

Il paesaggio ed il mar Mediterraneo danno vita tanto ai racconti moderni quanto a quelli antichi: il Mediterraneo è il mare dei superstiti, salvati o sommersi, di tutte le guerre, di tutti i naufraghi (Grilli, 2012 :234).

A questo riguardo, e tornando alla mitologia, non vi è forse una somiglianza tra il personaggio virgiliano Enea che, persa la propria patria nella guerra di Troia, cerca, peregrinando per il mar Mediterraneo, una nuova patria e l'immigrato che oggi vaga, con lo stesso scopo, per quello stesso mare? O non c'è forse attualità nel mito di Ifigenia, duplice vittima del padre e del marito?

Il mito classico rinasce come mito nuovo, legato a quel Mediterraneo, attraverso la reinterpretazione di miti antichi, come quello di Fedra che, nella rivisitazione unamuniana, rappresenta il tentativo di rinnovare il teatro spagnolo contemporaneo attraverso il passato o analogamente il mito di Antigone, impiegato come chiave di lettura del conflitto civile spagnolo da Espriu e Bergamín, che hanno la stessa idea, seppur in maniera differente, di attualizzare la guerra fratricida tra i fratelli di Antigone rispecchiata nella guerra civile spagnola tra Franco e i repubblicani.

10. L'ALTRO MEDITERRANEO: IL CARIBE

Il recupero dei classici è avvenuto tuttavia anche sull'altra sponda della cultura mediterranea: nel Mar Caraibico. Ci riferiamo al Mediterraneo caraibico che comprende, oltre alle grandi e piccole Antille, numerosi paesi che si affacciano su tale mare e per i quali esso è respiro e vita: dal Venezuela alla Colombia, da Panama a Nicaragua, fino ai paesi dell'America del sud. Proprio in Nicaragua e presso i popoli che abitano le sponde del Gran Lago di Nicaragua. Pablo Antonio Cuadra (1912-2002), padre della poesia nicaraguense, individua il cuore palpitante di una cultura nella quale si fondono quella dell'Occidente mediterraneo e quella locale, anteriore che posteriore alla conquista iberica (Bellini, 2014). Il suo Mediterraneo caraibico presenta molte analogie con il Mediterraneo occidentale, che ci vengono mostrate attraverso l'eroe dell'Odissea Ulisse. L'essenza del Mediterraneo, per Cuadra, sta proprio in questo clima delle origini che si mantiene nel Gran Lago: un modo di esistere legato alla terra e all'acqua, alla vita dei campi, all'allevamento del bestiame e al rischio della navigazione, alla sete di conoscenza dell'oltre, dell'ancora non conosciuto, con tutti i pericoli che comporta. Attraverso l'eroe omerico, eroe precursore della scoperta, si stabilisce un legame culturale profondo tra il mondo mediterraneo e quello americano caraibico.

Ancora in questo mare, ad esempio, il mito classico di Narciso rivive grazie alla rivisitazione dello scrittore cubano José Lezama Lima nel romanzo *Muerte de Narciso* (1937), che così diviene continuatore e innovatore della mitologia antica, mentre in Messico è Jose Gorostizia, nel romanzo *Muerte sin fin* (1939) a continuare la tradizione classica e, soprattutto, la poesia spagnola, rendendo chiaro il fatto che non è importante l'appartenenza a un'area geografica, bensì l'appartenenza a una cultura iberica unificatrice. Un altro esempio della predominanza della cultura sul luogo di origine, viene dalla concezione che ha dell'esilio un importante scrittore cileno, Robert Bolaño. Quest'uomo, attraverso i suoi scritti, comunica che non vive l'esilio che gli è stato imposto dalla sua terra, il Cile appunto, con nostalgia o malinconia, perché trasferendosi in Spagna e continuando a scrivere in lingua spagnola, egli si sente ancora parte del proprio mondo, quello iberico donatogli dalla cultura mediterranea.

11. IL MEDITERRANEO E LA COOPERAZIONE INTERNAZIONALE

L'idea del Mediterraneo come un'area culturale che lega andalusi e siciliani, libanesi e algerini e li rende tra loro simili ha portato al tentativo di trovare una legittimazione anche a livello politico dell'identità mediterranea, quasi un partenariato euromediterraneo, basato sulla cooperazione economica, sociale e culturale tra i paesi che si affacciano sul questo mare.

Nella Conferenza di Barcellona nel 1995, durante la quale si riunirono i ministri degli esteri dei 15 stati allora membri dell'UE e quelli di 12 Stati mediterranei (Marocco, Algeria, Tunisia, Egitto, Autorità nazionale Palestinese, Israele, Giordania, Libano, Siria, Turchia, Cipro e Malta), si decise di iniziare ad occuparsi congiuntamente di questioni economiche, ambientali, energetiche ed infrastrutturali, ma anche politiche per la difesa dei diritti umani e della democrazia, ribadendo la centralità del patrimonio culturale nella definizione e rappresentazione dell'identità comune dei paesi coinvolti. Ancora nel 2008 i contenuti della conferenza di Barcellona sono stati rilanciati a Parigi, con l'istituzione dell'Unione per il Mediterraneo, che ha registrato l'adesione di 43 paesi (quelli già citati più quelli entrati a far parte dell'Unione europea dopo il '95), che ha come obbiettivo la realizzazione di azioni concrete: il disinquinamento del mare, la costruzione di autostrade marittime che colleghino i paesi delle due sponde, il rafforzamento della protezione civile e lo sviluppo di un'università mediterranea (inaugurata in Slovenia nel 2008). A prescindere dall'esito che ha avuto o che avranno queste iniziative ciò che preme sottolineare è la volontà e la convinzione di tutti questi popoli di avere in comune molto più del clima, dello splendido paesaggio, del cibo mediterraneo, di essere legati in modo indissolubile alla storia, al linguaggio, alle credenze, allo spazio mediterraneo coeso in città e architetture che declinano, con naturalezza, nella condivisione di pensieri e opere, di arte e ideologia, nella consapevolezza di essere tutti figli dello stesso mare, del mare che sta in mezzo alle terre. Figli di terre abbracciate dal mare, dove si fondono storia, tradizione, cultura, memoria, musica e parole.

CONCLUSIONE

Per concludere, vogliamo citare Braudel (1985:1):

Che cos'è il Mediterraneo? Mille cose insieme. Non un mare, ma un susseguirsi di mari. Non una civiltà, ma una serie di civiltà accatastate le une sulle altre. Viaggiare nel Mediterraneo significa incontrare il mondo romano in Libano, la preistoria in Sardegna, le città greche in Sicilia, la presenza araba in Spagna, l'Islam turco in Jugoslavia.

Credo che questo breve passo riesca ad esprimere totalmente lo spirito della cultura mediterranea e l'essenza stessa di quest'ultimo. Viviamo in una terra dove la condivisione si impone come l'elemento fondante della civiltà stessa: da millenni tutto confluisce nel Mediterraneo, merci, culture, modi di vivere, idee, religioni, e tutto compete nel modulare nuove forme culturali condivise. Anche nella società che può sembrare maggiormente lontana è possibile incontrare quella matrice comune che lega ogni persona che attorno a questo mare, a questa terra, ha vissuto la sua esistenza; penso che questo concetto si concretizza perfettamente in questo verso tratto dalla poesia "Mujer reclinada en la playa" di Pablo Antonio Cuadra:

> Todo parece griego. El viejo lago
> y sus exámetros. Las inéditas
> islas y tu hermosa cabeza
> de mármol.

Il Mediterraneo (i Mediterranei) altro non è che un crocevia, uno spazio eterogeneo, un sistema in cui tutto si fonde e si ricompone in un'unità originale, nuova; figlia di questo processo e pronta a mutare ancora e ancora, legata indissolubilmente al suo passato e proiettata verso il futuro.

BIBLIOGRAFIA

Aymard, Maurice, *Storia dell'economia mondiale-L'economia mediterranea*, a cura di Castronovo V., Roma-Bari, Laterza. 1999.

Bellini, Giuseppe, *Il Mediterraneo caraibico* di Pablo Antonio Cuadra, in http://www.cervantesvirtual.com/obra-visor/il-mediterraneo-caraibico-di-pablo-antonio-cuadra. [20-05-2014].

Braudel, Fernand, *Il Mediterraneo, lo Spazio, la Storia, gli Uomini*, le Tradizioni, Milano: Bompiani, 1985.

CNEL (Consiglio Nazionale dell'Economia e del Lavoro), *Il partenariato euro-mediterraneo*, Roma 2002.

Dei, Fabio, "Cultura e culture del mediterraneo", in *Portale di Antropologia Culturale*, http://www.fareantropologia.it/ [20-05-2014].

Dell'Aira, Alessandro, "Il Viaggio di San Benedetto: Dalla Sicilia all'America". In Luisa A. Messina Fajardo (ed.), (2012), *Mediterranei, Identificazione e Dissonanze*. Acireale, Roma: Bonanno Editore, pp. 155-166.

Di Comite, L., Moretti, E., *Geopolitica del Mediterraneo*, Roma 1999.

Giovannini, Massimo, Ginex, Gaetano, *Spazi e culture del Mediterraneo*, Roma: Kappa, 2008.

Grilli, Giuseppe, "Sicilia classica e immaginario catalano moderno", in Luisa A. Messina Fajardo (ed.), *Mediterranei, Identificazione e Disso-*

nanze. Acireale, Roma: Bonanno Editore,. 2012, Acireale-Roma, Bonanno, 2012, p. 231-241.

Lewis, Bernard, *Gli Arabi nella storia*, Milano: Laterza, 1992-2008.

Messina Fajardo, Luisa A. (A cura) *Mediterranei, Identificazioni e dissonanze*, I Giornata Siciliana di Studi Ispanici del Mediterraneo, Roma-Acireale: Bonanno Editore, 2012.

Messina Fajardo, Luisa A., *El mar, la mar. La mar de cosas. Fraseología marinera*, in Luisa A. Messina Fajardo (ed.), *Mediterranei, Identificazione e Dissonanze*. Acireale, Roma: Bonanno Editore, 2012, p. 74-76.

Natale, Daniela, "La Tangeri della *Yaquetía* e le identità intrecciate", in Luisa A. Messina Fajardo (ed.), *Mediterranei, Identificazione e Dissonanze*. Acireale, Roma: Bonanno Editore, 2012, 201-208.

Privitera, Daniela, "Il giallo siciliano e la *novela negra*: esempi di lettura comparata del *noir* mediterraneo" in Luisa A. Messina Fajardo (ed.), *Mediterranei, Identificazione e Dissonanze*. Acireale, Roma: Bonanno Editore, 2012: pp. 191-200.

Raffestin, Claude, *Elementi per una teoria del paesaggio*, Firenze: Alinea, 2005.

Riolo, Salvatore, "Giufà e le storie metalinguistica fra Oriente e Occidente", in Luisa A. Messina Fajardo (ed.), *Mediterranei, Identificazione e Dissonanze*. Acireale, Roma: Bonanno Editore, 2012, pp. 169-182.

CAMPANILI E MINARETI IN *AITA TETTAUEN* (1905) DI BENITO PÉREZ GALDÓS

Trinis Antonietta Messina Fajardo

Lo straordinario quadro, "La Batalla de Tettuan", del pittore catalano Mariano Fortuny (1838-1874), pittura incompiuta, trasgressiva e per niente canonica, è lo scenario di quello scontro brutale e barbaro tra due culture mediterranee, la cristiana e la musulmana, che lo scrittore Benito Pérez Galdós ricrea in modo magistrale nel racconto epico *Aita Tettuan*, dando vita a un vero gioiello letterario.

Aita Tettuan è il sesto episodio della quarta serie di quell'importante opera sulla storia spagnola alla quale il nostro autore si dedicò per tantissimi anni e in diversi periodi della sua vita, lasciando ben quarantasei romanzi storici. La prima edizione conosciuta è quella del 1905 alla quale seguono altre sei edizioni[1] prima della morte dell'autore avvenuta nel 1920.

Nell'inverno del 1859, e nel breve giro di alcuni mesi culminanti il 26 di aprile del 1860, scoppia la Guerra d'Africa, dichiarata dall' allora recente governo dell'*Unión Liberal*, presieduta dal Ministero dell'ambizioso primo ministro, Leopoldo O'Donnell[2]. L'opinione pubblica, strumentalizzata dai partiti politici e dalle pubblicazioni dei cronisti, clamava con acceso ardore, come epilogo della lunga avventura bellica della *Reconquista*, una crociata contro i mori i quali aguerriti, intendevano difendere la loro terra, la loro casa, sconosciuta dagli spagnoli colonizzatori.

---

[1] Noi faremo riferimento all'edizione pubblicata da Alianza Editorial nel 1989.
[2] Dopo la disfatta diventerà Duca di Tettuán.

Si trattò all'inizio di una questione di onore aggredito e violato, da ambedue le parti. Quella contesa, infatti, fu un alibi per gli interessi colonialistici sia della Francia sia dell'Inghilterra che appoggiavano e favorirono l'azione spagnola.

Dopo la disfatta, alla Spagna fu riconosciuta la sovranità sul territorio di Ceuta e Melilla e la città di Tetuán, da poco occupata, fu lasciata alla Gran Bretagna, nel 1862. In seguito e soprattutto all'inizio del XX secolo ci saranno altre incursioni militari cruente e sanguinose, come la prima, che fortunatamente si conclusero nel 1927, chiudendo uno dei capitoli più infruttuosi della recente storia della Spagna. In quelle terre aride del Rif, di Gomara e di Yebala, una quantità enorme di spagnoli morti durante le diverse campagne ebbero lì la loro sepoltura[3].

Le glorie patrie e il fomento dei sentimenti di superiorità raziale e sociale furono esaltati da un nutrito numero di poeti e romanzieri; tra questi Pedro Antonio de Alarcón, inviato come cronista sul campo di guerra, che scrisse l'opera *Diario di un testigo de Africa* (1859)[4].

Anche nelle arti pittoriche, oltre a Mariano Fortuny, che scoprì nella società e negli usi e costumi della gente uno stile che non abbandonerà mai, troviamo Francisco Sanz Cabot, Carlos María Esquivel e altri; in ambito musicale numerosi lavori evocano tali successi storici, nomi di grande fama e anche nomi poco noti, che contribuirono ad alimentare quel *pathos* collettivo.

La guerra d'Africa divenne materia narrativa di romanzi d'appendice, privi di valori letterari, dove il moro rappresentava il

---

[3] La bibliografia sulla guerra dell'Africa è numerosissima. Segnaliamo alcuni titoli: Carlos de Baraibar, *El problema de Marruecos* Chile (Alonso; de Ovalle, 1952) ; Tomás García Figueras, *Recuerdos centenarios de una guerra romántica* (Madrid: Instituto de estudios africanos, 1961); Miguel Martín, *El colonialismo español en Marruecos (1860-1956)* (Paris: Ruedo Ibérico, 1974).
[4] P. A. Alarcón, *Diario de un testigo de la Guerra de África* (Madrid: Gaspar y Roig editores, 1859).

malvagio e lo spagnolo, l'eroico e il temerario;[5] e la guerra, una epopea che rievocava le ormai decadenti glorie passate degli spagnoli.

Inversa e inedita è la prospettiva di Galdós di innegabile superiorità letteraria. La sua voce critica s'innalza contra l'ingiusta guerra e compie un lavoro di demistificazione e di smascheramento di quella lotta, considerata dagli spagnoli un'impresa degna e memorabile contro gli infedeli. La lontananza dei fatti rispetto al tempo della scrittura ha favorito sicuramente una visione completa ed efficace dei successi accaduti. L'opera di Alarcón, che diventa agli occhi di Galdòs una contralettura, una parodia, secondo Goytisolo, e il libro *La guerra de Tetuán según un historiador marroquí contemporáneo* dello storico marocchino Xej Sid Ahmed Ben Jáled En-Nasiry Esselaui, oltre ai dati che Ricardo Ruiz Orsatti, arabista spagnolo e interprete ufficiale, residente a Tangeri, gli fornì, e persino il fallito e breve viaggio dell'autore nel Marocco, furono fondamentali per l'elaborazione dell'episodio che si completa nelle prime pagine di un'altra opera scritta lo stesso anno, *Carlos VI en La Rápita*.

Galdós scrisse *Aita Tettuan* in un periodo in cui la Spagna si trovava a dover firmare uno dei trattati con il Marocco, in un clima di grande entusiasmo per l'interventismo in quel Paese, dopo il "desastre" del 1898, la perdita delle ultime colonie; si respirava dunque la stessa euforia collettiva, infuocata da sentimenti patriottici della passata campagna militare del 1859 che è quella di cui trattiamo oggi:

> No había español ni española que no sintiera en su alma el ultraje, y en su propio rostro la bofetada que a España dio la cabila de Anyera profanando unas piedras y destruyendo nuestras garitas en el campo de Ceuta[6].

---

[5] Juan Goytisolo, "Vicisitudes del mudejarismo: Juan Ruiz, Cervantes, Galdós", *Crónicas sarracinas* (Barcelona: Ruedo Ibérico, 1982) 47-71.
[6] Benito Pérez Galdós, *Aita Tettuán*, cit., p. 31.

La storia si sviluppa in quattro parti, ciascuna con una propria caratteristica e specificità all'interno dell'opera. Nella prima (*Madrid, octubre-noviembre de 1859*) il narratore onnisciente esibisce in primis le cause della guerra senza falsificare i fatti; presenta i personaggi fittizi: Santiuste, Lucila e altri meno importanti, e meno reali (Prim, O'Donnell, Pedro Antonio de Alarcón, ecc.). Descrive la febbre bellica a Madrid durante i preparativi dell'operazione militare in cui "l'ideale della patria si [sovrapponeva] a tutti gli ideali quando l'onore della patria è in pericolo"[7], a volte ironizzando su fatti e persone. Leggiamo:

—¡Qué hermoso espectáculo el de un pueblo que, antes de ver realizadas las hazañas, ya las da por hechas! Lo que la historia no ha escrito aún, lo ve la fe con sus ojos vendados. Creer ciegamente en el fin glorioso de la campaña equivale a la realidad de ese fin. Ved cómo las madres pobres de las aldeas no se afligen de ver partir a sus hijos para el África. Oíd a los viejos, que como Horacio pronuncian el terrible ¡que mueran!..., si los muertos sellan con su sangre el honor de España. Ved cómo la nación entrega cuanto posee, para que nada falte al soldado. Aquí dan dinero, allá provisiones, acullá las damas destejen con sus finos dedos las telas... quiero decir, que sacan hilas para curar a los heridos. [...][8].

In seguito espone con sarcasmo le proprie e vere ragioni:

Fueron los españoles a la guerra porque necesitaban gallear un poquito ante Europa y dar el sentimiento público en el interior, un alimento sano y reconstituyente. Demostró el general O'Donnell gran sagacidad política, inventando aquel ingenioso saneamiento de la psicología española. (31)

La guerra diventa allora una crociata, si ricordano i Re Cattolici, Cisneros, Carlos V e l'imperio spagnolo, figure trionfanti della sto-

---

[7] *Ibid.* p. 23. La traduzione è nostra.
[8] Benito Pérez Galdós, *Aita Tettuán*, cit., p. 23.

ria nazionale. Nell'Episodio, il protagonista Juan Santiuste, che partecipa alla guerra per un ideale di lealtà patriótico, ma che diventa poi alla fine un eroe pentito, evoca all'inizio con spettacolarità (qui traspare in filigrana l'ironia dell'autore nel trattare questi temi sul passato spagnolo), prima d'imbarcarsi per l'Africa, quella storia che fu determinante per la Spagna:

> —¡Qué gloria ver resucitado en nuestra época el soldado de Castilla, el castellano Cid, verle junto a nosotros y tocar con nuestra mano la suya, y poder abrazarle y bendecirle en la realidad, no en libros y papeles! Reviven en la edad presente las pasadas. Vemos en manos del valiente O Donnell la cruz de las Navas, y en las manos de los otros caudillos, la espada de Cortés, el mandoble de Pizarro y el bastón glorioso del Gran Capitán. Las sombras augustas del emperador Carlos V y del gran Cisneros, nos hablan desde los negros muros de Túnez y de Orán. La epopeya que habíamos relegado al Romancero, vuelve a nosotros trayendo de la mano la figura de aquella excelsa y santa Reina que elevó su espíritu más alto que cuantos soberanos reinaron en esta tierra, la que al clavar la cruz en los adarves de Granada, no creyó cumplida con tan grande hazaña su histórica empresa, y con gallardo atrevimiento y ambición religiosa y política nos señaló el África como remate y complemento del solar español. (24)

Nella seconda parte, ci troviamo già in territorio africano (África. —De Ceuta al Valle de Tetuán: noviembre y diciembre de 1859. — Enero de 1860). Santiuste parte per l'Africa in qualità di cronista, desideroso di vedere e raccontare gli scontri: "ansiaba Santiuste ver moros, y presenciar una gallarda pelea. Poco hubo de esperar para la satisfacción de su anhelo, porque a mediodía del 30 vomitó cierra Sierra Bullones gran morisma" (51). La realtà di quegli eventi terribili gli fa cambiare atteggiamento e presto decide di abbandonare il campo di battaglia preso da una crisi di coscienza: "[...] sintió la misma lástima ante los muertos berberiscos que ante los cristianos", a tal punto da dire, all'amico Leoncio Ansúrez, che gli domandava se avesse combattuto e ucciso dei mori: "Mi misión quí es no hacer la Historia, sino contarla. Soy español de paz, por no decir moro de paz" (60). L'immagine è quella di un intellettuale disilluso e scettico che contempla la dimensione eroica dell'attività militare descrivendo gli aspetti più atroci e distruttivi della guerra e dolendosi di essa:

> Escasas pérdidas tuvo España el día de la Navidad; los moros cayeron en gran número, unos acribillados por las bayonetas, otros despeñados en los cantiles. En su azorada fuga corrían hacia el mar, y en las peñas o en medio de las olas encontraban los más de aquellos infelices, la muerte, los menos su salvación. (62)

Dopo l'orrore, l'illusione della guerra del protagonista incominciava a sfumarsi. Nell'incontro con Perico Alarcón, che è come chiama amichevolmente Santiuste il literato, confessa tutta la sua indignazione:

> Estoy desilusionado de la guerra[...] yo sostengo que la guerra es un juego estúpido, contrario a la ley de Dios y a La misma Naturaleza [...] en el fondo de todo esto no hay más que un plan político: dar sonoridad, empaque y fuerza al partido de O'Donnell [...] al ver en estos días el sinnúmero de muertos destrozados por las balas, no he sentido más lástima de los españoles que de los moros. Mi piedad borra las nacionalidades y el abolengo, que no son más que artificios. Igual Lástima he sentido de los españoles que de los africanos, y si pudiera devolverles la vida, lo haría sin distinguir de castas ni de nombres... [...] Creo que has sentido lo mismo que yo: el prójimo, el hermano. Sin quererlo, tu piedad ingénita ha reconocido el gran principio humanitario [...] que dice : "No matar". (68)

Nel dialogo tra i due emerge la visione antiarabista dello scrittore de *El sombrero de tres picos*, che considera l'altro una pesante minaccia; la sua è una concezione condizionata dal credo tradicionalista che non accettta le ambiguita, la pluralità, viste come debolezza ideologica. Ecco la risposta di Alarcón:

> Cierto Juan, que llevamos dentro el principio: y que este principio asoma la cabeza cuando menos lo pensamos, no lo puedo negar; pero luego salen los hechos, la historia, el concepto de patria y de nación, y aquel principio vuelve a meterse para dentro y se agazapa en el fondo del alma. [...]
>
> Te confieso ingenuamente que ante los cadáveres moros vivos, que brincando y aullando vienen contra nosotros, veo las naciones, veo las razas, el cristianismo y Mahoma frente e frente.... Celebro, pues, con toda el alma que nuestros soldados les maten, único medio de impedir que ellos nos maten a nosotros...[9]

Depresso e in uno stato di confusione Santiuste fugge lasciando l' accampamento spagnolo; inizia un viaggio camuffato da moro temendo ad ogni passo di incontrare la morte. A partire da questo momento la guerra passa in secondo piano. Juan arriva a piedi alla città di Tetuán dopo alcuni giorni, aggravato fisicamente e moralmente, qui è curato da alcune donne sefardite e si fa chiamare *Juan el Pacificador*. Cambia identità e cambia il suo nome. Adesso è il poeta della pace e dell'amore, ed è chiamato Yahia, nome ebraico. Santiuste s'innamora e decide di intraprendere una vera campagna amorosa per conquistare il cuore di Yohar, una giovane ebrea tetuana, contro le ostilità del padre, il ricco ebreo Riomesta. Il loro idillio è raccontato nella quarta parte (Tetuán, enero-febrero de 1860). Santiuste, preso da un sentimento febbrile e irresistibile, celebra la bellezza e grazia femminile della giovane che all'inizio si dimostra altezzosa e sfuggente ma dopo diventa al contempo tenera e ardente. Al terzo incontro i due iniziano a gareggiare nella reciproca profusione di lodi in un eloquio amatorio:

> —He soñado contigo, Juanito... érades tú un hermoso caballo español negro... yo una mulita blanquita. Venías a mí con relincho gracioso trotando.

---

[9] *Ibidem.*

—Eres encantadora, y tu inocencia vale más que todas las cien-
cias del mundo. En mi corazón has pegado tus coces divinas,
que me destrozan el alma. (196)

Santiuste colto dalla foga amorosa convince Yohar, anche lei cieca
d'amore, a scappare verso la città di Tettuán. I due amanti sono
aiutati dalla vecchia fattuchiera Mazaltob che li conduce a riffu-
giarsi nella casa di El Nasiry, ritenuto il luogo più sicuro dopo
ch'erano stati sul punto di essere uccisi il giorno prima della conquista di Tetuán.

La terza parte è raccontata dall'altro narratore-cronista, Gonza-
lo Ansúrez, un cristiano rinnegato, fratello di Lucila, amica di Juan
Santiuste, che si era trasferito a Tetuán, dove diventa un moro ris-
pettato e stimato persino dallo stesso sultano. El Nasiry, questo è il
nome col quale si fa chiamare, mostra l'altra prospettiva della
guerra, quella islámica. Ora il campo di battaglia del conflitto è lo
schieramento opposto. Ecco alcuni momenti della sua narrazione:

> Tettuan, mes de rayab de 1276
>
> [...]
> Nuestros aborrecidos hermanos, los de la otra banda, los hijos
> del Mogreb el Andalus, avanzaron desde Sebta hasta e Medik,
> sosteniendo combates terribles con nuestros valientes montañe-
> ses y tropas regulares. [...]
> Aterrado vi yo a las tropas a pie y a caballo que venían como
> a distancia de dos tiros de fusil.[...]
> Ni los cadáveres que pisábamos, ni el espectáculo de los
> hombres que yacían expirantes con la cabeza hendida, el vientre
> rasgado, algún miembro separado del tronco, entre charcos de
> sangre, me causaban horror tan intenso como los rostros de los
> españoles vivos que iban entrando en nuestro campo y posesio-
> nándose de él. [...]
> Íbamos en gran desorden temerosos de que el cañón cris-
> tiano nos diera la despedida. Faldeando el áspero monte frente a
> la alcazaba, saludábamos tristemente a la blanca paloma que
> pronto había de ser esclava del soberbio sbañul. [...](119)

E conclude il suo racconto dichiarando la sconfitta:

> Punto final pongo a mis cartas, ¡Oh sabio y poderoso cherif sidi el Hach Mohammed ben Jaher el Zébdy!... He cumplido tu encargo. Vencido el islam, y dueños ya de Tetuán los españoles, hoy lunes 13 de rayab de 1276 [...] (185)

Lo scontro tra i due cronisti, Juan Santiuste/Yahia e El Nasiry /Gonzalo Ansúrez, è inevitabile quando si trovano uno di fronte all'altro, momenti prima dell'assedio. El Nasiry incollerito e spinto dal padre di Yohar che ha dei pregiudizi nei confronti dello spagnolo, rimprovera Juan per il suo comportamento e gli chiede insistentemente dove avesse nascosto Yohar. A quel punto El Nasiry avrebbe ucciso Santiuste se non fosse stato distratto dall'ingresso di Prim nella città. Subito dopo, insieme assistono all'invasione della città, salutata con grande giubilo da parte degli ebrei che urlavano: *Viva España, Viva la Reina de España.*

Ecco come viene descritta dal narratore l'occupazione di Tetuán:

> La Blanca Paloma, la virginal doncella Ojos de manantiales quedó pronto a merced del conquistador...
> Entran con respeto... como hombres de buena educación que delicadamente se acercan a la desposada y le quitan los velos... (200)

Santiuste, colto dall'emozione, vorrebbe avvicinarsi alle truppe che riempiono le strade della città; vorrebbe abbracciare i suoi amici ma viene trattenuto da El Nasiry che si nasconde perché non vuole essere visto. All'improvviso scoppia in un pianto ininterrotto e confessa una tragica verità [10]. Ci troviamo in un passaggio cruciale del romanzo:

---

[10] Una confessione che ricorda per certi versi il drammatico segreto, la mancanza di fede, del miscredente Don Manuel, il sacerdote di Unamuno.

Esas músicas, esa gente que entra en Tettuán con alegría de victoria, no me dicen cosas olvidadas. Lo que veo y lo que oigo es mío, tan mío como mi propio aliento...No digas a nadie lo que has visto en mí, ni repitas mis palabras. Yo debo alejarme de esta pompa y fingir que me entristece lo que me regocija... Tengo aquí un nombre, tengo una posición, tengo un estado, que gané a fuerza de trabajo y de astucia inteligente. No puedo renegar de mi estado, Yahia; no puedo arrojarlo a la calle por un melindre de patriotismo... Guárdame el secreto, y adelante... Sigamos, observemos y disimulemos. El traje que vistes te obliga, como a mí, a ser cauto y prudente.[11]

I due protagonisti presenziano l'ingresso spettacolare dell'imponente O'Donnell, che entra accompagnato dalle note di Macbeth. Certamente l'allusione alla sete di potere che soggiace nell'opera shakeaspeareana non è casuale.

El Nasiry dopo lo sfogo e con un profondo sentimento nostalgico approfitta per domandare a Santiuste dettagliate notizie sulla Spagna e sulla sua famiglia che viveva a Madrid, e dalla quale non ne aveva avuto notizie.

A Santiuste che desidera vivere lì accanto a Yohar, El Nasiry consiglia che l'unica alternativa possibile di vivere in quella terra è la finzione, l'usurpazione, l'appropriarsi di quelle forme di vita per potersi mimetizzare, così come aveva fatto lui.

Galdós con questo *Episodio* fa piazza pulita dei tanti miti e luoghi comuni, solleva questioni cruciali che intaccano alla radice la percezione e la conoscenza sulla guerra dell'Africa e il difficile rapporto tra le due culture fraterne che ebbero un lunghissimo passato comune. L'opera sottolinea il carattere antibelligerante dell'au-tore che aborriva le guerre e anteponeva a questa l'amore, mosso dalla volontà constante di comprendere il comportamento umano nei confronti dell'altro, considerato diverso. L'opera dun-

---

[11] Benito Pérez Galdós, *Aita Tettuán*, cit., p. 201.

que affronta questi temi e altri come la convivenza pacifica di ebrei e musulmani nella città di Tettuan e le loro caratteristiche, e il rapporto con le altre etnie che popolano il Magreb.

Come sempre la scrittura di Galdos non smentisce: l'autore è riuscito anche in questo episodio a tessere in maniera eccellente la storia reale e la storia inventata col proposito didattico e critico che contraddistingue la sua prosa che comunica la concezione della storia come *magistra vitae,* come memoria dell'uomo.

Vogliamo concludere con le parole che Juan Santiuste proferisce al suo amico Perico Alarcón che era riuscito a sopravvivere al conflitto armato, e nelle quali si evince lo spirito antibellico del protagonista che crede nella forza dell'amore, nella solidarietà e comprensione verso l'altro come soluzione per combattere i dissidi:

> Tetuán la blanca Paloma, nuestra es… Si vosotros con el acero y la pólvora habéis hecho una gran conquista de guerra, yo con pólvora distinta, he hecho una conquista de paz. ¿Cuál será más duradera, Perico…? (208)

IL MEDITERRANEO ORIENTALE TRA IDENTITÀ E ALTERITÀ NELLA CONTEMPORANEA LETTERATURA DELL'ESODO ISTRIANO

Cinzia Gallo

La definizione dell'Adriatico come Mediterraneo orientale è ormai scontata e se, come afferma Claudio Minca, "Il Mediterraneo è un referente ineludibile, una presenza costante per chi [...] è nato sulle rive dell'Adriatico e all'Adriatico non può che tornare (Minca, 2004:1), il mare è in primo piano nella narrativa sviluppatasi intorno all'Istria e in quella dell'esodo che—peraltro—secondo la più recente critica,[1] rimanda al problema più ampio dello sradicamento dell'uomo moderno e della difesa di un'identità minacciata dal contatto con l'alterità. Non sempre, difatti, "il Mediterraneo è il mare della vicinanza, l'Adriatico è il mare dell' intimità" (Matvejevic, 1996:23). Ciò è senza dubbio vero per Giani Stuparich, che al mare lega i suoi ricordi d'infanzia,[2] la vita della sua stessa famiglia.[3] Il mare, in effetti, per Stuparich si identifica con l'Istria, è "protagonista, compenetrato con la terra" (Schurzel, 2003:5.). Leggiamo ancora nei *Ricordi istriani*, a titolo esemplificativo:

> Mare e campagna, campi che mescolano il loro verde all'azzurro del mare, insenature di mare turchine che penetrano nel verde della campagna: questa è l'Istria. Barche che trasportano freschi

---

[1] Pensiamo ai vari saggi ed articoli pubblicati dalla rivista *La Battana*.

[2] "La barca e la pesca entravano nella mia vita segreta di fanciullo ed io disprezzavo ogni altro giocattolo che non avesse forma di nave o non avesse qualche relazione col mare" (Stuparich, 2003:28).

[3] "Mio padre s'illuminava in volto, quando [...] parlava dei suoi scogli e del suo mare limpido, ricco di pesci" (*Ibid.*).

ortaggi e frutta succose accanto a barche che trasportano cassette colme di pesce argenteo: questa è l'Istria. (Stuparich, 2003:36)

E così, in *Ritorno sconsolato*, è l'immagine del mare, il cui profumo si mescola con quello della campagna, a colpire subito il protagonista, che rivede i luoghi della sua infanzia. Il mare, allora, può diventare metafora delle difficoltà della vita, mettendo in risalto le capacità dell'uomo:

> Quel mare poteva improvvisamente corrugarsi, sollevarsi minaccioso, urlare e sbattere nella violenza della tempesta, come lo aveva visto tante volte da bambino tremando: [...]. Forse per questo era venuto, per riprovare nel ricordo preciso il senso della sterminata potenza che giuoca col destino degli uomini e, insieme, dell'orgoglio umano che l'affronta e che è supremamente bello, anche quando soccombe, forse più allora quando soccombe. (Stuparich, 1950:98)

Lo stesso si nota ne *Il lottatore:*

> Di fuori s'era sparsa intanto la voce della sua sfida al mare. [...] Lo scroscio la violenza di quella massa d'acqua lo stordirono; gli mancò il fondo sotto i piedi, ma l'energia dello slancio impedì ch'egli fosse scaraventato indietro e sbattuto sulla sabbia. E uno; ma il secondo era prossimo e più formidabile del primo. [...] La vita gli si accaniva contro come quel mare infuriato. [...] Quel giorno egli vinse. [...] Forse anche ora, in fondo all'impari lotta ch'egli riprendeva con la vita, ci sarebbe stata la pace. (Stuparich, 1950:76-79.)

Il mare ha grande importanza pure per Quarantotti Gambini. Ne *Le redini bianche*, la strada tra Semedella e Capodistria corre tra "l'acqua azzurra del mare e quella verdastra delle saline" e Paolo Brionesi, tornato a Capodistria, dopo l'esodo della sua famiglia, vede subito il mare "liscio e lucente", che "specchiava sia le case della riva [...] sia la vegetazione e le case della pendice di fronte" e, "con tremolii e luccichii" (Quarantotti Gambini, 1971:106, 11, 17), le bandiere rosse e blu. Anche per lui il mare si associa ad un'infanzia felice, vissuta nel calore familiare. Ricorda, difatti, i tuffi, i giochi compiuti, durante l'estate, al mare, il cui odore "risentiva ad ogni réfolo" (104), a differenza di quello della campagna. A questa raffigurazione familiare del mare, nella cui "distesa azzurra" riesce a distinguere il guzzo dello zio Manlio, a bordo del quale immagina di trovarsi avvertendo il "profumo intenso e fresco" dell'Adriatico, la cui vastità si confonde con quella del cielo, si contrappone il mare dalle "onde [...] grandi come montagne" dell'oceano, attraverso cui il transatlantico *Marta Washington* è tornato dall'America a "casa" (97, 56, 57), a Trieste. E, ancora, ne *La calda vita*, il mare ha una parte di rilievo.

L'identificazione dell'Istria con il mare è ribadita nella narrativa dell'esodo dell'ultimo decennio. In *Nata in Istria*, del 2006, Anna Mori sottolinea la bellezza di "un Adriatico che in nessun altro posto è così verde e trasparente", la cui assenza produce, nell'esule, un senso di sradicamento, un "sentimento di incompletezza e di estraneità" (Mori, 2005:9, 11) tipico, appunto, dell'uomo moderno. Viceversa, per i triestini l'Istria rappresenta un "polmone di verde, di mare" (30), un luogo di evasione rispetto alla quotidianità, in quanto riappropriazione delle proprie radici: è l'equivalente dei Navigli, per i milanesi o del Valentino, per i torinesi. Nelle altre parti del romanzo, che possono essere considerate come blocchi autonomi, ciascuna con un titolo, il mare acquista altri significati. Se il mare "profondo e trasparente" autorizza, nuovamente, un'immagine idealizzata dell'Istria, da "paese di fantasia", in linea con il riferimento alla leggenda degli Argonauti, per spiegare la formazione delle isole Apsirtidi, esso è anche il "luogo da cui trarre sostentamento" (34, 85, 35) e attraverso cui fuggire. Non sorprende, perciò, che una sezione si intitoli *Adriatico: uomini e pesci*, in cui il mare è visto quale "luogo di lavoro, non di ozio", un'altra *Il presepe sul mare*, con allusione alla città di Rovigno, in cui da un'Istria reale, fatta di case, chiese, palazzi e strade, che "sembrano emergere per incanto" dal mare dai fondali trasparenti, si passa ad un'Istria "paesaggio dell'anima" (39, 159, 161),[4] per sottolineare l'attaccamento di chi, esule, ne mantiene sempre vivo il ricordo. La Mori a questo punto, assumendo toni da denuncia, riporta, ne *I puri e i furbi*, parte di una lettera, estremamente significativa, datata 10 febbraio 2005, giornata del ricordo, che stigmatizza il divieto, posto dalla Croazia, di vendere immobili ai cittadini d'oltre confine:

> "Nei paesaggi della memoria ci sono i luoghi, ci sono le rocce e il mare, la terra rossa e gli ulivi, odori e sapori, e con loro lo struggimento e il dolore che si rinnovano a ogni evocazione. E si tratta di una memoria che coinvolge non solo gli esuli, ma si estende anche a chi ha sempre considerato proprio retroterra culturale i panorami delle terre perdute sino ad eleggerli luoghi dell'anima... Allora perché nessuno si sofferma a riflettere sull'impossibilità del ricongiungimento, sia pure mediante rogito a prezzo di mercato, con la propria terra? [...] vorremmo che qualcuno mettesse in discussione la costituzione croata che impedisce a chiunque di noi, quando lo desideri, di vivere stanzialmente nel proprio luogo dell'anima." [...]

Si spiega, perciò, come, in *Solitudini*, si ricordi il ritorno, a Pirano, in Slovenia, di esuli che, ogni anno, visitano i luoghi dove sono nati, "quasi a celebrare un pellegrinaggio": mangiano "*mussoli* freschi", intingendo il pane "negli umori dei molluschi con la sensazione di sorbire il mare", ed una coppia ha affittato un appartamento vicino al mare, con l'intenzione di "godere [...] di un naturale diritto di cui erano stati fino ad allora privati" (178). All'interno, poi, della sezione *Verso il mare*, vi è il brano *Aquiloni*,

---

[4] "[...] Non sollevare il problema dell'interdizione a danno degli italiani quanto alla possibilità di ricostruire, nel rapporto con la terra, la propria identità, equivale a procrastinare il silenzio di ieri nel nostro oggi, e a rendere la memoria vuota retorica" (181-182).

in cui il mare acquista significato metaforico, costituisce, cioè, per l'io narrante, un punto di riferimento, una costante rispetto al continuo divenire di un mondo privo di certezze:

> Il mare. Ho bisogno del mare.
>   Non per usarlo, per fare il bagno, nuotare. Solo per guardarlo: il mare non lo puoi violentare, non gli puoi cambiare la fisionomia, la lingua, neanche la storia, perché il mare è più forte della Storia, viene prima e dopo di lei. Il mare: perché mi restituisca il senso dell'eternità, il sentimento delle cose che non cambiano, la grandezza, anche sconvolgente, del "sempre", da contrapporre ai troppi presenti sempre in lotta l'uno con l'altro per cancellarsi a vicenda. Il mare che sta per "infinito", al posto di troppi confini, storie spezzate, o lasciate a metà. Il mare perché è libertà e vita, da contrapporre a morte e morti. (245)

Per avvalorare questo concetto, la Mori cita Marisa Madieri, "che dentro a questo mare amatissimo ritrovava ogni volta la forza e la volontà di ripetere il suo credo alla vita" (258), e Claudio Magris, secondo cui "Ogni volta che si arriva sull'arcipelago, ogni riferimento a una Storia presente in tante cicatrici ancora fresche si dissolve, svanisce come foschia nei riverberi del sole sul mare [...]" (259).[5]

"Ho cancellato il mare" (Ciani, 2006:11), afferma invece, in modo significativo, in *Storia di Argo*, del 2006, Maria Grazia Ciani, che, esule, sente di avere smarrito ogni identità e vive in una condizione di sradicamento. Ritornando a Pola, dopo decenni, non ha ritrovato la sua Itaca. Nella sua riflessione, il mare segna anche per lei questa condizione. Il mare, difatti, in cui sono cadute le bombe, attraverso cui molti sono fuggiti, è differente da quello presente nella sua nuova città, è un *"altro mare"* (64), sottolinea la

---

[5] La sezione *Verso il mare* reca in epigrafe, del resto, proprio un passo tratto da *Alla cieca* di Claudio Magris: "Ah, se ci fosse solo mare, mare senza neanche un'isola dove un piede possa stampare un'ora di dolore" (235).

Ciani, pure lei parafrasando Claudio Magris, che, come è noto, in *Un altro mare* presenta la biografia romanzata di Enrico Mreule, il quale va da Gorizia in Patagonia, attraverso l'Atlantico.

Ma se Maria Grazia Ciani sembra negare l'importanza dei ricordi ("Vorrei [...] che fossero scomparse, rase al suolo, inghiottite dalla terra in un abisso senza memoria" [64]), in *Nascinguerra*, di Piero Tarticchio, il libraio, in procinto di abbandonare la sua terra, asserisce: "Questa è l'ultima opportunità che mi rimane per vedere il mio porto, i miei gabbiani, il mio mare. Fra pochi giorni questa immagine rivivrà solo nei miei ricordi" (Tarticchio 2001:189). Pure l'io narrante, in questo romanzo, collega il mare ai momenti più felici dell'infanzia, confermando l'immagine idealizzata dell'Istria:

> I pochi ricordi che avevo di Stoia [...] mi riportavano alla mente il mare. Rammentavo i giorni d'estate che profumavano di salsedine, [...]. Rivedevo l'acqua limpida con i fondali color smeraldo, i branchi di pesci argentati, [...]. Momenti sereni di un'infanzia felice, vissuta tra persone care, amici dal fare schietto e genuino, gente semplice che sapeva di buono come i sapori e i profumi antichi della mia terra. (43)

Ma a questa rappresentazione rassicurante del mare se ne oppone un'altra, di stampo tradizionale, classico: quella del mare come forza della natura, di fronte a cui l'uomo riconosce la propria piccolezza ("Il mare è una sorta di dio sconosciuto, che non perdona chi osa sfidarlo con la superficialità che viene dall'incoscienza" [231]) ma attraverso cui entra in contatto con l'Onnipotente:

> Era da tanto tempo che non parlava con Dio. Una volta lo faceva spesso durante le lunghe soste in mare. Soltanto chi vive in solitudine, a tu per tu con la natura, può capire quanto importante sia cercare il colloquio con l'Onnipotente. (239)

Davanti al mare, perciò—quasi ne fosse garante—Tarticchio immagina, in *Storia di un gatto profugo*, del 2006, che Antonio Vian, nel momento dell'esodo, esorti il nipote a non dimenticare la propria terra, custode di una precisa identità:

> "Ragazzo mio, ascolta per l'ultima volta la voce del silenzio; assapora l'alito della natura, i profumi amari e pungenti che si diffondono ovunque: quelli dei pini, dei ginepri, dei rosmarini e degli elicrisi; fissa tutto nella tua mente e conservalo come il ricordo più prezioso di quanto ora stiamo per perdere. Non dimenticare che tu, io, come i nostri antenati, siamo parte di questa terra; è lei la madre che ci ha dato un'identità, in lei abbiamo affondato le nostre radici, da lei abbiamo tratto il sale della vita. Amala sempre con tutto te stesso e riservale le stesse attenzioni che avresti per chi ti ha generato. Anche se tutto ciò che ieri avevamo oggi lo stiamo lasciando, l'Istria sopravvivrà. Gli uomini sono solo di passaggio, ma la terra continuerà a rimanere immutata per millenni". (211-212)

Ha così un senso l'attaccamento alla propria terra, in quanto difesa della propria identità, da parte dei protagonisti dei racconti riuniti in *Confine*, del 2009, di Dario Voloskan, all'indomani dell'occupazione titina dell'Istria, di Fiume, della Dalmazia. E, ancora una volta, il mare, considerato più realisticamente, è in primo piano. Sul mare si protende Abbazia, in *"Drio l'arena"*, nel mare "liscio" che riflette "la pallida tonalità azzurra del cielo" (Voloskan, 2009:71) sono immerse le isole del Quarnaro, in cui si svolge la vicenda de *Le isole della bora*. Esso non è solo un elemento del paesaggio. Al mare, che può essere "impietoso", "scuro e increspato, ostile" ma anche "generoso" (73, 89, 115), sono legate le tradizioni, le abitudini, la vita dei vari personaggi, tutti marinai. Pure la canzone di Mande, richiamata con il procedimento della memoria involontaria, inizia con i versi "Una piccola nave / sta in mezzo al canale" (103) e Marco, che "Solo quando scivolava [...] sul mare azzurro e trasparente, le sue linee modellate dallo stesso mare, [...] parte integrante della natura, [...] aveva la sensazione di essere leggero, felice, libero [...]" (79), alimenta i suoi sogni attraverso il mare ("Il sogno di girare il vasto mondo, i mari tropicali, di navigare lungo le coste dei continenti era ancora lontano" [94]). E'dal mare, dunque, che gli arriva la percezione di un'alterità ("Quest'uomo vive dall'altra parte del mare, sulla sponda dell'Italia che io non ho mai visto" [116]), che diventa salvezza. Marco e Mande, difatti, decidono di affidarsi al mare, che rivela il suo doppio volto, amico e nemico. Il narratore lo puntualizza con grande attenzione: "Le onde ingrossavano ogni istante, sballottolavano la piccola imbarcazione, la coprivano di spruzzi. / Una, più grossa delle altre, scaraventò a bordo una spanna d'acqua. [...] Un alto spruzzo di mare rivelò a Marco la presenza di una grossa imbarcazione al largo" (126). Le sue "acque verdi" (127) sottolineano, comunque, gli aspetti positivi. Il mare, difatti, che obbliga i pescatori ad una "lotta quotidiana" (152), è anche immagine di spazi smisurati, ansia e garanzia di una libertà che nessuno può reprimere. Voloskan lo esprime esplicitamente ne *La bussola*:

> [...] il mare era il confine. Un confine immenso, difficile da controllare, impossibile da recintare con muri e filo spinato. Il mare era il confine, e gli unici capaci di percorrerlo erano gli isolani. Era essi la strada, la vita, la fonte di guadagno e di cibo, e nessuno poteva impedirgli di avvicinarlo. (161)

Il mare è invece, per Stefano Zecchi, in *Quando ci batteva forte il cuore*, del 2010, il simbolo stesso di una vita serena, tranquilla, basata su una solida unità familiare, il suo "mondo senza segreti" (Zecchi, 2010:95).[6] L'esodo è, dunque, "la nostra salvezza, ma [...] anche la nostra paura e la nostra sconfitta: era l'addio a tutto quello che ci era appartenuto. Non avremmo più avuto le nostre case,

---

[6] L'io narrante dichiara, ancora: "Il caldo, il mare, le gite in barca, i pranzi alla trattoria di Stoja tenevano unita la famiglia" (53).

le scuole, il nostro mare, i giardini di Pola" (67). Significativamente, allora, l'io narrante e il padre, giunti a Pirano, per lasciare l'Istria, si fermano a contemplare il mare, che mai era apparso "così bello tra i riflessi della luna" (169); analogamente, quando, dopo la guerra del 1991 tra croati e serbi, l'io narrante torna a Pola per pagare al governo croato la tassa per poter far rimanere nel cimitero la tomba dei suoi nonni, ha l'impressione di sentire echeggiare da ogni angolo della città, ormai completamente diversa ed a lui estranea, le voci di sua madre, di suo nonno, del suo amico Umberto, voci che il mare sembra raccogliere, testimonianza di un passato che si ha il dovere di ricordare. Con molta lucidità, difatti, l'io narrante riconosce come siano stati folli i piani e le azioni di chi, come sua madre, ha pensato di combattere e resistere ad una "storia già scritta da persone mille volte più importanti e autorevoli di lei" (213) mentre sarebbe stato necessario l'aiuto e la difesa di una classe politica autorevole e coraggiosa. In queste condizioni, l'unico bene per cui si sarebbe dovuto lottare, in quanto segno di un'identità, era, appunto, l'unità familiare. L'io narrante sembra pertanto attribuire alle scelte della madre la responsabilità dell'esodo, con tutte le conseguenze negative che questo ha comportato. Zecchi, infatti, dedica l'ultima parte del suo romanzo alle difficoltà, ai pregiudizi che, in Italia, insieme al padre ha dovuto affrontare in quanto profugo, in seguito al mancato riconoscimento dell'identità italiana.[7]

---

[7] Ecco quanto l'io narrante confida, ormai adulto, a padre Egidio, riguardo la madre: "Mi ha fatto conoscere un altro terrore. Ma non ricorda, don Egidio, in che stato eravamo arrivati qui da lei, io e papà? Ero affamato, la pelle piagata dal gelo... Avevo dormito tra i topi, al freddo, sotto la pioggia, mi ero preso le malattie della miseria, piccolo com'ero avevo visto in faccia la morte, e dopo che mio padre era riuscito a portarmi in salvo, avevo subìto le umiliazioni del profugo, sbattuto nei capannoni, in una stanza con le pareti di cartone, a scuola con un cartello appeso al collo, ecco il profugo, come fossi un appestato che altri bambini dovevano tenere a distanza. Ne valeva la pena?" (212-213).

L'importanza dell'unione familiare emerge pure in *Rossa terra*, di Mauro Tonino, del 2013. "[...] liberi e allo stesso tempo intimamente uniti" (Tonino, 2013:13) si sentono, infatti, i pratogonisti, Marino e Daniele, nonno e nipote, sull'imbarcazione che li porta, dal golfo di Panzano a Medolino, alla ricerca delle origini della loro famiglia, costretta all'esodo. Allora il castello di Duino, quello di Miramare, il golfo di Trieste (scorti dal mare), piazza dell'Unità d'Italia con il suo pavimento blu elettrico che richiama il mare, e gli altri luoghi incontrati rappresentano l'identità dell'Istria, mentre il mare che, nella riflessione di Marino, appare "come la vita, imprevedibile", sembra dargli "l'energia" (26, 36), per narrare la sua storia. Ecco che prende forma, a Villanova di Verteneglio, uno sparuto villaggio con la terra rossa, la vita idilliaca che Marino trascorre con la sua famiglia, fino a quando un'auto nera, simile ad "un mostro marino salito dal mare" (41), porta via per sempre la madre, ammalata. Giunti, intanto, a Cittanova d'Istria, il suo nuovo nome croato posto sui cartelli, i documenti necessari per navigare sottolineano come quella porzione di Italia sia ormai terra straniera: solo il mare, che consente la pesca, secondo Marino "metafora della vita", è rimasto identico e con le sue acque cristalline, crea, in alcune insenature, degli scenari da "paradiso terrestre" (76, 78). Ma questa atemporalità del presente, in cui nonno e nipote, vivendo gomito a gomito a contatto con la natura grazie al mare, appaiono sempre più legati, in un vero e proprio, "affascinante percorso di conoscenza, sia dei propri mezzi, che della vera natura del nonno" (83), contrasta con la drammaticità del passato di Marino, che a poco a poco viene alla luce attraverso il suo racconto, un modo per esorcizzare i fantasmi del passato. Egli ricorda, così, la data dell'8 settembre 1943 quale inizio della tragedia dell'Istria. Se tutti, tedeschi, titini, cetnici e ustascia, le si rivolsero contro, solo i soldati italiani della "Decima Mas" (84) cercarono di difenderne, inutilmente, l'italianità mentre cominciavano le uccisioni di massa da parte dei tedeschi, i furti e le distruzioni da parte dei partigiani, gli infoibamenti. Il passato della narrazione è qualche volta interrotto dal presente della navigazione, mettendo in risalto la bellezza del paesaggio. In prossimità delle isole Brioni, sembrava che

> il mare stesse per prendere fuoco. [...] le case affacciate sul porticciolo di Fasana così illuminate dal sole morente, assumevano colori vividi e caldi. [...] i colori vividi delle case, l'ocra, i rossi, gli azzurri si stagliavano davanti a loro con uno splendido effetto policromo. (99-100)

Ma il mare è pure carico di ricordi, nonostante, come asserisce Marino, non si siano celebrati processi contro i responsabili di quelle stragi, quasi si volessero cancellare le vicende degli Istriani, e spinge a riflettere sui danni causati dalla stupidità umana, "un male ben più bizzarro e terribile della cattiveria" (117). E così, nei pressi di Medolino, Marino, la cui voce "si espandeva sul mare verso l'infinito", ricorda la pulizia etnica, le persecuzioni attuate contro gli italiani grazie alla collaborazione dei partigiani e di quanti preferirono schierarsi dalla parte dei vincitori, mentre le potenze internazionali rimanevano inermi, per cui "la delazione, la vendetta, il sopruso, erano quasi la norma" (132, 126). A causa del tradimento di un amico, infatti, Nazario, il padre di Marino è portato via e infoibato: l'"acqua cristallina", la navigazione tranquilla, "il mare d'Istria" (135,134), la bellezza di Rovigno stanno però a testimoniare come la natura sia un punto fermo e la vita vada comunque avanti, anche se il passato non può essere cancellato. Marino ricorda la progressiva slavizzazione imposta all'Istria, per cui anche i cognomi venivano trasformati, l'opera di indottrinamento politico, condensata nel motto "'O con noi o contro di noi'" (144), il piano di spartizione dell'Istria, assolutamente indifferente alle sue origini e tradizioni italiane, dimostrate, per esempio, a Montona, dalle sculture che riproducono i leoni di San Marco. Quindi, dopo aver rivisto, a Villanova, i luoghi della sua infanzia, ed aver rintracciato, a Vines, la foiba in cui, presumibilmente, era stato scaraventato il padre, si precisa il senso del viaggio in mare: non tanto un *nostos* quanto una riscoperta dei luoghi delle proprie origini con la consapevolezza che, anche se questi nel cammino della storia sono diventati differenti, sono comunque testimonianza di un patrimonio di cultura e tradizioni, che non può essere rinnegato e che vive attraverso la memoria, individuale e collettiva. La piazza di Pirano, per esempio, è intitolata a Tartini e Marino, raggiunto un equilibrio con il mondo esterno e con se stesso, può dire che "la mia casa è dove ci sono i miei figli e i miei nipoti" (182), chiarendo come per lui il viaggio in mare, a ritroso nel tempo, è stato una ricerca di sé, per il nipote una conoscenza delle proprie radici e, per tutti e due, un modo per cementare il loro legame. Nella postfazione l'autore, dopo aver messo in evidenza come abbia raccontato una storia vera, afferma l'opportunità, per i vecchi e i nuovi abitanti dell'Istria, di non covare rancori o odi, ma di avviare un dialogo costruttivo. Ad una possibile coesistenza ci pare abbia alluso anche Stefano Zecchi, quando ricorda di aver fatto amicizia con i ragazzi slavi venuti a scuola e il maestro slavo, buono. Abbiamo così un momento nuovo nella letteratura dell'esodo, prima soltanto rivolta alla rievocazione nostalgica o alla denuncia, ma anche nei rapporti fra mare e letteratura. Possiamo quindi dire, con Corinna Gerbaz Giuliano, che il mare

> [...] non divide, ma unisce e avvicina popoli e culture in un disegno universale, dove il passato non si cancella, non si rimuove, bensì viene amalgamato dentro a un concetto di cittadinanza in cui il rapporto tra identità e diversità non viene vissuto con senso di esclusione e dove la diversità non diventa pregiudizio. (Gerbaz Giuliano, 2011:67)

BIBLIOGRAFIA

Ciani, Maria Grazia, *Storia di Argo*. Venezia: Marsilio, 2006.

Gerbaz Giuliano, Corinna, "La produzione letteraria di Marisa Madieri," *Quaderni d'italianistica* 23.1 (2011): 65-81.

Matvejevic, Predrag, *Mediterraneo. Un nuovo breviario*. Milano: Garzanti, 1996.

Minca, Claudio, *Mediterraneo*, in *Orizzonte mediterraneo*, a c. di Claudio Minca. Padova: Cedam, 2004.

Mori, Anna Maria, *Nata in Istria*. Milano: Rizzoli, 2006.

Quarantotti Gambini, Pier Antonio, *Le redini bianche*, Torino: Einaudi, 1971.

Schurzel, Donatella, *La letteratura di frontiera dell'Adriatico e di Trieste come crocevia di culture*, in "Storiadel mondo", n.3, 10 febbraio 2003. http://www.storiadelmondo.com/3/schurzel.letteratura.pdf

Stuparich, Giani, *Stagioni alla fontana*. Milano: Garzanti, 1950.

Stuparich, Giani, *Il ritorno del padre. Racconti scelti da Pier Antonio Quarantotti Gambini* Trieste: La Biblioteca del Piccolo, 2003.

Tarticchio, Piero, *Nascinguerra* Milano: Baldini e Castoldi, 2001.

Tarticchio, Piero, *Storia di un gatto profugo* Cologno Monzese: Silvia editrice, 2006.

Tonino, Mauro, *Rossa Terra. Viaggio per mare di un esule istriano con il nipote, tra emozioni, storia, speranze e futuro* Udine: Editore L'orto della cultura, 2013.

Voloskan, Dario, *Confine*. Roma: Cromografica Roma, 2009.

Zecchi, Stefano, *Quando ci batteva forte il cuore*. Milano: Mondadori, 2010.

CONTINUITÀ E ROTTURA:
MITO CLASSICO E LETTERATURA CONTEMPORANEA

GIUSEPPE GRILLI
Università Roma Tre

Un tema che implichi la complessità dei generi, mettendo insieme, nel confronto e persino nella contiguità, diverse manifestazioni artistiche e che conseguentemente provi a imbrigliare Letteratura Teatro e Cinema in un discorso coerente, e strutturato a una dimensione, probabilmente si deve considerare come una *boutade*. Eppure l'attenzione crescente nella condizione postmoderna è quella di ritrovarsi, di mescolare insieme, di traslare, da un oggetto all'altro, la lettura, lo sguardo, l'ermeneusi. L'intenzione del critico non è mai stata avulsa dall'esito di un autore o di un'opera nell'accettazione del pubblico. Naturalmente sappiamo che già con le considerazioni di Benjamin sulla riproducibilità[1], cioè di una fruizione non più clericale o comunque elitista, e poi con l'esplosone della globalizzazione delle culture, dell'affermazione delle grandi *koiné* espressive, l'idea stessa di oggetto d'arte verbale, visiva o spettacolare è mutata ed è contestualmente deragliata dai binari di una organizzazione precettiva. In realtà questo processo di "perdita dell'aura" dura secoli, giunge al suo apice con i romantici per poi stabilizzare una nuova percezione del reale nel Modernismo. Ma è tuttavia con la crisi della modernità, perfettamente percepita da Benjamin, che il fenomeno storico attinge a irreparabile, definitiva cristallizzazione estetica. Per quanto approssimativa, episodica, e persino impressionistica possa apparire, la

---

[1] Testo ormai canonico; ho presente l'edizione Einaudi (Walter Benjamin, *L'opera d'arte nell'epoca della sua riproducibilità tecnica*, Torino, 2000).

definizione culturale dei testi oggi ha finito per diventare un confronto obbligato dalla natura della ricezione di essi. Una ricezione che coinvolge—forse è questa la maggiore novità degli ultimi decenni rispetto alle generazione del Modernismo—tutti gli ambienti simultaneamente, quelli più colti e persino specialistici, come quelli legati a una assimilazione più generica. In fondo proprio questa costituzione di un nuovo pubblico è tra i tratti caratterizzanti anche dei percorsi ermeneutici della fase storica seguita al Modernismo. Correlata a questa impostazione, il mio intervento pretende di operare un attraversamento di temi riconducibile alle suggestioni classiche che si percepiscono in opere diverse di narrativa, teatro e cinema in un ambito che ha come asse portante disciplinare quello delle culture iberiche finalmente proiettate, altro tratto caratterizzante la postmodernità, fuori dalla dimensione esotista ancora vigente nel Novecento, e che si esibisce in una visione più vasta sull'intera area mediterranea e quinti investe anche la contiguità attuale delle line di interferenza tra nord e sud del mondo.

Non eseguirò una trattazione né sistematica né estemporanea. Farò invece riferimento a un terreno che è ormai ineludibile affrontare e che risulta completamente diverso da quello a cui si è pensato per quasi tutto il XX secolo. Perché, come già accennavo sopra in termini generali, più che in altre epoche, in cui pure la complessità dei modelli artistici si esprimeva nella interferenza tra i linguaggi, come con manifestazioni evidenti accade nel teatro classico o in quello rinascimentale europeo e diversamente in quello cinese, è con il primo Novecento, ovvero con la stagione del Modernismo che la cultura spezza i confini dei generi e assume la totalità come asse di ogni agire poetico. Lo sanziona politicamente il Futurismo, ma forse lo riassume emblematicamente uno dei capolavori della narrativa *L'uomo senza qualità* di Musil più esplicito nel suo richiamarsi a Sterne di quanto non furono Joyce o Proust. La storia infinita presiede in realtà ogni riflessione sulla letteratura attuale. Al riguardo si può osservare quanto la critica oggi scrive su uno dei narratori più importanti delle ultime decadi: Javier Marías, un autentico successo di pubblico e di critica, grazie al quale lo scrittore spagnolo incarna probabilmente il modello di europeo più consono alla condizione postmoderna[2]. Diversamente da altre forme di realizzazione di una *poiesis* individuale, il romanzo moderno, infatti, raccogliendo la suggestione cervantina, si propone come ascritto alla rivolta contro i generi e le sue regole o abitudini. Il romanzo dunque si struttura quale incontro e convergenza di letteratura e teatro, di verbalizzazione e perfomatività, di durata e di effimero, luogo della permeanza ed esercizio delle mode di per sé effimere e cangianti.

Lo specchio multiplo della rifrazione tra i diversi linguaggi artistici diventa allora la chiave ermeneutica suggeritrice di approcci ravvicinati e essenziali. A questo proposito c'è una scena di un grande classico del cinema, che anche per l'anno di produzione risulta significativo, e forse addirittura emblematico, in cui la sintesi si esprime a un livello in cui la trasmigrazione dei linguaggi verso il cinema subisce una accelerazione prepotente con il dopoguerra. Anzi possiamo affermare che la contaminazione tra poesia, prosa narrativa, saggio e teatro, di cui alcuni grandissimi del Novecento si fecero paladini, da Federico Garcia Lorca a Jean Paul Sartre, a Pier Paolo Pasolini avrebbe permesso l'estinzione di una vita autonoma dei generi tradizionali o la consegna di essi nel cinema come è simboleggiato nella scena culmine de *La signora di Shanghai* (*The Lady from Shanghai*) diretto da Orson Welles (1947). Un film, che come accade, e accadrà in forme intensificate, in molti casi occulta con la sua grandezza espressiva il romanzo che lo ispira, un testo base che si rattrappisce in soggetto della perfor-

---

[2] Cfr. Gareth J. Wood, *Javier Marías's Debt to Translation. Sterne, Browne, Nabokov*, Oxford University Press, 2012. Partendo dall'analisi delle traduzioni, che costituisce un capitolo decisivo nel lavoro delle scrittore, Wood indica i luoghi di maggior frequentazione della sua narrativa di creazione come ad esempio *Tristram Shandy* nel caso di *Negra espalda del tiempo*.

mance[3]. I nuovi protagonisti sono i corpi di due grandi attori, Rita Hayworth ed Everett Sloane, che si ammazzano sparando agli specchi dopo aver attraversato gli spazi del teatro classico (il *Mandarin Theatre* di San Francisco) e del circo, nella sua versione ipostatica, congelata di luna park, lasciando solo, e salvo, l'autore, produttore, attore e regista del film, reincarnazione perfetta del Autor de Comedia del Siglo de Oro, lo stesso Welles. Ma la globalità dello spettacolo è assicurata anche dal ruolo svolto dal tema musicale del film, il blues *Please Don't Kiss Me*, cantata da Doris Fisher[4]. Vorrei ricordare due tra le immagini chiave di quella scena (le riproduco a continuazione): una in cui Wells (il marinaio withmaniano[5]) si specchia in Rita perfettamente metamorfizzata in *Dark Lady*, l'altra in cui la decostruzione dell'immagine, anteriormente demoltiplicata, si infrange sotto i colpi dello scontro tra l'eroina negativa con i capelli che Orson volle biondo platino e il marito capitalista, l'avvocato senza scrupoli.

---

[3] *La signora di Shanghai* è tratto dal romanzo *L'altalena della morte* o *Se muoio prima di svegliarmi* (*If I Die Before I Wake*) di Sherwood King.

[4] Figura da non trascurare: è tra le interpreti di alcuni brani che hanno fatto la storia del blues. Le migliori interpretazioni di Doris Fisher includono *You Always Hurt the One You Love, Into Each Life Some Rain Must Fall, Amado Mio*, and *Put the Blame on Mame*. Ha anche collaborato con Slim Gaillard in *Tutti Frutti*.

[5] Il riferimento è all'Ode a Walter Whitman nella sezione VIII di *Poeta en Nueva York* di Federico Garcia Lorca.

Non deve risultare difficile scorgere in queste (e in altre a cui è possibile ricorrere) la matrice di quelle serie pittoriche/fotografiche di Andy Warhol dedicate a Marylin o ad altre icone nella svolta artistica degli anni sessanta.

In realtà il più famoso e celebrato, ma anche il più emblematico segnale di questa connessione tra campi diversi e imprescindibili competenze diversificate, è stato Federico García Lorca, come il collegamento a Whitman introdotto preannunciava. Ormai sappiamo che il poeta, il saggista, il pittore, l'uomo di teatro e di cinema, il musicista e il performer sono tutte espressioni da intendere alla pari, proiezioni caleidoscopiche di una figura intellettuale in cui ogni esibizione è perfettamente inserita in un tutt'uno indissolubile e complementare. La vecchia edizione Lumen del testo di *Poeta en Nueva York* (1967), anteriore di decenni al ritrovamento del manoscritto/dattiloscritto e quindi a un tentativo di edizione filologica, grazie alla geniale intuizione artistica di Oriol Maspons ci aveva già messo a disposizione assai prima dell'indagine filologica una delle due chiavi interpretative della complessità (e relativa) eterogeneità del libro. Perché di Lorca, il Lorca di *Poeta*, deve dirsi che è stato il primo tra i moderni e l'ultimo dei modernisti (e qui calco l'immaginifica definizione di una poeta altrettanto straordinario e solitario, Ausias March, il primo dei moderni, l'ultimo degli antichi). Masponos rivela (ancora insuperato) il senso cronologico referenziale della *poiesis* lorchiana, mentre ovviamente con lo strumento fotografico può indicare il buco nero, il non detto della costruzione verticale del *Poema*. Perché oggi—lo sappiamo grazie alle edizioni attuali[6]—che quello di *Poeta* è un poemetto

---

[6] Tra esse ricordo quella di María Cementa Millán in Letras Hispánicas (Cátedra Madrid 1998) e quella di Pietro Menarini, in Austral (Espasa Calpe, Madrid 1991); piuttosto insoddisfacente è invece l'ed. di Galaxia Gutenberg a cura di Andrew A. Anderson (Barcelona 2013), da cui ci si sarebbe aspettato un vero e

neoellenistico, come lo furono quelli di Maragall o Juan Ramón, di Eliot e Pessoa, di Valéry e Rilke, ecc. Ma c'è un aspetto che Federico non poteva immaginare, e che invece è essenziale nella letterarietà o nella critica culturalista degli ultimi decenni del Novecento e prevalente oggi nei primi tentativi del postmodern. Lorca infatti si muove con grande libertà e persino con spericolatezza tra campi diversi, ma resta saldamente ancorato alle forme tradizionale del sapere, del vedere, del sentire nella gerarchia tradizionale e oggettiva dei piani generici e genetici[7].

Chi scrive, ed oggi ha tra i 50 e i 20 anni, lo fa in un orizzonte del tutto diverso. Le competenze primarie sono altre rispetto a quello del pianista Federico, del musicologo o del folclorista che armonizza le canzoni andaluse di tradizione orale. Il dominio della mitologia o quello del linguaggio pittorico, per fare degli esempi triviali, che costituiscono il bagaglio di cultura del poeta, sono stati sostituiti dal controllo della scrittura virtuale o dalla comunicazione in *streaming*. Un viaggio a New York non ha più un antecedente sicuramente noto e alto (*Diario de un poeta recien casado*), ma una pluralità di riferimenti tra cui forse il più forte è l'evento destrutturante delle Torri o il restauro prospettico realizzato in Ground Zero da Renzo Piano.

Chi attraversi la filmografia di Pier Paolo Pasolini può accorgersi facilmente della trasformazione. Maria Callas non è più una voce, coerente con l'esplorazione della preistoria mitica di *Norma*, ma una *rêverie* del melodramma trasformato in musical. Per provare a rendere questa trasformazione, che non va intesa né come depauperamento né come superamento, così come la formazione dei grandi eserciti moderni era stata integrazione del mondo ca-

---

proprio testo critico in virtù anche del ritrovamento del brogliaccio originario di Lorca per anni disperso.

[7] Gaspar Jaén i Urban, *El paisaje urbano de Nueva York en la obra escrita de Federico García Lorca*, Universidad de Alicante, 2014

valleresco con il suo culto degli individui nella moderna dimensione del collettivo[8]. D'altronde proprio uno dei grandi inventori del cinema contemporaneo, Achiro Kurosawa, ha dimostrato con uno dei suoi capolavori, *I sette samurai*, che questo passaggio che è stato storico, nel senso di una netta e precisa collocazione cronologica, in Occidente come in Oriente, e che piuttosto nel fondo non fa altro che ripetere il ciclo, attualizzando di volta in volta il processo che si descrive in una delle tappe della saga dei Labacidi, quella de *I sette contro Tebe* (Έπτά έπì Θήβας), la magnifica tragedia di Eschilo imperniata sullo scontro tra due eserciti e due campioni. Scontro e tragedia che si sovrappongono come sinonimi in quanto riprendono, in altra forma, il tema troiano della lotta senza quartiere tra Achille ed Ettore, una sfida pubblica (la guerra) a cui sottende una verità altra, perché le ragioni della disfida sono anche, e soprattutto, relative a una faida privata[9].

A questo punto farò qualche esempio par aggredire la novità, così come si definisce nelle produzioni contemporanee. È probabilmente casuale che il grumo più consistente si aggrappi, e si configuri, attorno a una data tutt'altro che emblema o denotatrice di eventi eccezionali, il 1998. I testi sono tratti da contesti non omogenei, anche se contengono un vento di continuità. Prendo in esame tre narratori iberici, due donne che scrivono in catalano, e uno scrittore in basco. Li metto a confronto con alcuni testi cinematografici che non sono ispirati a loro opere, ma che invece costituiscono essi il contesto da cui derivano, scaturiscono, e credo spieghino, i loro libri. Si tratta cioè del percorso inverso a quello del Modernismo quando la modernità per così dire veniva dopo, mentre ora viene prima, anzi ne è la condizione di partenza. Che

---

[8] Se ne veda una raffigurazione nel più scontato stile hollywoodiano di oggi nel *The last Samurai* con Tom Cruise in cui ciò che è prevalente è il montaggio (Victor Du Bois, Steven Rosenblum).

[9] Per le trasmigrazione dall'antico al moderno e poi oltre rinvio a Giuseppe Grilli (a cura di), *L'epica, tra evocazione mitica e tragedia*, Dialogoi, Aracne, Roma 2013.

poi si tratti di una vera e propria fonte, o solo della parte occulta dello scenario, una sorta di *location* disseccata e inutile, conta meno o nulla.

I riferimenti sono ad autori in cui la memoria cinematografica anche quando non è direttamente docume. come provenienza, si stabilisce come il luogo del contesto oggettivo della creazione artistica. Contraddizione apparente che nel fondo riverbera e rende sempre attuale la tesi di Gian Biagio Conte secondo il quale tutta la letteratura costituisce un testo unico, un unico continuum culturale sorretto dalla "memoria dei poeti"[10].

Esaminiamo questi esempi seguendo nell'ordine i rispettivi testi letterari e i possibili antecedenti cinematografici. Sarà abbastanza agevole verificare come la fase di costruzione del testo letterario è, in forme diverse, susseguente alla demolizione che gli elementi poetici, letterari o teatrali hanno subito nel loro riproporsi come finzione filmica da cui poi attingere per la ricostruzione del modello letterario che si propone, altrove, e comunque, come approdo definitorio, se non definitivo.

Li metto a confronto, dunque, con alcuni testi cinematografici che non sono ispirati a loro opere, ma che costituiscono piuttosto essi il contesto da cui derivano, scaturiscono, e spiegano, i libri di quegli scrittori che appunto si configurano come parte integrante di una generazione il cui immaginario letterario, la cui memoria poetica è anche, anzi soprattutto, una memoria cinematografica. Le autrici a cui mi riferisco sono rispettivamente Susana Rafart e Najat El Hachmi, che scrivono in catalano partendo da esperienze totalmente diverse[11]. La prima è una poetessa prima che narratri-

---

[10] G.B. Conte, *Memoria dei poeti e sistema letterario*, Einaudi, Torino 1974. C'è ripresa posteriore presso Sellerio, Palermo 2012.

[11] La Rafart esibisce la doppia identità nella formazione professionale, sin dalla carriera universitaria e l'esperienza lavorativa, prima insegnante poi critica; è infatti laureata in *Filología Hispánica* (1985) e poi anche in *Filología Catalana* (1992).

ce, appartiene a una corrente che possiamo assolutamente ascrivere a una diffusa nostalgia per il modernismo o il novecentismo.
Studiosa di cose letterarie, filologa e critica d'arte è un'autrice lontana programmaticamente da ogni contaminazione verso la cultura di massa, anzi con forti aspirazioni alla separatezza, quasi a una
reclusione in un mondo poetico fortemente soggettivo. Personalmente, pur trattandosi di una scrittura, la sua, totalmente immersa
nel contesto e nella poetica della *urbs*, metropolitana e premoder-
na—e qui il riferimento modernistico è evidente, come si è accennato sopra, con il richiamo alla letteratura di "viaggio a NY" sosti-
tuto e rielaborazione del Viaggio italiano del *Grand Tour* rinascimentale—rinvia alle atmosfere di forza interiore e di immediatezza classica, quasi si trattasse della vetta di alte montagne e di separatezza fisica quali si esprimono nella poesia in retoromanzo
(ladino) di Roberta Dapunt[12].

Diversamente la scrittura di Koldo Izaguirre si sostiene in una
immaginario assai più immediato, prossimo a una cultura di massa, quasi a indicare che la separatezza è nel suo caso così marcata
ed oggettiva di non aver bisogno di alcuno schema di protezione
ideologica o di poetica. Basta scrivere in basco per ritrovarsi in
una sorta di luogo incontaminato, anche se e quando si indulge
verso forme di narrazione di successo planetario. È questo il caso
ben esemplificato nell'esordio del romanzo in cui è recepita e ri-

---

La Hachmi è laureata di Filologia Araba, ma non ha mai agito conseguentemente
alla sua formazione universitaria.

[12] Roberta Dapunt è nata in Val Badia nel 1970. Ha pubblicato le raccolte di poesia *OscuraMente* (1993), *La carezzata mela* (1999), *La terra più del paradiso* (Einaudi,
2008) e *Le beatitudini della malattia* (Einaudi, 2013). Nel 2012 presso l'editore Folio
(Vienna-Bolzano) è uscito un altro suo libro di poesie scritte in ladino con traduzione tedesca a fronte dal titolo *Nauz*, «mangiatoia». La sua poetica (e la sua vita)
si identificano con la scelta di isolamento solidale nel maso, cioè nella dimora di
montagna in cui si svolgono simultaneamente la vita economica e affettiva, quella spirituale e quella sociale.

proposta la prolessi che rese celebre l'incipit di *Cien años de soledad* e, contemporaneamente, affermò definitivamente il suo autore, Gabriel García Márquez. Quel modulo ben calibrato ad effetto, e che di fatto rispondeva a una certa nostalgia ritmica generica degli esordi del romanzo iberico dell'Ottocento[13], si dispiegò come una sorta di angelo protettore di ogni vicenda in cui l'utopismo della politica si agganciava al sentimentalismo di una complicità tra aurore e lettore identificati dall'aspirazione a un nuovo umanesimo destinato, già nel suo stato aurorale, a maturare una cocente e irreparabile disfatta[14]. Il libro del militante basco, con vaghi eppure certi, vincoli con l'organizzazione (patriottica, terroristica, rivoluzionaria?) ETA segue un doppio binario. È la storia di Angiolillo, come recita il titolo, l'anarchico italiano che attenta in Spagna alla vita di Cánovas del Castillo, l'artefice della finta democrazia dell'alternanza tra due partiti ugualmente corrotti e antiproletari, e quella del militante basco che conclude la sua avventura nel processo di Burgos. Il doppio registro cronologico se per un verso strizza l'occhio alla moda del romanzo storico, per l'altro attenua in una prospettiva letteraria la costruzione ideologica che è poi quella della impossibilità di dare una soluzione politica al progetto di indipendenza, forse perché intrinsecamente si tratta di un modello di potere e non di liberazione. Si veda appunto l'esordio scopertamente alla Márquez:

---

[13] È sintomatico che il romanzo di Koldo Izagirre—a cui mi riferisco a breve—rechi nel titolo originale un riferimento esplicito a un'icona del romanzo realista-naturalista, *Germinal* di Zola.

[14] Penso al capolavoro di Wim Wenders del 1987 *Der Himmel über Berlin*, un film in bianco e nero, chiaramente voluto per una fotografia espressionistica e retrò, non aliena all'ispirazione risalente a Rilke. Il film sintomaticamente si svolge con una colonna sonora multilingue (quasi una fonte per la *Hanna Arent* della von Trotta del 2013) in cui trovano spazio le grandi lingue europee oltre all'ebraico. Segnalo che tra gli interpreti del film di Wenders vi è Peter Falk che raffigura se stesso.

Fui rinchiuso. Nella stessa cella in cui rinchiusero anche te. Mi imprigionarono proprio in quella cella. Ma tra quelle pareti che un giorno ti avevano tenuto segregato, non pensai a te. Non avrei potuto farlo. Era la prima volta che mi trovavo in quella situazione e non riuscivo a preoccuparmi che di me stesso. Solo dopo alcuni anni, quando giurai che con una morte dignitosa avrei vendicato i compagni morti e torturati, ti ritrovai nella mia cella spagnola, a Burgos. Ma in quella prima galera che conobbi a Bergara mi teneva compagnia solo la sporcizia. La muffa occhieggiava dal buco che serviva da latrina; indietreggiai, orinai da lontano. Ero nervoso, non sapevo ancora cosa significasse essere detenuto, avevo paura di me stesso. Non sapevo se i miei compagni sarebbero stati in grado di sostenere l'alibi che avevamo concordato, ben presto quelli si sarebbero resi conto che i documenti erano falsi. Mi raggomitolai contro la parete della porta. Sapevo che da lì a poco sarebbero iniziate le grida, volevo essere preparato per quando sarebbero venuti da me. Rimasi a lungo a fissare il buco, il gran ratto sarebbe uscito da lì e avrebbe iniziato a sferzarmi[15].

Cosa credo ci sia nel retrobottega di questo scrittore prolifico che non disdegna attraversare i generi letterari e operare con una professionalità alta e una dedizione alla scrittura piena. Due film che ritengo siano alla base di uno sforzo che è di ricerca ma anche di partecipazione, di apertura a un grande pubblico che è comunque commisurato a una comunità in cui i parlanti l'euskera superano di poco gli ottocentomila. Si tratta in entrambi i casi di due film che hanno come protagonista un attore che ha attraversato l'ultima parte del secolo, mai come in questo caso giustificatamente definito "breve", come Gian Maria Volonté. La sua caparbietà, la sua maniacale adesione al personaggio sono in superfice apparenza, che tuttavia può infatti essere identificata con una sorta di

---

[15] Cito dalla traduzione italiana a cura di Roberta Gozzi, Libedizioni Roma 2014 (Titolo originale, *Nik ere Germinal! egin gura nuen aldarri* 1989).

artigianale (e passionale) applicazione del rigore da *Actor's Studio*. Il rinvio è a *Operacion Ogro* e, prima ancora, all'epicità popolare di Montalto in *Sacco e Vanzetti*. La complessità dolorosa del volto di Volonté credo sia alla base della duplicazione della trama di Koldo e del cammino a ritroso che l'azione rivendicata dall'irredentismo basco compie, alla ricerca di un motivo "comprensibile", un motivo politico, cioè che parla alla città, in una strenua difesa di ragioni che, invece, proprio come nella genealogia del Labacidi, attengono a una scena originaria impossibile da cancellare ma che non può in alcun modo essere accolta nella e dalla *polis*. Ho selezionato a questo scopo due immagini che credo diano conto, proprio nella disseminazione nel corpo dell'attore, della pulsione espressionistica del testo.

L'ambivalenza è palese. Nel caso dei due anarchici italo americani innocenti e perseguitati senza macchia di alcun delitto di sangue (affianca Volonté-Vanzetti un grande Cucciolla nei panni di Sacco, e lo stesso che avrebbe impersonato Gramsci nel film del 1977 di Lino Del Fra tratto dalla biografia di Giuseppe Fiori) l'imponenza, voluta ed evidenziata, del personaggio, contrasta con la delicatezza del militante etarra, quasi smarrito dinanzi alla impresa a cui si è votato.

Molto diverso è il libro di Susana Rafart e diversi sono i contesti a cui le immagini di carta rimandano su a quelle celluloide. Innanzi tutto si tratta di un'operazione che solo con un certo spirito di ampiezza e accogliendo suggestioni di sperimentalismo moderno possiamo definire romanzo. Non a caso (confesso che è testimonianza che posso addure personalmente) in un certo premio letterario il libro venne eliminato dalla rosa dei favoriti in virtù dalla sua difficile ascrizione al genere romanzo. Si tratta infatti di una sequenza di capitoli introdotti in una riflessione autoriale che parte da testi poetici di Gaspara Stampa, ne traduce alcuni versi e quindi rielabora *vivencias* intellettuali di identificazione connubio distanziamento in forma di prosa che è difficile definire narrativa o in alternativa saggistica, ma che invece attraversa le due forme come in un *continum* estremamente suggestivo[16]. La Rafart dunque si impegna a riscrivere come se fossimo in piena temperie rinascimentale, quando parve addirittura possibile che una donna, forse una cortigiana, attingesse a vette letterarie elevatissime e complesse per passione e rigore formale. In ciò ella compie un percorso assolutamente postmodernistico, che tuttavia trae le sue forze da una lettura trasversale o comunque criticamente orgogliosa, della storiografia che viene strumentalizzata con un atteggiamento che travolge le regole residue, ma poderose ancora, del rispetto delle norme e dei generi del moderno. Il *retour à l'ordre* di tutte le avanguardie novecentesche viene infatti cancellato in uno sforzo in cui bellezza, purezza e innovazione si confondono senza ritegno. Detto altrimenti non escluderei che dietro la squisita citazione, la ritessitura colta e raffinata, la dedizione erudita la scrittrice ci celi un immaginario assai più popolare, immanente, anche eroticamente meno degno, semplificato. Come accade con il cinema commerciale (quale cinema in fondo non è commerciale se non il cinema non riuscito?). Anche se non fosse quella la fonte, penso infatti quale correlato della squisita sperimentazione di Rafart a una pellicola, dal titolo persino con tratti di notevole *cursileria* (*Dangerous Beauty*), tutta giocata sugli effetti visivi e in cui, proba-

---

[16] La poetessa è stata spesso associata a Veronica Franco, come nell'edizione (classica, degli Scrittori d'Italia) delle *Rime* a cura di Abdelkader Salsa Laterza, Bari 1913.

bilmente, il contributo maggiore lo dà alla resa complessiva del testo filmico, non l'autrice del soggetto, non l'ingegno della regia o la efficacia dell'interpretazione, ma la realizzatrice dei costumi, cioè la mano che ha disegnato il figurino e garantito la sua corretta esecuzione, il tutto firmato da Gabriella Pascucci [17].

Ancora del tutto differente da questo schema culturalista e persino un po' snob è la scrittura di Najat El Hachmi. Anche se la scrittrice è protagonista di una ancora breve bibliografia, e malgrado la sua lingua di creazione sia il catalano, la sua lingua madre, costantemente rivendicata in tutti e tre i suoi libri sinora pubblicati[18], è l'azemic, o bereber. La lingua tagliata e sottomessa dal colonialismo arabo, ridotta a parlata senza sbocco, come senza sbocco se non nell'altro da sé è spesso la duplice identità femminile e marocchina quando si appartiene a una famiglia rurale, a una regione montagnosa, a un destino lungi dalle grazie delle grande genealogie urbane sovente con ancestrali discendenze dalla nobiltà andalusí. Najat però riformula e rifoggia il calano appreso a

---

[17] Il film del 1998 è basato sulla biografia di Veronica Franco *The Honest Coutesan* di Margaret Rosenthal con la regia di Marshall Herskovitz e la sceneggiatura di Jeannine Dominy, tre le interpreti Catherine McCormack, che impersona la Franco, e Jacqueline Bisset, sua madre.

[18] *Jo també sóc catalana* (2004); *L'últim patriarca* (2007) Premio Ramon Llull, tradotto in italiano presso Newton Compton.

scuola a Vic, dove il padre è emigrato per costruire un benessere occidentale, e ne fa uno strumento duttile, personale, che la converte in un'autrice tra le più singolari, per successo di pubblico e di critica. Non solo vince il premio Ramon Llull con *L'últim patriarca*, un titolo—come sempre negli scrittori di queste generazioni postmoderne—assolutamente denotativo, propagandistico, sfacciatamente invocatore del plagio, ma realizza uno del libri più straordinari del ventunesimo secolo: *La caçadora de cossos* (2011)[19]. Tutte le ossessioni vi sono contenute: quelle erotica, quella politica, quella della liberazione. La cacciatrice è però cosa del tutto diversa dal modello di *Fatal Attraction* del 1987 diretto da Adrian Lyne con una coppia di star completamente caricaturali e patetiche nelle loro isteriche gesticolazione dinanzi alla macchina da presa (Michael Douglas e Glenn Close), ma piuttosto riformulazione attualizzata del mito del *Don Giovanni* di Motzart/DaPonte. Il romanzo racconta la dispersione di una giovane donna che persegue avventure effimere il cui unico comun denominatore è il collezionare il maggior numero di amanti "differenti", cioè appratenti a una alterità assunta come tale in quanto diversa dalla identità della cacciatrice. Che sia il colore della pelle, la religione, la lingua, o altro poco importa: ciò che conta è la struttura della diversità immediatamente percepita. Una diversità, dunque, sociale

---

[19] Anche questo romanzo è in italiano grazie alla Newton Compton (Roma 2014) con il titolo *La città degli amori infedeli* (tr. S. Cavarero). È tuttavia sintomatico l'uso della scrittrice in una chiave commerciale e con una distorsione cinematografica evidenziata nella copertina della versione italiana, che mi permetto citare a continuazione e che mortifica il testo letterario:

in quanto evidente all'occhio che guarda, anche senza osservare, un occhio perciò epidermico, eppure indagatore quanto basta. È se si vuole cogliere il senso dell'enumerazione eccessiva, l'occhio di Don Juan, di quel lontano antecedente, il *Burlador* tirsiano, che sceglie sulla base di una parvenza, forse un abito (di nuovo è la centralità del costume al cinema) che individua un soggetto: un soggetto sociale. Nobile di corte, aristocratica di provincia o territoriale, mercante o marinaia, contadina o latifondista: le donne di don Juan Tenorio sono figlie, mogli, promesse spose di soggetti sociali da schermire, umiliare in quanto sono esempi di gradazione della società prima ancora di essere oggetto di desiderio e di dispregio. Il libro della scrittrice ricrea quella scontentezza che l'eroe tirsiano, cavaliere destronato da una recente repubblica in cammino verso l'uniformazione dello stato esprimeva nella violenza della ribellione al mondo e a Dio. Ecco ciò che ora la giovane mora trasporta in una società che non è ancora ugualitaria e non più patriarcale. Questa capacità di riscrittura di modelli prossimi o remoti, ben noti o soltanto vagamente recepiti, è il tratto probabilmente di maggior suggestione di Najat. Najat che scrive pensando a inserirsi in un luogo recente eppure già mitico; per questo invoca le icone della scrittura catalana del Novecento, dapprima nella corologia del primo Modernismo, Caterina Albert, vindice di un protagonismo impensabile, nell'isolamento della piccola patria, poi nella resistenza di retroguardia, Mercè Rodoreda, grandiosa nella purezza della sconfitta, come declinerà Carles Riba ne *Les elegies de Bierville* il viaggio interrotto[20]. Cosa cela nel suo cassetto di ricordi la marocchina costretta da un sistema di poteri implacabili a laurearsi in Filologia araba all'Università malgrado la riven-

---

[20] L'originalità delle *Elegies* (1941) non è la loro ispirazione nell'esilio francese seguito alla disfatta del 1939, ma la nostalgia che ricrea il viaggio del 1927 alla scoperta visiva della Grecia intravista nei libri dei classici. Anche Rodoreda, diversamente, rivive il momento del viaggio ne *El món d'Ulisses*, il libro condannato a un altro esilio, quello dell'inedito.

dicazione di altra identità (azemic, catalana)? Ancora una volta la mia ricerca non è filologica, non indica una fonte, ma credo che affermi, con sufficiente approssimazione, un contesto. Il film *Surviving Picasso* è del 1996, inglese, si avvale di una regia di prestigio, James Ivory, e di un attore enorme per la duttilità e per la precisione delle sue incursioni, Anthony Hopkins, che interpreta Pablo Picasso, ed è affiancato da Natascha McElhone nel ruolo di Françoise Gilot. Il ridimensionamento del maschile patriarcale, che d'altronde la Gilot aveva compiuto (dopo dieci anni di convivenza e due figli, di cui un, Paloma, rigorosamente capace di rivendicare e perseguire l'autonomia) con un suo libro autobiografico, *Vivre avec Picasso* (1964), era stato oggetto privilegiato nella biografia *Picasso. Creatore e distruttore* di Arianna Stassinopoulos Huffington. Ma il film è comunque altra cosa ed è qualcosa emblematicamente iscritta nella fotografia di Frank Capra che ne costituisce l'icona e l'ispirazione. Una fotografia che è datata curiosamente 1947: l'anno del film di Orson Welles da cui sono partito per queste considerazioni. Non potrebbero esse infatti concludersi meglio con questo autore che è stato storicamente il ponte, uno dei ponti più efficaci e sinceri tanto del Modernismo come del suo esaurirsi dopo la catastrofe del 1945. Nella fotografia c'è tutto il Novecento e tutto Picasso, nel film c'è ovviamente (e non invece) tutta la deriva, forse persino penosa e banalizzante, della storia personale di un grande artista colto nei suoi amori senili e nelle sue diatribe con i *marchant*.

In parallelo abbiamo però il fenomeno, in piena ondata post-moderna, di una sopravvivenza modernista, con un grande scrittore internazionale, Philip Roth, *The Dying Animal* (2001), che genera un film catalano, *Elegy* di Isabel Coixet. Qui il dato che si evince è l'eccezione, la possibilità di produrre a partire da una scelta che comunque è vincolata e veicolata da una posizione sghimbescia, la proiezione di massa, anche se essa si origina da una selezione di qualità. Per certi versi è la replica alla demolizione del mito progressista e contemporaneamente patriarcalista di Picasso, che si perpetua ne *La caçadora de cossos* di Najat. Una replica che è alla base della trasformazione di un romanzo, che gode di lettori raffinati, in una proiezione che si avvale di attori di successo popolare, come Penelope Cruz e Ben Kingsley, già interprete di *Gandhi* o di *Schindler List*.

Contraddizione che poi risulta piuttosto apparente che sostanziale e che nel fondo riverbera e rende sempre attuale la tesi di Gian Biagio Conte secondo la quale tutta la letteratura costituisce un testo unico, un unico *continuum* culturale sorretto dalla "memoria dei poeti".

Culture mediterranee e sincretismi in Sicilia: il caso de *Il cane di terracotta* di Andrea Camilleri

Mario Inglese
National University of Ireland, Galway

L'obiettivo di questa comunicazione è cercare di illustrare la valenza interculturale e sincretica di una reinterpretazione della leggenda della gente della caverna, ovvero dei sette dormienti di Efeso, nel romanzo *Il cane di terracotta*. Questa reinterpretazione, questa riappropriazione, sarà alla base di uno degli episodi che costituiscono l'intricata trama del libro e che occuperà un posto di rilievo sempre maggiore nell'economia del racconto, tanto da assorbire del tutto il protagonista della *quest*, il commissario, mettendolo alla prova dal punto di vista professionale, personale, culturale e persino fisico. Come vedremo, la conclusione del romanzo sembra assumere una doppia connotazione: una pessimistica, l'altra piuttosto ottimistica.

Per Leonardo Sciascia il romanzo giallo rivestiva grande importanza, era persino necessario, come osserva Vincenzo Consolo nel suo libro di saggi *Di qua dal faro*[1]. Il giallo era per lo scrittore di Racalmuto uno strumento per comprendere la realtà, specialmente i suoi aspetti più oscuri e complessi. Una sorta di piccone con cui lo scrittore entra nelle pericolose viscere della realtà, ne scava i tunnel per poter gettare luce, per quanto possibile, nelle tenebre del sottosuolo; da qui la funzione 'civile' del giallo. Sebbene sia

---

[1] Ci riferiamo qui, in particolare, al saggio "La conversazione interrotta", all'interno del volume citato, in cui lo stesso Consolo supera le sue proprie obiezioni nei confronti dell' "artisticità", per così dire, del racconto poliziesco. Quelle stesse obiezioni che hanno nuociuto allo stesso Camilleri prima di venire accettato come scrittore "serio".

necessario tenere presente la sostanziale differenza tra l'opera di Sciascia e quella di Camilleri, quest'ultimo è particolarmente lusingato quando i critici identificano una componente 'civile' nei suoi romanzi, in particolare in quelli 'storici'[2]. Ma come si può disconoscere questo stesso elemento nei suoi polizieschi, al di là dell'iridescente qualità delle strutture narrative e delle trame, delle caleidoscopiche soluzioni linguistiche e della pressoché costante presenza dell'ironia e di uno sbrigliato umorismo?

Il secondo romanzo della serie dedicata al commissario Salvo Montalbano, *Il cane di terracotta* (1996), non solo presenta un protagonista meglio sviluppato nella sua complessa personalità (idiosincrasie ed eterodossia dei comportamenti comprese), non solo introduce nuovi personaggi che agiscono da comprimari e che ritroveremo puntualmente nelle successive prove narrative della serie, ma si segnala per la particolare densità dei riferimenti culturali.

È stato affermato da Borsellino, Ferlita[3] e altri ancora che il vero protagonista di tutti i romanzi di Camilleri è, in ultima analisi, la Sicilia. Un elemento di nostalgia è decisamente presente, nostalgia per un passato che è memoria piuttosto che fondazione di un'identità su cui costruire il futuro[4]. Non bisogna infatti trascurare che l'autore vive a Roma da molti anni, anche se torna regolarmente in Sicilia. Nel romanzo c'è, ad esempio, un'allusione a una tradizione popolare ormai in rapido declino, se non del tutto estinta, la cosiddetta 'festa dei morti', durante la quale la mattina

---

[2] Si veda, ad esempio, l'intervista allo scrittore raccolta da Giovanni Capecchi.

[3] Cfr. di Nino Borsellino l'Introduzione all'edizione dei Meridiani delle *Storie di Montalbano*, e di Salvatore Ferlita gli interventi nel volume fotografico di Sergio Leone, ai quali si rimanda sotto nelle opere citate.

[4] Su questo elemento 'nostalgico' che costituirebbe una memoria culturale comune che serve ad 'ancorare' il lettore insiste Kirsten Elgin Eckert nella sua dissertazione di dottorato. Sulla "retorica della nostalgia" in Camilleri si veda l'interessante recensione di Erspamer al romanzo dello scrittore siciliano *L'odore della notte*.

del due novembre ai bambini vengono (venivano) fatti trovare al risveglio dei doni, inclusi elaborati dolciumi, segno dell'affetto dei cari estinti. "Festa ormai persa, cancellata dalla banalità dei doni sotto l'albero di Natale, così come facilmente adesso si cancellava la memoria dei morti" (Camilleri 1996: 41). Quest'ultimo inciso è probabilmente un sottile rimando cataforico alla scoperta dei corpi nella grotta del Crasticeddru.

La storia della Sicilia potrebbe essere sintetizzata come una successione di formidabili incontri (nel migliore dei casi) o scontri (nel peggiore) di numerose civiltà che hanno lasciato cospicue vestigia nell'architettura e tracce nelle tradizioni e in diversi aspetti della lingua. Il conseguente mosaico culturale è unico nel mondo mediterraneo e ha ispirato diversi scrittori, i quali hanno integrato questa dimensione antropologica nelle loro opere. Come scrive Sciascia, citato da Consolo: "Indubbiamente gli abitanti dell'isola di Sicilia cominciano a comportarsi da siciliani dopo la conquista araba" (Consolo: 212).

La conquista ebbe inizio nell'827 allorché una flotta di musulmani (arabi, abitanti della Mesopotamia, dell'Egitto, Siria, Libia, del Maghreb e della Spagna islamizzata) sbarcò sulle sponde dell'attuale Mazara del Vallo. Con i musulmani la Sicilia cominciò a vivere una sorta di Rinascimento *ante litteram*. Come osserva Consolo:

> Il miracolo più grande che si opera durante la dominazine mus
> sulmana è lo spirito di tolleranza, la convivenza fra popoli di
> cultura, razza e religione diverse. Questa tolleranza, questo sin
> cretismo culturale erediteranno poi i Normanni, sotto i quali si rea
> lizza veramente la società ideale, quella società in cui ogni cultu
> ra, ogni etnia vive nel rispetto di quella degli altri. (Consolo: 213)

Uno dei primi grandi rappresentanti nella lista di insigni studiosi della cultura islamica in Italia fu Michele Amari di Palermo (patriota, ministro della Pubblica Istruzione, studioso, tra i primi traduttori europei di testi islamici medievali), la cui monumentale opera *Storia dei musulmani di Sicilia* gettò le basi degli studi di orientalistica nella penisola[5]. Ne *Il cane di terracotta* Camilleri attribuisce a uno dei personaggi che aiuteranno a risolvere il mistero della grotta il nome di Calogero (Lillo) Rizzitano. È quanto mai probabile che il nome sia stato ispirato dal noto studioso Umberto Rizzitano, professore per molti anni di lingua e letteratura araba all'Università di Palermo[6].

Nel *Decameron* (Novella II, Giornata Quinta) Giovanni Boccaccio narra di pescatori siciliani cristiani che vivono in Tunisia lavorando pacificamente nel mare tra la costa nordafricana e la Sicilia. Nel Medioevo, quindi ben prima della battaglia di Lepanto (1571), i due mondi comunicavano in pace piuttosto che combattersi aspramente. Nelle storie poliziesche di Camilleri il problema dell'immigrazione illegale verso l'Italia e l'Europa, attraverso quel ponte rappresentato dalla Sicilia, è ben presente, specialmente nei romanzi *Il ladro di merendine* (1999) e *Il giro di boa* (2003).

Ne *Il cane di terracotta* Montalbano si reca a Mazara del Vallo per incontrare l'imam del luogo, che funge anche da mediatore culturale, Fahrid Rahman. Questo episodio offre a Camilleri l'opportunità di illustrare i rapporti tra la popolazione di origine araba e quella siciliana. Quello che segue è un frammento del dialogo tra il commissario e Fahrid:

"Abbiamo superato il terzo della popolazione locale"
"Ci sono spesso incidenti tra voi e i mazaresi?".

---

[5] Si ricordino Ignazio e Michelangelo Guidi, Giorgio Levi Della Vida, Leone Caetani, Carlo Alfonso Nallino, Celestino Schiapparelli, Umberto Rizzitano, Francesco Gabrieli. Cfr. Consolo, cit.

[6] Umberto Rizzitano (nato nel 1913 ad Alessandria d'Egitto da genitori siciliani e morto a Palermo nel 1980), rinnovò gli studi di arabistica e islamistica all'Università di Palermo e in Sicilia dopo la lunga pausa seguita alla morte di Michele Amari. Il suo lavoro di studioso può a ragione considerarsi come un ponte tra cultura italiana (nonché europea) e cultura araba e islamica, in linea con un'illuminata visione di convivenza fra uomini di origini, tradizioni e religioni diverse. Rizzitano è ritenuto, dopo Amari, il più grande arabista siciliano.

"No, poca cosa, addirittura niente in confronto ad altre città. Sa, credo che noi siamo per i mazaresi come una memoria storica, un fatto quasi genetico. Siamo di casa. Al-Imam al-Mazari, il fondatore della scuola giuridica maghrebina, è nato a Mazara, così come il filologo Ibn al-Birr che venne espulso dalla città nel 1068 perché gli piaceva troppo il vino. Il fatto sostanziale è però che i mazaresi sono gente di mare. E l'uomo di mare ha molto buonsenso, capisce cosa significa tenere i piedi per terra".

(Camilleri 1996: 223)

È altresì interessante e pertinente al nostro discorso il riferimento nel romanzo a San Calogero, che è, come ricorda Lucia Rinaldi,

> the patron saint of several Sicilian villages and towns, including Camilleri's native Porto Empedocle. San Calogero, usually represented [by] a black statue, is considered the guardian of the poor and marginalized. He was a Christian hermit of Arab origins who lived in the fifth century and worked on the southern coast of Sicily. [...] [Camilleri] also has named one of Inspector Salvo Montalbano's favorite restaurants Trattoria San Calogero (then Da Enzo), in honor of the saint. [...] Camilleri has stated that San Calogero is the only religious figure in his life and fiction. (Rinaldi 128)[7]

Anche il personaggio di Rizzitano, esperto dei rapporti interculturali a cavallo tra storia e miti mediterranei, si chiama Calogero (Lillo ne è il diminutivo), come visto sopra. Si ricordi, infine, che il secondo nome di Camilleri è proprio Calogero.

Se il romanzo in esame è stato ispirato, come precisa l'autore nella postfazione al libro, da un corso che Camilleri aveva tenuto

---

[7] Sui rapporti tra Camilleri, la religione e il culto di San Calogero si veda l'interessante articolo di Demontis (cfr. le Opere citate), dove si sottolinea "la miopia della Chiesa che si preoccupa di eliminare ogni forma di sincretismo, piuttosto che considerarlo come un arricchimento in grado di cementare la devozione dei fedeli".

su *La gente della caverna* del drammaturgo egiziano Taufik al-Hakim[8], come atto di cortesia nei confronti di due suoi studenti egiziani, la leggenda della caverna assume un'importanza e un peso preponderanti nell'economia del romanzo. La trama si snoda agevolmente tra presente e passato, tra cronaca e storia, tra storia e mito. Questo offre a Camilleri l'opportunità non solo di garantire varietà, *suspense* e una proliferazione di piani narrativi, quasi in una concatenazione a scatole cinesi, ma anche la possibilità di incorporare, integrandoli, disparati elementi culturali e simbolici.

Lo scrittore attinge al mito della gente della caverna così come riportato nella diciottesima *sura* del Corano.

> La sura dice che Dio, venendo incontro al desiderio di alcuni giovani che non volevano corrompersi, allontanarsi dalla vera religione, li fece cadere in un sonno profondo all'interno di una caverna. E perché nella caverna ci fosse sempre il buio più completo, Dio invertì il corso del sole. Dormirono per circa trecentonove anni. Con loro, a dormire, c'era pure un cane, davanti all'imboccatura, in posizione di guardia, con le zampe anteriori distese.... (Camilleri 1996: 224)

Il fatto che la leggenda, quasi sicuramente basata su un evento storico secondo alcuni studiosi, ci sia pervenuta in un incredibile numero di varianti e di lingue (che vanno dai testi in greco, siriaco, arabo, latino, a quelli in gallese e lingue scandinave) abbracciando diverse religioni e culture, fornisce un potente esempio di sincretismo costituito da motivi collegati ai concetti di saggezza, purezza, tolleranza (in antitesi alla persecuzione), amore e resurrezione[9] (in antitesi alla morte e alla corruzione).

---

[8] Autore nato ad Alessandria d'Egitto nel 1898 da padre egiziano e madre turca e morto nel 1987. *Ahl el-Kahf (La gente della caverna)* risale al 1933.

[9] Già Platone, nel *Simposio*, aveva visto nell'amore la forza che muove, collega, attrae, che permea ogni cosa generando armonia attraverso l'unione di principi discordanti, ma anche la fonte del desiderio di immortalità in ogni ogni creatura mortale.

La leggenda trova, inoltre, un'eco nel pensiero dei cosiddetti Fratelli della Purezza, ovvero Ikhwân al-Safâ'. Il loro fascino è fondato sul loro pensiero e persino accresciuto dall'origine misteriosa della loro stessa identità e luogo di provenienza e di pratica. I Fratelli si autodesignavano "dormienti nella caverna del nostro padre Adamo". Essi erano stati certamente influenzati dalla filosofia greca, in particolare dal pensiero di Aristotele, Platone e Plotino, ed appare innegabile una componente sincretica nella loro monumentale opera, le cosiddette *Epistole (Rasâ'il Ikhwân al-Safâ' wa Khullân al-Wafâ')*[10].

> The pillars of this doctrine were tolerance, mutual help [*ta'awun*] and a philosophical eclecticism which utilized any text which might bolster their teaching", eclettismo che "sometimes embraced the Christian and the Indian [thought and doctrines] as well as the further reaches of mathematics.[11]

Nel concepire il personaggio di Rizzitano, Camilleri compie un atto di omaggio a un'intera cultura che annette grande valore ai complessi e ricchi legami tra la Sicilia e le civiltà mediterranee. Rizzitano esegue un rito di riconsacrazione della coppia di giovani amanti assassinati, vittime delle conseguenze di un brutale atto di innaturale lussuria (l'incesto imposto a una figlia[12]) perpetrato durante l'altrettanto 'innaturale' scoppio di violenza dei bombardamenti che seguirono lo sbarco delle forze alleate in Sicilia durante la Seconda Guerra Mondiale. Bisogna, per inciso, anche ricordare l'imbarazzo provato da Montalbano nel momento in cui al crepu-

---

[10] Per un approfondimento si veda: *Ikhwan as Syncretism.*
[11] *Ibid.* È anche utile per una comprensione della simbologia dell'Islam il volume di Annemarie Schimmel *Deciphering the Signs of God: A Phenomenological Approach to Islam.*
[12] Si osservi che Camilleri ha solo con molta difficoltà affrontato il tema dell'incesto, che sta alla base della trama del suo recente romanzo poliziesco *Un covo di vipere.*

scolo sorprende, senza volerlo, un'altra coppia di giovani amanti all'ingresso della grotta del Crasticeddru. Imbarazzo provocato non tanto da un empito di puritanesimo quanto piuttosto dal senso di aver commesso una sorta di gesto "dissacrante" nei confronti della natura fondamentalmente sacra dell'eros. Del resto la consueta dicotomia *eros/thanatos* è impiegata da Camilleri ripetutamente in tutta la sua opera[13].

Lillo Rizzitano non intende tanto vendicare un crimine quanto restaurare un ordine intimamente sacro che è stato violato. Il suo uso del cane di terracotta nel rito della sepoltura di Lisetta Moscato e Mario Cunich si inserisce nel mito della leggenda dei sette dormienti di Efeso, ovvero della gente della caverna. Inoltre il cane aggiunge un ulteriore elemento di sincretismo nel senso che accosta al mito una tradizione di spiccata origine cristiana e, in particolare italiana: quello della scena della natività di Gesù, del presepe di francescana ascendenza. Nella trama del romanzo il cane era stato utilizzato come figura decorativa della pia scena. Senonché, nella devastazione dei bombardamenti del 1943 esso si salva, diremmo, 'miracolosamente'. Nella tradizione persiana il cane, chiamato Kytmir, è anche il simbolo della comunicazione scritta: la scrittura come strumento per raccontare il passato e preservarlo.

Nel porre i cadaveri degli amanti trucidati nella caverna, o meglio in un ambiente celato al resto del mondo all'interno della grotta, Rizzitano esegue un atto di occultamento. Al suo proprio 'crimine' dell'uccisione dell'autore della violazione incestuosa, il padre di Lisetta, Rizzitano così aggiungerebbe un ulteriore reato, il doppio occultamento di cadavere. Ma questa valenza rientra solo in un'ottica di giustizia terrena, che lo stesso Montalbano, alla fine di un percorso lungo e complesso che lo metterà alla prova da ogni punto di vista (professionale, personale, culturale e persino fisico), trascenderà in nome di valori che sono squisitamente

---

[13] Si veda, ancora, quanto nota Eckert, cit.

umani e culturali (nel senso più alto e ampio del termine), se non proprio religiosi. Si ricordi, a questo proposito, che sia Camilleri che Sciascia, su cui il personaggio di Montalbano è in parte modellato[14], sono lontani culturalmente e ideologicamente da qualsivoglia preoccupazione di carattere mistico-religioso.

Egli stesso 'occultatosi', scomparso (nel romanzo si fa riferimento significativamente a due celebri scomparse, quella di Ettore Majorana, di sciasciana memoria, e quella—meno esplicita—di Federico Caffè), Rizzitano viene alla fine richiamato da un volontario oblio, "risvegliato" da Montalbano. Il commissario è riuscito nella sua ricerca della verità grazie alla sua pazienza, al suo intuito, ma soprattutto grazie alla sua consapevolezza che la chiave stava nella comprensione delle profonde motivazioni culturali alla base della 'scomparsa' dei corpi e dell' 'esecutore' di tale occultamento. Questa nuova 'pista', legata al mito dei dormienti nella grotta, ha gradualmente relegato in secondo piano, sino a 'occultarla', la pista 'mafiosa'. In un certo senso Montalbano ha perso ogni interesse autentico nel perseguire quest'ultima indagine a causa di un sostanziale scetticismo nei confronti delle possibilità di contribuire in maniera significativa alla lotta agli intricati legami tra crimine organizzato, corruzione e ingiustizia a tutti i livelli. Se il commissario rimane tiepido verso una reale comprensione tra mondo siciliano e il resto d'Italia (il 'North-South divide' di cui parla Rinaldi), Mario e Lisetta, i giovani amanti del passato (non a caso l'uno proveniente dal nord, l'altra dalla Sicilia) rappresentano un tentativo di realizzare un'unione, almeno sul piano simbolico, fondata sull'amore, laddove presente, passato e dimensione metastorica sono riconciliati per sempre, appunto nel non-tempo del mito.

---

[14] Sciascia "ha prestato alcuni lati del suo carattere [...] al commissario Montalbano, con i suoi silenzi, la sua ironia, la timidezza di fronte alle telecamere" (Capecchi 32).

Secondo Michael Barry, che ha studiato la simbologia del mito della caverna e dei sette dormienti così come è stata rielaborata in ambito islamico, il riferimento alla sorgente (nel romanzo, per metonimia, la brocca inscritta nel triangolo simbolico della grotta del Crasticeddru) è legato al simbolo dell'acqua miracolosa e, quindi, all'immortalità. Si intersecano due aspetti simbolici e congiunti dell'anima: ogni anima umana prima e dopo aver attinto alla fonte della vita. Nel romanzo troviamo nella grotta, accanto ai cadaveri, una brocca nella quale sono delle monete. Montalbano rischia di svenire quando ascolta l'imam a Mazara del Vallo mentre espone la *sura* del Corano e il suo simbolismo e per questo motivo gli viene data dell'acqua. Questa reazione fisica è ovviamente dovuta alla fondata convinzione di essersi avvicinato in modo significativo a una piena chiarificazione del mistero che l'ha coinvolto in modo così profondo e personale. Analogamente, alla fine del romanzo, Montalbano poserà un bicchiere d'acqua sul comodino accanto al letto dove Rizzitano, ormai spossato, riposerà dopo aver raccontato gli eventi occorsi durante la guerra. Aggiungiamo per inciso che l'acqua e il mare hanno sempre una speciale funzione vivificante, 'rigeneratrice' per Montalbano, e non soltanto nel romanzo analizzato.

Nell'interpretare la leggenda, Barry precisa che le pietre preziose (adombrate dalle monete nel romanzo) simboleggiano l'aspetto mortale, fisico, carnale della persona. Calpestando le pietre l'io si umilia affinché possa essere degno di bere all'acqua della fonte della vita e guadagnare l'immortalità dell'anima. "Occultation signifies otherworldly immortality, one that abides beyond the sight of mortal eyes and the further side of the grace's threshold" (Barry 317). Il cane rappresenterebbe, secondo Barry, l'"anima carnale' dell'uomo.

Prevailing opinion in the fifteenth-century Hêrat regarded the dog [un animale impuro per l'Islam!] as a symbol of *nafs*, the lower or "carnal" human soul, which through its humble and protective submission before the manifestation of sainthood in the mystical cave is symbolically transformed into a higher spiritual state. But the very notion of the mystical cave, and its many implications as a dwelling place for holiness and chosen locus for the resurrection of the soul, excited pious imagination. (Barry 309)

La conclusione del romanzo trasporta la vicenda in una dimensione pacificata, sognante, quasi mitica. Montalbano, finalmente appagato nella sua "propria" indagine da cui gli altri personaggi di contorno alla fine sono rimasti per sua volontà esclusi, osserva Rizzitano, lui stesso "dormiente"[15] e a sua volta nuovamente pronto a ritornare simbolicamente in uno stato di oblio, di 'occultamento', in attesa di una qualche forma di "resurrezione" e di riscatto. Quella stessa "resurrezione" cui aveva voluto chiaramente alludere nel disporre i cadaveri all'interno del triangolo misterioso nella grotta e che richiama la variante cristiana della leggenda. Lillo ha da tempo superato i limiti della giustizia umana ordinaria, che non potrebbe comprendere il suo gesto di profondo amore verso gli amanti innocenti.

Trasì nella càmmara di letto. Il vecchio si stava godendo un sonno sereno, il respiro lèggio, l'ariata distesa, calma. Viaggiava nel paese del sonno senza più ingombro di bagaglio. Poteva dormire a lungo, tanto sul comodino c'erano il portafoglio coi soldi e un bicchiere d'acqua. Si ricordò del cane di peluche che aveva comprato a Livia a Pantelleria. Lo trovò sopra il comò, nascosto dietro una scatola. Lo pigliò, lo mise a terra, ai piedi del letto. Poi chiuse adascio la porta alle sue spalle. (Camilleri 273)

Montalbano ha compiuto, anche lui, una sorta di rito in cui si configura una dimensione di ricomposizione, di armonizzazione delle contraddizioni, utilizzando la simbologia del denaro, del ca-

---

[15] Si ricordi che nella lingua araba un solo verbo designa sia 'dormire' che 'morire'. D'altronde, in ambito cristiano, la 'morte' della Vergine è chiamata *dormitio*.

ne e dell'acqua. Questo finale può assumere una doppia connotazione: una pessimistica, l'altra ottimistica. Pessimistica in quanto sembra suggerirci che la realtà presente è troppo intricata nel suo groviglio di violenza, corruzione e ingiustizia, il "corso delle cose"[16] è troppo contorto da districare; una conclusione quasi sciasciana. Ottimistica in quanto l'armonizzazione sul piano culturale e simbolico di ciò che appare inconciliabile può forse additare una via d'uscita.

In conclusione, ne *Il cane di terracotta* Camilleri ha indirizzato la nostra attenzione verso un mito altamente evocativo, un mito interculturale con una base quasi certamente storica (la persecuzione dei primi cristiani da parte dell'imperatore Decio). In questo modo lo scrittore ha offerto un terreno comune fecondo di rimandi antropologici dove si realizza un'armonizzazione, almeno sul piano simbolico, di elementi in apparenza eterogenei. È interessante che il rito della sepoltura dei giovani amanti sia compiuto da un personaggio come Lillo Rizzitano, il quale aveva scritto la sua tesi di laurea all'Università di Palermo intitolata *Uso del maccheronico nella sacra rappresentazione dei Sette Dormienti di anonimo del Cinquecento*. Un titolo che ingloba da un lato la leggenda e dall'altro il riferimento al latino maccheronico, ulteriore spia della fascinazione di Camilleri per l'ibridismo linguistico, per quella 'singlossia', che è in una certa misura anch'essa una forma di 'sincretismo'.[17]

OPERE CITATE

Barry, Michael. *Figurative Art in Medieval Islam (and the riddle of Bihzâd of Hêrat)*. Paris: Flammarion, 2004.
Boccaccio, Giovanni. *Decameron*. Milano: BUR, 2013.

---

[16] Per citare il titolo del primo romanzo di Camilleri.
[17] Degli intrecci di lingue e di 'singlossia' in Camilleri si è occupata JanaVizmuller-Zocco, tra gli altri (si ricordino per esempio Mauro Novelli, curatore del volume dei Meridiani dedicato ai romanzi polizieschi di Camilleri, e Nunzio La Fauci con il suo "L'italiano perenne e Andrea Camilleri").

Borsellino, Nino. "Camilleri gran tragediatore". Introduzione a Andrea Camilleri. *Storie di Montalbano*. Milano: Mondadori, 2002.

Camilleri, Andrea. *Il cane di terracotta*. Palermo: Sellerio, 1996.

Camilleri, Andrea. *Il corso delle cose*. Poggibonsi: Lalli, 1978. Ristampa Palermo: Sellerio, 1998.

Camilleri, Andrea. *Un covo di vipere*. Palermo: Sellerio, 2013.

Camilleri, Andrea. *Il giro di boa*. Palermo: Sellerio, 2003.

Camilleri, Andrea. *Il ladro di merendine*. Palermo: Sellerio, 1999.

Camilleri , Andrea. *L'odore della notte*. Palermo: Sellerio, 2001.

Capecchi, Giovanni. *Andrea Camilleri*. Fiesole: Cadmo, 2000.

Consolo, Vincenzo. *Di qua dal faro*. Milano: Mondadori, 1999.

Demontis, Simona. "C'è solo San Calò. Il Vangelo secondo Camilleri". *NAE*. 5 (2003). Cagliari: CUEC

Eckert, Elgin Kirsten. *Cultural Memory in Contemporary Narrative: Andrea Camilleri's Montalbano Series.* Harvard University: ProQuest UMI Dissertations Publishing, 2012.

Erspamer, Francesco. "I colori della nostalgia" (recensione a Andrea Camilleri, *L'odore della notte*. Palermo: Sellerio, 2001). *La rivista dei libri*. 2 (2002).

Ikhwan as Syncretism. http://www.tahoordanesh.com/page.php?pid= 18106.

La Fauci, Nunzio. "L'italiano perenne e Andrea Camilleri". *Prometeo* 19.75 (2001).

Leone, Sergio (testi a cura di Salvatore Ferlita). *La Sicilia di Andrea Camilleri. Tra Vigata e Montelusa*. Palermo: Kalós, 2003.

Novelli, Mauro. "L'isola delle voci". Andrea Camilleri. *Storie di Montalbano*. Milano: Mondadori, 2002.

Platone. *Simposio*. Bari: Laterza, 1996.

Rinaldi, Lucia. *Andrea Camilleri: A Companion to the Mystery Fiction*. Jefferson, North Carolina and London: MacFarland, 2012.

Schimmel, Annemarie. *Deciphering the Signs of God*: A Phenomenological Approach to Islam. New York: SUNY Press, 1993.

Vizmuller-Zocco, Jana. "Gli intrecci delle lingue ne *L'odore della notte* di Andrea Camilleri". *Spunti e Ricerche. Rivista d'italianistica* 6 (2001): 38-44.

Vizmuller-Zocco, Jana. "Tradition and Innovation without a Revolution: Andrea Camilleri's Singlossia". Kevin B. Reynolds et al. (ed). *Transitions: Prospettive di studio sulle trasformazioni letterarie e linguistiche nella cultura italiana*. Fiesole: Cadmo, 2006: 17-26.

Identity, Alterity, and Society in the Latest Poetry of Valerio Magrelli

Mario Inglese
National University of Ireland, Galway

The aim of this paper is to attempt an exploration of the relationships between the notions of identity and alterity within a social and ethical discourse towards which the poetic reflection of Valerio Magrelli seems to have oriented itself lately. For this purpose I shall place special emphasis on his latest collections of verse *Disturbi del sistema binario* (2006) and *Il sangue amaro* (2014).

As is known by all those who have some acquaintance with the *oeuvre* of the Roman poet and writer, as well as professor of French literature, translator and critic, the creative debut of Magrelli in 1980, when he was just 23, with the collection of poetry *Ora serrata retinae* led critics to refer to him as the *enfant prodige* of Italian verse. The accolades were repeated seven years later with the volume *Nature e venature*. What still today surprises in a poet so young at the time is the great linguistic and conceptual novelty that characterizes his writing, which translates into a purity of diction, a structural precision, and a resolute refusal of any sentimental effusion, matched with a rational *aplomb* that even verges on intellectualism at times.

The main preoccupation in the first 'manner' of Magrelli's poetry is the concentration on the investigating gaze searching through phenomenic reality, along with an insistence on thought and the consciousness of the thinking mind, which in turn makes itself writing. At a closer look, we realize that for Magrelli

l'io è predicato esclusivamente nella dimensione di essere doppio, corpo/pensiero, interazione di percezione e intellezione, soggetto

senziente e oggetto percepito. Il mondo viene introiettato come palcoscenico su cui gli stimoli esterni e il soggetto reificato agiscono
in primo piano. Si tratta di un io esperito come identità e alterità
al contempo. (Inglese 123)

Yet, with the publication of *Esercizi di tiptologia* (1992) the 'autoscopic' gaze, i.e. oriented towards the "I" and its ontological relationships with the world, widens visibly thus becoming 'etero-
scopic' in order to include external forces which end up bringing a
disturbing note, even an element of menace. This will certainly
contribute to shake the quiet surface dominating the first collection and most of *Nature e venature*. The poet now acknowledges
that "matter" provokes the "contagion", to quote two terms present in the second, dense text in *Esercizi di tiptologia*:

> Che la materia provochi il contagio
> se toccata nelle sue fibre ultime
> [...]
> Che tale schianto generi
> la stessa energia che divampa
> quando la società si lacera
> [...]
> Che la forma di ogni produzione
> implichi effrazione, scissione, un addio
> e la Storia sia l'atto del combúrere
> e la Terra una tenera catasta di legname
> messa a asciugare al sole,
>
> è incredibile, no?
>
> (Magrelli 1996: 227)

In the subsequent poem in the same book we read "telaio del male" (228) and "il mondo è un panno zuppo / imbevuto di morte"
(228). As Gianluca D'Andrea puts it, "è proprio analizzando il reale che si esorcizza il trauma del reale" (D'Andrea 2004: 24-25).

Didascalie per la lettura di un giornale (1999) is, however, the first book of Magrelli which overtly faces up to the multiple challenges of today's world from a vantage point that involves the anthropological, social, and ethical spheres. The newspaper is the tool, maybe just the pretext, to give voice to the weighty interrogatives which the poet asks himself once he has broadened the scope of his writing. To quote D'Andrea again, "siamo chiamati a vigilare sul senso, un senso che deve passare attraverso la lingua, ed è per questo che la poesia non muore come genere in quanto rappresenta un atteggiamento di riflessione sul legame linguistico" (ibid.). Hence Magrelli's constant involvement in the meta-poetic dimension associated with a fundamental humanism, despite his undeniable nihilistic inclinations. Poetry is definitely relevant in a fragmented society, enmeshed in the heady rapidity of electronic communication. Perhaps in the field of literature poetry, even more than prose, is the place invested with at least the (re)presentation, if not exactly the interpretation, of reality. To this end Magrelli likes to quote the great Polish poet Szymborska for whom to the alleged ridiculous of writing poems today one ought to oppose the ridiculous of NOT writing poems.

The subject in Magrelli has now abandoned the closed circularity of the autoscopic gaze to open up to a subject embedded in the domestic community (the family), the urban community, or the wider arena of society. My question is, at this point: How can we link a discourse on identity and otherness in its social and ethical implications to the fundamental reflections (not only in Magrelli's creative output but also in the field of criticism, notably in his essay *Vedersi vedersi*) mainly pertaining to the realm of ontology, phenomenology and the meta-poetic? The perspective of a 'civil' poetry might seem a 'diversion' from the specific preoccupations of the poet in the first part of his career. In actual fact, I do not see a substantial caesura, or contradiction, between the two spheres. The reasons for this should become clearer in the next

pages of this paper. The poet has gradually explored and account-
ed for an element of 'fracturedness', disturbance, conflict (the "attrito") first of all within matter and the body (both his own body
and the body of all things), including society. It is precisely the
notion of body, interacting with the consciousness of the self, with
thought, which -I believe- provides a connection bridging this ap-
parent gap. Thought is always embodied in the flesh, the same
flesh which makes up the world, to follow Merleau-Ponty's phenomenology. The poet finds out that his "corpo-condominio" (to
quote his first narrative work, *Nel condominio di carne*, 2003) is
more and more subject to the wounds inflicted not only by the ac-
tion of time but also by the pathogenic agents bringing about the
contagion affecting all matter, *ab origine.* At the same time he real-
izes that the very same forces of disintegration, violence, and Evil
undermine society, history, and the world.

As a matter of fact, the element of 'interference', the *attrito*, can
also be turned into a positive factor in the creation of a 'short-
circuit' leading to the recognition of phenomenic reality by way of
epiphanies, so to speak; just as diseases, a serious road accident,
and the ensuing suffering had caused Magrelli to carry out a pro-
found reflection which ultimately led to his poetry. To him this
element of friction, 'disturbance', seems inherent in the consciousness of the self, in the thinking mind. In a way, the "I" is always
an "io fricativo" (Magrelli 1996: 286), an "I" that reflects on the
ontological apprehension and definition of identity starting from a
dialectic perspective with what opposes the "I" itself, be it the
'otherness' of the flesh or the body of society.

In *Didascalie per la lettura di un giornale* (1999) it is clear that the
meditation on the dangers and degenerations that the poet identi-
fies within society (certainly not exclusively Italian society) with
an almost clinical eye, entails a discourse of an ethical nature. If
the objective of any society is to guarantee the well-being (some
would say the happiness) of its citizens, each citizen (a notion akin

to the Aristotelian *eudaimonía*), the transformations taking place on a global scale at present seem to contradict this aim. The book aptly opens with an epigraph from the first stanza of Chorus I in T. S. Eliot's *The Rock*: "Dov'è la Vita che abbiamo perso con la vita? / Dov'è la saggezza che abbiamo perso con la conoscenza? / Dov'è la conoscenza che abbiamo perso con l'informazione?" (Magrelli 1999: 3). Genetic manipulations, the creation of animals termed by the poet "teo-repellent[i]" (Magrelli 1999: 38), are just a few examples signalling that the boundaries between what is natural and what is artificial are questioned, becoming more and more ethically puzzling, even unacceptable. It is as if the interference between the two poles, once clearly and reassuringly separated, had reached a definitive breaking point. Furthermore the growing aggressiveness of the international markets or the collusion of national politics with the world of global finance leads Magrelli to recognize, within the more and more uneasy *condominio* of society, a proliferation of subtly deployed marketing strategies extending to what should be exempt from a mercantilist logic.

Television communication, just to quote another example, has always undergone the poet's unflattering scrutiny. Let us remember the splendid double sonnet titled "Ecce Video" in the volume of collected verse of 1996, or the following poem in *Didascalie*:

> Il confine tra la mia vita e la morte altrui
> passa dal divanetto di fronte alla tv,
> pio litorale dove si riceve
> il pane dell'orrore quotidiano.
> Davanti all'ingiustizia che sublime
> ci ha tratti in salvo per farci contemplare
> il naufragio da terra,
> essere giusti rappresenta
> appena la minima moneta
> di decenza da versare a noi stessi,
> mendicanti di senso,
> e al dio che impunemente

ci ha fatti accomodare sulla riva,
dal lato giusto del televisore.

(Magrelli 1999: 49)

Here the poet tackles the problem of the subject placed, almost against his own will, before the Other suffering in an elsewhere that is real yet made 'virtual', almost sanitized, by the medium itself and the modalities of his 'ostension'. The poem exploits Lucretius' image of the wise man observing a shipwreck from afar. The question posed by Magrelli clearly concerns the ethically charged reasons of such 'iniquity', such 'imbalance', between the lucky "I" and the suffering "you", as if there were no relation, no co-implication whatsoever between the opposite sides. The adjective "sublime" is undoubtedly marked by strong irony, even sarcasm, but we should also bear in mind the etymology of the word, which most probably goes back to the notion of 'threshold', *limen* in Latin (hence 'boundary'), preceded by a *sub* of more problematic interpretation in that it partakes in a sense of both the Latin prefixes *sub* ('below') and *super* ('above').

Yet the other is also within ourselves, it is already our own body, implies Magrelli. "Je est un autre", wrote Rimbaud in a famous letter to Georges Izambard (Rimbaud 249). 'Oneself is another', to paraphrase the title of a seminal work by Paul Ricoeur on which I base part of my interpretation proposed here. To recognize the self as other also means to recognize the power as well as the fragility which constitute us. Our flesh is made of the same flesh of the world that inhabits us, as stated above. The relationship between this dichotomy on the one hand and the ambiguities and degenerations stemming from it on the other represents a most delicate demarcation line which, whenever misunderstood or deviously manipulated, may engender not only the anguish of a *mise en abîme*, a flight without end of the subject and his faculties, but also the insurgence of the unnameable forces of Evil.

By the same token we should be aware that the self can never fully reach the Other. One is reminded of this also in the beautiful *poemetto* in twelve parts "La lettura è crudele" within *Il sangue amaro*, which illustrates the metaphorical interpersonal exclusion implied in the act of silent reading.

> Trovarsi a fianco qualcuno assorto nella lettura,
> mi porta a domandargli: dove sei?
> Per questo cerco di cercarti dentro,
> di raggiungerti dentro quel dentro
> da cui mi sento irrimediabilmente escluso.
>
> (Magrelli 2014: 38)

From *Il sangue amaro* backwards to *Ora serrate retinae* we find this notion of separation (also within the self) quite often (cfr. "Io sono ciò che manca / dal mondo in cui vivo, / colui che tra tutti / non incontrerò mai", Magrelli 1996: 83). Yet we must pursue an encounter with the Other, it is necessary. Its supreme manifestation being Love (also in Magrelli often capitalized), the only true antidote to the anguish of Evil (another capital letter). "Se amore è la distanza che ci chiama" is the title of part X of "La lettura è crudele", already quoted. The cry of the Other, his "face" (to use Lévinas's term) is no mere image, it is rather a voice, the voice calling me to the unavoidable responsibility of suffering-with, living-with. The *pólis* is not overcome, it is all the more necessary despite, or because of, the chaos threatening a world almost adrift from the ecological, economic, and ethical point of view. Eloquent embodiments of these preoccupations are the poems in the sub-section "Il policida" (another term coined by the poet, after such examples as *vice-vita* in the eponymous book of prose or *guace* in *Disturbi*) in *Il sangue amaro*. The fragmentation of reality, the entropy of the human call for, paradoxically, the aesthetic and ethical virtues of *poiēsis*. As Derek Attridge points out, "the question of literature involves [...] the question of ethics" (Attridge 33) because, and

more importantly, "in any field in which inventiveness may mani-
fest itself, the event of invention is the advent of *alterity*" (ibid.)
The implication is that any reading must be a "responsible" reading, clarifies Attridge, who further develops this notion by stating
that a 'good' reader is in the last analysis a 'good' person.

> Unlike responsiveness to physical stimuli, responsiveness to the
> other must involve something like responsibility because the
> other cannot come into existence unless it is affirmed, welcomed
> trusted, nurtured. Responsibility for the other is a form of hospi-
> tality and generosity. (Attridge 34)

It is easy to detect in this passage a debt to Heidegger's concept of
'care' (*Sorge*) towards the 'thing'. In Magrelli the "configuration"
(to use Ricoeur's terminology) manifests itself in a style which I
would not hesitate to define 'democratic', a *stile medio*, accessible,
'contaminated' with prose, through which the poet deploys the
rhetorical resources with consummate technical virtuosity, without shunning stylistic formulae typical of the language of adver-
tising or mythological or learned references. All this is, more often
than not, inscribed within exact numerological or symbolic structures (see for instance the recurrence of the number eight or
twelve in *Il sangue amaro*). With this perspective in mind we are
also able to understand the quasi-liturgical quality or even nurse-
ry-rhyme cadences in much of Magrelli's verse, with the corollary
of a cumulative incantatory effect. In fact poetry is also *carmen*,
therefore 'charm' (Cfr. Francucci 27).

Disturbi del sistema binario opens with a poem entitled "La guace", i.e. "la confusa mescolanza di guerra e pace caratteristica della nostra epoca" (Magrelli 2006: 5), as the poet himself clarifies in a
footnote. The polarity of the two distinct elements harks back to a
"disturbo", a jamming, within a fundamental separation bearing
ethical implications. The gates of the temple of Janus, which sig-
nalled the alternating of the basic conditions for the *civitas* (peace

or war) have now become Duchamp's door, open and closed at the same time. As Antonio Scurati writes:

> Dopo l'11 settembre guerra e pace tendono a essere nei fatti difficilmente discernibili. Ma l'11 settembre ha rappresentato anche una profonda crisi del linguaggio, nel sistema collaudato delle nostre tradizionali rappresentazioni culturali e simboliche della violenza organizzata. Non abbiamo più le parole per dirla. Ci sono però due usi profondamente impropri delle parole "guerra" e "pace", che si avvantaggiano di questa rottura e piegano la confusione a fini strumentali, prosperando nel caos. La prima strategia consiste nel denominare guerra l'offensiva militare contro il terrorismo, evocando un'idea tradizionale di guerra come scontro risolutivo e frontale in campo aperto. Dinnanzi al carattere subdolo e sfuggente del terrorismo, quest'immagine della guerra risulta addirittura rassicurante. Ma è ingannevole, perché il terrorismo è per definizione proprio ciò che si sottrae alla possibilità di muovergli guerra frontalmente. La seconda strategia di sviamento consiste, al contrario, nel far rientrare nell'area semantica del concetto di pace una serie di attività che hanno indubbio carattere bellico. E si pensi all'obbrobrio linguistico delle cosiddette "guerre umanitarie." (Scurati 39)

But the ongoing war, the perpetual war, as Andrea Cortellessa reminds us, "è essenzialmente e prima di tutto una *guerra mediale*" (Cortellessa 36). "In queste mutate condizioni la poesia—come ogni altro sistema di modellizzazione secondaria del reale—deve acquisire nuovi paradigmi. Deve rifondare una propria etica formale" (ibid.). This is what Magrelli is actually doing, I believe. Lucretius' image of the separation between the detached onlooker and somebody else's unfolding tragedy is reprised in "Guardando le colonne di profughi da casa mia" in *Disturbi*, where the refugees "senza Nido / ora avanzano ciechi, / perduti nella notte / della loro identità" (Magrelli 2006: 7).

In the same part of the book ("Nella tribù") we read another iconic text, *Su un'aria del "Turco in Italia"* ("due strofe alla Metastasio", as the poet himself declared in a televised debate for the newspaper *la Repubblica*), where the 'lightness' of the diction, the lilting rhyme scheme, along with the title and the epigraph from the eponymous comic opera by Rossini, barely suppress the author's indignation, his anguished response. Again, we can detect an interplay of two polarities (through irony and a refined style incorporating the *filastrocca* strain) in the arena of language.

Su un'aria del "Turco in Italia"

> Cara Italia, alfin ti miro.
> Vi saluto, amiche sponde
> G. ROSSINI

> Riposa tutta quanta la Penisola
> avvolta da una trepida collana
> di affogati. Ognuno di loro è una briciola
> fatta cadere per ritrovar la strada.

> Ma i pesci le hanno mangiate e i clandestini,
> persi nel mare senza più ritorno,
> vagano come tanti Pollicini
> seminati nell'acqua torno torno.

(Magrelli 2014: 14)

The entire volume does indeed voice the experience of conflict in its multifaceted manifestations. Magrelli relates the issue to a basic *disturbo*, the perceptual conflict as illustrated by the famous drawing of the "duck-hare" (or duck-rabbit" for the English-speaking reader) devised by the American psychologist Joseph Jastrow and later used by Wittgenstein in his *Philosophical Investigations*. This perceptual, neurological, dilemma (if you see the duck, you don't see the hare, and vice-versa; the two cannot be seen at the same time) is reinterpreted by Magrelli by moving away from the realm of optics (one of his main preoccupations) to that of ethics. The two profiles never see each other frontally, as if one denied the existence of the other, but in actual fact they do make up the same image. This perceptual stratagem allows the poet to reflect upon the nature of Evil, its consubstantial interpenetration with its own opposite; upon the subtle, all too often ambiguous, coexistence of good and evil, of the most hideous crimes and the most baffling indifference towards the suffering of the other.

"But the other is also vulnerable, in need of my protection, 'destitute' to use Lévinas's word. Its power lies in its weakness" (Attridge 35). This applies both to the literary text and the refugee fleeing from war, although "there is always a risk in inviting the other into your house" (ibid.). The questions that Magrelli poses to himself and his readers are articulated

> in modo così ragionevole e limpido da renderle più insinuanti, vere, angosciose e urgenti. [...] [Especially in the poems dedicated to the aftermath of 9/11 we experience:] La volontà razionale e il dolore, il corpo ferito, il costato del Cristo uomo trafitto dal violento e irrazionale che esplode con un vulcano le sue viscere misteriose nella incontenibile presenza del male. Lo struggimento diventa ora poesia civile, lo sdegno avanza, si macchia si torce. (Pierangeli 74-75)

The love for one's family, la "volontà buona" (to quote the central section of *Disturbi*), the only antidote that allows us to withstand anguish, horror or indifference ("Orrore" and "L'indifferenza" are the titles of two contiguous poems in the same collection), does not extend to the social or political arena.

> La crudeltà dell'anatra appartiene alla lepre, che non la conosce fino in fondo e infatti guarda dall'altra parte. Il male è nel nostro specchio, indissolubilmente legato alla nostra identità e nemmeno lo sappiamo con chiarezza. (ibid. 76)

The image of the pair of gloves ("i guanti di Nesso", "fallati", "fatati" of a poem included without changes both in *Disturbi* and *Il sangue amaro*) stands for the particular *disturbo* that has undermined a healthy political dialectic, with the consequence that governments and their oppositions tend to look, and act, as if they were ambiguously identical. Thus the "larghe intese" become for Magrelli the "larghe offese". Incidentally, this reprise of the same text transplanted by the author into a successive book not only underscores a strategy of *autocitazione* noticed by many a critic but creates a sort of distant reverberation, an echo effect, as if to stress the persistence of a traumatic experience, a source of *indignatio*, precisely of *sangue amaro*.

The pathology both of the miopic vision and of the body attacked by the germs of metamorphosis and dissolution, as explored by Magrelli's earlier books, has extended to the entire body of society, the State, which is often described by the poet in physiological or pathological terms. We read, for example: "T'amo pio Stato, vivo tabulato, / profondo respiro animale / che sale da una trama di rapporti / tessuti su un telaio di carne" in *Disturbi* (Magrelli 2006: 9). The pervasiveness of bureaucracy is referred to by words like "necroburi" (yet again another neologism, Magrelli 2014: 100) clearly conjuring up a body devastated by necrosis, or such strong expressions as "feccia della burocrazia" (ibid.: 21). Language itself is "antropofaga" (Magrelli 2006: 12), an alien that devours its users. The linguistic colonization to which Churchill referred (with a possible hint of cynicism) jeopardizes the linguistic identity of an entire culture.

> Un giorno l'Inglese bussò alla mia porta:
> "Fammi entrare", diceva, : "Ma, sei già in casa",
> risposi. Lui si sedette
> e disse: "Parlami", "Ti sto parlando",
> feci. Allora lui: "Allora scrivimi.
> Fu allora che lo implorai che se ne andasse.
>
> (ibid.)

Needless to say, the poem concludes with a 'defeat', the last line being not in Italian but English ("he smiled, and then he went away", ibid.). This echoes line 13 in the first sonnet of the diptych "Ecce Video" quoted above, with its patter-like string of English monosyllables verging on babbling or even aphasia. "Invettiva sotto una tomba etrusca" in *Il sangue amaro* conveys, once again, a similar bitter recognition of the consequences of linguistic 'colonization', in this case through Latin ("Adesso parleranno tutti uguale, / tutti la stessa lingua che ci ha tolto la nostra", Magrelli 2014: 118). Yet, what is even more disturbing is the risk of the entropy of all language as a medium of authentic communication, and the depletion of sense that poetry strives to counteract:

> Fu un'amara Befana,
> quella con cui si chiuse il mio millennio.
> Invece di portare i suoi regali,
> mi strappò ciò che avevo di più caro:
> il sogno di una lingua condivisa.
>
> Creature biforcate e logo-immuni
> mi sorsero davanti,
> invulnerabili alla verità.
> Ero entrato nell'era dell'anatra-lepre,
> in un'età del ferro, del silenzio.
>
> (Magrelli 2006: 75)

As Laura Giorgi writes: "La coscienza che il male può insinuarsi anche nelle sfere più protette e familiari dell'esistenza umana precipita il poeta in una sorta di età del ferro nella quale neanche la lingua sembra assistere la poesia" (Giorgi 258). Yet the awareness of this ethical *débâcle* does not prevent Magrelli from giving voice to the suffocated cry of the Other looming before our conscience made almost indifferent or benumbed by the excess of information and exposure to the media.

Following the insights of Ricoeur, the other shows his presence to us in his suffering, powerlessness, impossibility to act. We seem to be left only with our own compassion, the other being reduced, at first glance, to the sole condition of *receiving*.

> In a sense, this is actually the case. And it is this manner that suffering-with gives itself, in a first approximation, as the opposite of the assignment of responsibility by the voice of the other. And, in another way [...], a sort of equalizing occurs, originating in the suffering other, thanks to which sympathy is kept distinct from simple pity, in which the self, whose power of acting is at the start greater than that of its other, finds itself affected by all that the suffering other offers to it in return. For from the suffering other there comes a giving that is no longer drawn from the power of acting and existing but precisely from weakness itself. This is perhaps the supreme test of solicitude, when unequal power finds compensation in an authentic reciprocity in exchange. [...] A self reminded of the vulnerability of the condition of mortality can receive from the friend's weakness more than he or she can give in return." (Ricoeur 190-191)

Here Ricoeur's position overlaps with that of Lévinas when the latter affirms: "Well, the Ego erodes its dogmatic naïveté in the face of the Other who demands more than it can spontaneously give" (Lévinas 36), the 'giving' and 'receiving' appearing only 'imbalanced' in an economic perspective, not in an ethical one.

It is politics as *ēthos* that intervenes to ensure the values of respect, equality and justice but, as is shown in "Il policida" already quoted, too often we witness an opposite reality. However illusory power can appear in its fundamental structure, Ricoeur reminds us, it is power that channels the ethical aims of society within the sphere of the "application of its indispensable third dimension: justice" (Ricoeur 197). "Perché la Legge è forma che contiene, / benda vincolo, argine che chiude la violenza / nel carcere sepolto del circuito cardiaco" reads another text included in the section "Nella tribù" in *Disturbi* (Magrelli 2006: 9). The use of capitalization for "Legge", "Paese Sanguigno", and "Diritto", apart from the more obvious "Stato" in the same composition, can be interpreted as a strategy of semantic intensification present in many other texts (see as further examples "Bomba", "Nulla", "Nihil", "Party", "Santa Eutanasia", "Male", "Assenza", "Vuoto" "Tempolepre", "Rate", "Morte", "Sangue Amaro", "Grande Sfascio", "Mancanza", "Ripetizione", and so on, to limit ourselves to *Disturbi* and *Il sangue amaro*).

A shared language presupposes a relationship of equality among its speakers, where "I" and "you" still mean something. The very functioning of personal pronouns is full of ethical implications (Ricoeur 192-193). *Canzonetta sulle sirene catodiche* in *Disturbi* (Magrelli 2006: 11), in particular, expresses the imbalance, the degeneration, of this communicative exchange, with television ("TV") taking on the role of a pervasive, albeit impersonal, "TU", and the "I" becoming more a more the victim of a sort of virus attacking personal identity ("virus dell'io"). The strenuous attempt to expel such 'viruses' is also present in one of the shortest poems by Magrelli, entitled "Piccolo schermo": "La legge morale dentro di me, / l'antenna parabolica sopra di me" (Magrelli 1999), where Kant's imperative is ironically juxtaposed (indirectly via synecdoche) to the object that is perhaps most charged with symbolic and ethical significance in the entire *oeuvre* of the Roman poet: television.

Equality (like equity and justice), whatever the modalities in which it is formulated, argues Ricoeur,

> *is to life in institutions what solicitude is to interpersonal relations.* Solicitude provides to the self another who is a face, in the strong sense that Emmanuel Lévinas has taught us to recognize. Equality provides to the self another who is an *each*. In this, the distributive character of 'each' passes from the grammatical plane [...] to the ethical plane. (Ricoeur 202)

The French philosopher adds that "Whereas Kant placed respect for the law above respect for persons, with Lévinas the face singularizes the commandment: it is in each case for the first time that the Other, a particular Other, says to me: "Thou shalt not kill" (Ricoeur 336). It is the presence of the other that constitutes me as an ethically responsible person, able to keep my word, but also to keep myself, concludes Ricoeur (341).

The apparition of the face of the Other is powerfully evoked by Magrelli in such poems as "Welcome" (the English title should be alluding, for once, to a positive transnational, 'multicultural' message, but the ironic twist ought not to be denied), which exhibits a telling exploitation of the figures of iteration and chiasmus; or "Pasqua", both in *Il sangue amaro*:

Welcome

Dio delle baraccopoli, Gesú dei clandestini,
nato nella favela, ultimo fra i bambini,
creatura della notte, amato dai reietti,
scintilla nelle tenebre, abisso degli eletti.

Gesú di baraccopoli e Dio dei clandestini,
nell'ultima favela neonato fra i bambini,
amato nella notte, creatura dei reietti,
abisso nelle tenebre, scintilla degli eletti.
[...]

(Magrelli 2014: 20)

Pasqua

In una Pasqua azzurra e solitaria
(la città vuota, la mamma ammalata)
decido di portare mio figlio di sei anni
in bicicletta, lungo il fiume, a nord.
[...]
Ma dopo il Foro Italico, dalla ricca statuaria
(la ciclabile scende scende piú buia, malfamata)

un villaggio di nomadi, fra le baracche e i panni,
ci piomba addosso muto, con lamiere e falò.

Poi la pista risale in una curva d'aria
(noi ci voltammo indietro, la minaccia sventata)
trasparente di luce, lontana dai capanni
degli stranieri – zingari, clandestini, macrò.

Cosí in quella giornata raggiante e leggendaria
(per la nostra famiglia, sebbene menomata)
restò quel punto nero, vergogna, disinganni,
fratellanza, paura, odio, pena, non so.

(ibid.: 122)

In the latter poem, arguably redolent of the best poetry of Vittorio
Sereni, the day is only "raggiante e solitaria" for the poet's family
(the enclosed community of "La volontà buona" of *Disturbi del
sistema binario*) while the Other, in all its "foreignness", breaks in
abruptly, puzzling, even menacing. The poet experiences an un-
foreseen 'catabasis' similar to the one undertaken in the prose text
"Terranera" in the volume *Esercizi di tiptologia*, a descent into a
world of alien suffering that questions our certainties. Similar spac-
es of 'catabasis' are also railway station toilets or tunnels, with their
signs of a language stretched to the limits of obscenity and hatred,
or voicing loneliness and a cry for help (the "colloquio muto" [Ma-
grelli 2014: 26] of "Nei bagni pubblici" from *Il sangue amaro*).

The self/other polarity is always inscribed by Magrelli within a
dimension of natural reciprocity and reversibility. Hence its affir-
mation in such texts as "E gli altri?" (ibid.: 130), where the ethically motivated use of personal pronouns, hinted at above, is threa-
tened, almost neutralized, by a 'pathology' of selfhood: "Dov'è il
rispetto per l'altro, per la sua libertà? / Com'è possibile essere tanto indifferenti verso il prossimo? / IO IO - IO IO – IO IO: giambo
letale".

To conclude this brief analysis, I hope I have answered the question posed at the start. The social and ethical preoccupations expressed by the latest Magrelli are not a 'diversion', on the contrary they are subtly yet logically linked to his fundamentally phenomenological and meta-poetic investigations. The searching gaze has widened its scope to encompass the body of society, the structures of the larger 'condominium' of the nation and the whole planet, whose fates are more and more interdependent. The poet seems to be advocating an opening to the larger context of human existence, to be undertaking an 'anthropological phenomenology' (which in fact started with *Didascalie per la lettura di un giornale*). Yet what he is confronted with is a dismal picture of violence, complacency, rights denied, and cynical forms of exploitation where the most sophisticated technology is deployed to the detriment of the basic needs of human beings. Once again: "Where is the Life we have lost in living? / Where is the wisdom we have lost in knowledge? / Where is the knowledge we have lost in information?" (Eliot 147)

While prose has been practised by Magrelli more and more frequently in the last few years, his verse continues to display not only a remarkable technical virtuosity and inventive freshness, (especially in its highly metaphorical density, the exploitation of such figures as paronomasia, chiasmus [a particularly apt device to map out, spatially, the terms of a polar opposition], iteration, or parallelism), but also a human commitment with which he invests his themes. Poems are "cavie" (Magrelli 2014: 55), the poet himself becomes a *cavia* in order to carry on his experiments inside the body of human society. Also from this point of view we can certainly detect in Magrelli's poetry what I termed above a 'democratic' quality, which contributes, in my opinion, to make it particularly loved and respected by so many readers worldwide.

WORKS CITED OR CONSULTED

Attridge, Derek. "Ethics, Otherness, and Literary Form". *The European English Messenger* vol. XII, 1. 33-38.

Barbaro, Massimo. "Parole povere: Il destino delle parole". *Il Foglio Clandestino*. 62, 3, (2007).

Calandrone, Maria Grazia. "Magrelli, *Il sangue amaro*" (*Poesia*, 4.14) http://www.mariagraziacalandrone.it/index.php?option=com_conte.

Cortellessa, Andrea. "Phantom, mirage, fosforo imperiale: Guerre virtuali e guerre reali nell'ultima poesia italiana". *Carte Italiane*, 2/2-3 (2007): 105-151.

D'Andrea, Gianluca. *Le stagioni di "Telèma" (Magrelli e i poeti del computer)*. Palermo: Accademia "Il Convivio", 2004. http://www.poesia2punto0.com/2010/06/09/valerio-magrelli-uno-studio-di-gianluca-dandrea/

_____. "L'ambiguità morale: Riflessioni (didascalie) per "*Disturbi del sistema binario*", Valerio Magrelli, Einaudi, 2006. www.nabanassar.com

_____. "Brevi appunti sulla fine III. L'età dell'ansia: Il sangue amaro di Valerio Magrelli". http://gianlucadandrea.wordpress.com /2014/03/05/brevi-appunti-sul...

Eliot, Thomas Stearns. *The Complete Poems and Plays*. London-Boston: Faber & Faber, 1969.

Francucci, Federico. *Il mio corpo estraneo: Carni e immagini in Valerio Magrelli*. Milano-Udine: Mimesis, 2013.

Giorgi, Laura. "Valerio Magrelli – *Disturbi del sistema binario*". *Allegoria* 56: 258.

Inglese, Mario. *Valerio Magrelli: Poesia come ricognizione*. Ravenna: Longo, 2004.

Lévinas, Emmanuel. *Humanism of the Other*. Transl. Nidra Poller. Urbana and Chicago: University of Illinois Press, 2006. [*Humanisme de l'autre homme*. Paris: Editions Fata Morgana, 1972.]

Magrelli, Valerio. *Ora serrata retinae*. Milano: Feltrinelli, 1980.

_____. *Nature e venature*. Milano: Mondadori, 1987.

_____. *Esercizi di tiptologia*. Milano: Mondadori, 1992.

_____. *Poesie (1980-1992) e altre poesie*. Torino: Einaudi, 1996.

_____. *Didascalie per la lettura di un giornale*. Torino: Einaudi, 1999.

_____. *Vedersi, vedersi: Modelli e circuiti visivi nell'opera di Paul Valéry.* Torino: Einaudi, 2002.

_____. *Nel condominio di carne.* Torino: Einaudi, 2003.

_____. *Disturbi del sistema binario.* Torino: Einaudi, 2006.

_____. *La vicevita. Treni e viaggi in treno.* Roma-Bari: Laterza, 2009.

_____. *Il sangue amaro.* Torino: Einaudi, 2014.

Magrelli. Valerio e Franco Marcoaldi, "Poesia ad alta voce. Speciale la Repubblica delle Idee 2012". http://video.repubblica.it/dossier/repubblica-idee-bologna/magrelli-marcoaldi-poesia-ad-alta-voce/98499/96881

Mauri, Paolo. "L'IMU, l'IRPEF e il canone: Le poesie-cavie di Magrelli, *la Repubblica* 8/2/2014.

Merleau-Ponty, Maurice. *Phénoménologie de la perception.* Paris: Gallimard, 1945 [*Phenomenology of Perception.* Transl. Colin Smith. London: Routledge and Keagan Paul, 1962.]

Moscè, Alessandro. "Il sangue amaro di Valerio Magrelli. *Pelagos* 11/3/2014. www.pelagosletteratura.it/2014/03/11/il-sangue-amaro-di-valerio-magrelli/

Pierangeli, Fabio. *Una "luce particolare, non so come descriverla...".* Roma: Nuova Cultura, 2006.

Pedullà, Gabriele. "Sangue civile". *Il sole 24 Ore.* 17 marzo 2014.

Ricoeur, Paul. *Oneself as Another.* Transl. Kathleen Blamey. Chicago and London: The University of Chicago Press, 1992. [*Soi-même comme un autre.* Paris, Editions du Seuil, 1990].

Rimbaud, Arthur. *Œuvres complètes.* Paris: Gallimard, 1972.

Ruggieri, Adelelmo. "L'altra gamba". http://www.zibaldoni.it/wsc/default.asp?PagePart=page&StrIdPaginatorMenu=26@StrIdPag...

Scurati, Antonio. *Gli anni che non stiamo vivendo.* Milano: Bompiani, 2010.

Valesio, Paolo. "La poesia di Valerio Magrelli fra neomanierismo ed emozione". *Yale Italian Poetry* voll. V-VI (2001-2002): 373-403.

Wittgenstein, Ludwig. *Philosophical Investigations.* 4th ed. Trans. and eds. P. M. S. Hacker and J. Schulte. Oxford: Wiley-Blackwell, 2009. [*Philosophische Untersuchungen.* Herausg. von J. Schulte. Frankfurt: Wissenschaftliche Buchgesellschaft, 2001 [1953]].

Zinelli, Fabio. "Valerio Magrelli: *Disturbi del sistema binario*". *Semicerchio. Rivista di poesia comparata,* 130-132 (2006).

Suggestioni musicali nel Mediterraneo antico

Maria Làudani

§ 1. La Musica come linguaggio universale

La Musica nasce, insieme alle altre forme "artistiche" ancora prima della Storia, o meglio, prima della Storiografia e della Letteratura, cioè della scrittura. Il bisogno dell'uomo di accompagnare e scandire le fasi della propria vita mediante la sintesi di significati rappresentata da forme di espressione come la pittura, il canto, la danza, i ritmi, è ancestrale. In particolare suoni e balli costituiscono un linguaggio universale che non necessita di rimandi deittici, non ha bisogno di didascalie, ma si propone all'immediatezza del fruitore e dell'interprete.

Naturalmente la codifica della Musica, se non è indispensabile alla sua composizione ed estemporanea esecuzione, risulta necessaria alla sua trasmissione.

Intorno al bacino del Mediterraneo si sviluppano le civiltà rappresentative per il mondo antico: quelle medio-orientali, l'egizia, le culture greca, la fenicia, etrusca, la romana.

Tra le componenti più rilevanti del loro percorso la Musica riveste un ruolo importantissimo ed ineludibile, infatti nell'antichità la componente "aurale" nella fruizione dei testi poetici o di altra natura era prevalente. Così il ritmo ed il suono non si ponevano come creazione autonoma, come "Musica" nel senso moderno del termine ma, al contrario, scandivano ogni momento della vita pubblica, religiosa o privata.

Insomma, la Musica nel percorso esistenziale dell'uomo "antico" era molto più presente di ora ed accompagnava l'intero arco della vita. Essa faceva parte a pieno titolo di quello che è stato recentemente definito " Soundscape", "paesaggio sonoro"[1].

Cercherò, quindi, con estrema sintesi, di tracciare un filo conduttore che segua il cammino e lo sviluppo di questa Arte attraverso le culture del Mediterraneo antico.

§ 2. LA PREISTORIA

Per le prime fasi della vicenda umana le tracce di esperienze "sonore" sono quelle che l'Archeologia musicale[2], recentissima disciplina che si avvale dei metodi della ricerca archeologica e di quelli della musicologia, ci fornisce. Lo studio si basa sulla disamina di "oggetti musicali", di documenti forniti da fonti di varia natura (rappresentazioni figurate, graffiti, epigrafi, etc); di specifici ambienti come grotte – che si rivelano luoghi privilegiati perché costituiscono quasi delle casse di risonanza naturali – santuari, templi, necropoli. Il contesto ci offre informazioni utili sul tipo di musica/danza e di fruizione.

Un impressionante esempio di accompagnamento ritmico-sonoro durante il rito è quello offertoci dai graffiti della grotta dell'Addaura, sul Monte Pellegrino, presso Palermo[3]. L'immagine incisa su di una roccia (FIG. 1) mostra chiaramente uomini che eseguono una danza intorno a personaggi legati e destinati, con probabilità, al sacrificio rituale. Il graffito risalirebbe al Mesolitico, ad un periodo che si aggira intorno ai 10000 anni fa. Le grotte si propongono come luoghi di culto nei quali, tra l'altro, i suoni rimbombano con particolari effetti psicagogici sui partecipanti al rito.

---

[1] R. Murray Schafer, *Il paesaggio sonoro*, BMG Ricordi Publications, Milano 1985.
[2] E. Hickmann, *Archaeomusicology*, in: *The New Grove Dictionary of Music and Musicians*, 2nd ed., ed., S. Sadie, executive editor John Tyrrell, I, Grove, 2001, p. 852.
[3] J. Bovio Marconi, Incisioni rupestri all'Addaura, Roma,1953; L. Bernabò Brea, La Sicilia prima dei Greci, Milano (I ed. 1958) 1972.

FIG. 1. Graffiti della grotta dell'Addaura.

Ulteriori esempi di luoghi preposti all'esecuzione di danze e musiche attinenti a particolari momenti di religiosità collettiva sono stati individuati, ad es., nei complessi monumentali di Malta e Gozo che, a detta di alcuni studiosi, potrebbero presentare specifiche peculiarità acustiche[4].

A livello di strumenti musicali, i più antichi sono quelli afferenti alla classe degli aerofoni, e quindi i flauti primitivi, di cui esemplari risalenti addirittura al VII millennio a.C. sono stati rinvenuti in Cina, negli scavi nella necropoli del villaggio di Jahu, nella regione di Henan[5]. Si tratta di aerofoni con vari fori e fanno supporre che producessero suoni simili a quelli della nostra scala cromatica.

Un reperto dell'Età del bronzo (XIV-XII sec. a.C.) di origine siciliana tipo logicamente vicino agli esemplari cinesi agli esemplari citati è stato rinvenuto presso Corleone, sempre nel contesto di una sepoltura[6]. Questi oggetti ci richiamano affinità a simbologie

---

[4] L. Grawson, *Esperienze sonore nella preistoria: nuove prospettive dell'archeologia musicale*, in L'Antichità, a cura di U. Eco, vol. 2, Milano 2013, p. 554.

[5] K.C. Chang, *The Archaeology of Ancient China*, New Haven, London 1986[4.]

[6] Angela Bellia, *Strumenti Musicali e oggetti sonori In Sicilia*, (X-III Sec. A.C.), , in (a cura di) G.P. Di Stefano, Catalogo del CRID, 2011, (c.s), p. 1.

falliche, come è stato osservato[7] e producono, comunque sonorità profonde e squillanti che sono atte ad accompagnare danze anche movimentate, senza che il suono venga sopraffatto.

Sempre risalenti all'Età del bronzo—che in quelle aree si manifestò con largo anticipo rispetto alla Grecia, o all'Italia—, in un territorio importantissimo per l'influenza che eserciterà sulla cultura greca, l'Egitto, troviamo numerose rappresentazioni di suonatori e suonatrici di flauto.

In questa sede ci limitiamo a citare solo due esempi: il rilievo con cantatrici, musici e cantori da Saqqara (FIG. 2) risalente alla metà del III millennio a.c. e un affresco della tomba di Nebamun (FIG. 3), collocabile nel 1500 a. C. circa. In entrambi è visibile l'aerofono, il *nay*, e la musica viene accompagnata da una danza rituale e da una pratica chironomistica. Dobbiamo ricordare come i cosiddetti *Testi delle Piramidi*, collocabili a partire già dalla fine del III millennio a. C., riportano forme musicali codificate anche se le modalità della loro esecuzione non sono del tutto chiare[8]. In area mesopotamica, invece, come si vedrà appresso, questa classe di strumenti appare minoritaria rispetto a quelli a corda.

FIG. 2

---

[7] C. Sachs, *Storia degli strumenti musicali*, Milano, 1996 (trad. it. di *The History of Musical Instruments*, New York, 1940), pp. 31-36.
[8] A. Von Lieven, *La musica dell'antico Egitto*, in *L'Antichità*, cit, Vol. 2, p. 558.

FIG. 3

Gli aerofoni, all'opposto, rivestono un ruolo privilegiato nella cultura preistorica e protostorica degli Etruschi[9]. Numerosissime fonti, sia archeologiche che letterarie, indicano il *suplu*—che i romani chiameranno *tibiae*, l'aerofono doppio ad ancia, molto simile all'αὐλός greco—come lo strumento musicale preferito da questa cultura.

Le fonti letterarie antiche che riportano la notizia dell'uso del *suplu* hanno una consistenza ragguardevole. Così Aristotele osserva con stupore che gli Etruschi praticano qualsiasi loro attività al suono di questo strumento a fiato[10]: frustano i servi, preparano manicaretti, esercitano il pugilato immancabilmente accompagnati dal suono del *suplu*. Il *tibicinen tuscus* è presente in Virgilio[11], in Ovidio che racconta del ratto delle Sabine iniziato con il convenzionale segnale dato dallo strumento[12].

Ennio[13] adopera direttamente il termine etrusco *subulus* per indicare il suonatore di tale strumento. Livio[14]attesta che per i Romani i *tibicines* etruschi erano ritenuti indispensabili per i riti. In

---

[9] J. Heurgon, *Vita quotidiana degli Etruschi*, Milano, 1963.
[10] Aristotele, fr. 608 Rose.
[11] Virgilio, *Georgiche*, 2, 193-194.
[12] Ovidio, *Ars amatoria*,1, 111.
[13] Ennio, *Saturae*, 65.
[14] Livio, *Ab Urbe Condita, 9, 30.*

Eliano[15] addirittura il suono del *suplu* in Etruria servirebbe ad ammaliare e catturare animali feroci come i cinghiali. Per citare solo alcune delle numerosissime testimonianze letterarie in merito.

Le Arti figurative e l'Archeologia ci forniscono ulteriori prove della passione dell'antico popolo per il suono modulato di questo fiato (FIG. 4).

FIG. 4. Tarquinia,Tomba del triclinio, musico con *tibiae*.

Ma gli Etruschi non si limitavano solo a questo tipo di strumenti musicali; tipicamente etrusca è, infatti, la τυρρηνή σάλπιγξ, citata dalle tragedie greche classiche. Questa definizione include i vari tipi di tromba come il *lituus* o il *cornu*.

Secondo Silio Italico[16] la *salpinx* sarebbe stata portata in Etruria dall'eroe eponimo e fondatore della dinastia che si stabilì in Italia, Tirreno.

Ci possiamo fare un'idea di questo strumento musicale riferendoci all'immagine del *lituus* bronzeo conservato al Museo di Tarquinia, proveniente da una fossa votiva ed ascrivibile all' VIII sec. a. C. (FIG. 5).

---

[15] Eliano, *Storia degli animali*, 12, 46.
[16] Silio Italico, *Punica*, 5, 9-13.

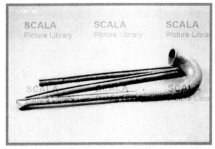 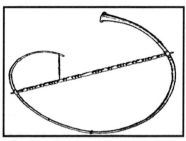

FIG. 5. Lituus da Tarquinia, Originale e ricostruzione.

Un'altra classe di strumenti musicali diffusissimi dalla preistoria al periodo greco-romano sono quelli a corde.

Come indicano i numerosi ritrovamenti archeologici attinenti ad idoletti cicladici dell' Età neolitica in atto di suonare (FIG. 6), questa tipologia di strumenti musicali fu ideata ed adottata già dalle prime fasi di sviluppo dell'umanità.

FIG. 6. Suonatore d'arpa, conservato al Museo Archeologico Nazionale di Atene.

Importanti attestazioni di questo strumento musicale, risalenti all'Età del bronzo, sono stati rinvenuti nelle tombe regali di Ur, in Mesopotamia, nel 1928 da Sir Leonard Woolley e sono oggi conservate al British Museum di Londra (FIG. 7). Più recenti (fine VIII sec. a. C.) i bassorilievi da Ninive che riportano scene di musici ed arpisti (FIG. 8).

FIG. 7 FIG. 8

Assai numerose le attestazioni di strumenti a corde anche dall'Egitto, dove vere e proprie arpe accompagnavano le cerimonie religiose (FIG. 9) insieme a strumenti a fiato ed al famoso sistro (FIG. 10), originario per l'appunto di queste aree geografiche.

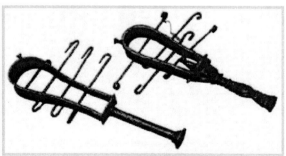

FIG. 9 FIG. 10

§ 3. LA MUSICA NELLA GRECIA ARCAICA E CLASSICA.

Passando rapidamente alla cultura ellenica arcaica e classica, vediamo come anche in campo musicale i Greci furono maestri; siamo loro tributari a cominciare dallo stesso nome di μουσική τέχνη, l'arte musicale. Ma i Greci molto ereditarono proprio dalle culture loro limitrofe e più antiche, quelle medio-orientali, la fenicia, l'egiziana, nonostante la resistenza che opposero nel riconoscersi tributari di tali civiltà[17].

Questi influssi sono chiaramente individuabili nel lessico che definisce gli strumenti musicali, nelle testimonianze delle fonti, ‵nella stessa struttura armonica e teoria musicale.

Così, ad esempio, il repertorio di strumenti musicali "barbari" che troviamo nel teorico e filosofo Aristosseno di Taranto[18] è indice di questa origine straniera: abbiamo il φοίνιξ, la μάγαδις, la σαμβύκη, il τιγώνος, il κλεψίαμβος, lo σκίνδαψος, l'εννεακόρδον, quasi tutti arpe. Anche Strabone[19] ne conferma l'origine straniera ed aggiunge la κάβλα, un'arpa fenicia, il βάρβιτος, specie di lira, la κιθάρα asiatica e gli αὐλοί frigi.

L'αὐλός, come abbiamo già osservato, ha attestazioni assai risalenti ed in area egea addirittura sarebbe riscontrabile già nel III millennio a. C. La presenza di tale aerofono è testimoniata, tra l'altro, dalle figurazioni del sarcofago minoico di Haghia Triada (FIG. 11).

---

[17] Così, ad esempio, il conservatore commediografo Aristofane (445-388 a.C.) si scaglia contro la cosiddetta "Nuova Musica", quella importata dall'Asia Minore (vedasi *Uccelli*, 1372-1304, *Rane*, vv. 1301-1322, *Tesmoforiazuse*, vv. 101-172).

[18] Aristosseno, *Armonica*, a cura di R. Da Rios (Istituto Poligrafico dello Stato, Roma, 1956).

[19] Strabone, *Geografia*, X, III, 17.

FIG. 11. Sarcofago minoico di Haghia Triada. Museo Archeologico di Heraklion.

Questo dato sembrerebbe smentire un'origine straniera, a meno di contatti preistorici non documentati. Per ciò che riguarda la lira e i vari cordofoni, in Grecia ne esistettero innumerevoli tipologie (FIG. 12), dalla χέλυς, che come lo stesso nome indica, nacque da gusci di tartaruga e non trova paralleli in ambito non greco. Un tipo di lira più grande nelle dimensioni era il già ricordato βάρβιτος, anch'esso a guscio ma con braccia più lunghe. La κιθάρα era, invece, più simile alle lire mesopotamiche che abbiamo esaminato, sia per la cassa quadrangolare, che per le ricche decorazioni che la caratterizzavano. Altro strumento a corde è la φόρμιγξ, dalla tipica cassa a mezzaluna.

Questi strumenti in genere erano forniti di sette corde, come gli esemplari simili di ambito asiatico ed egizio; ciò fa supporre una specifica accordatura appunto di tipo eptatonico e basata su cosiddetto "sistema terpandreo", da Terpandro di Lesbo[20], che lo avrebbe inventato. I musicologi, anche in base alla ricostruzione degli strumenti, reputano che questo fosse un sistema armonico di tipo diatonico, come quello occidentale moderno, mentre non erano presenti scale che contemplassero quarti di tono.

---

[20] Strabone, *Geografia*, XIII, II, 4.

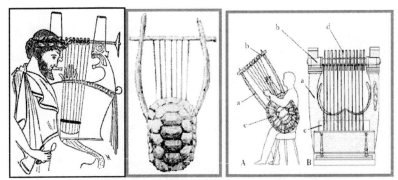

FIG. 12. Vari strumenti cordofoni e loro impugnatura.

Le ἁρμονίαι, dal verbo ἁρμόζω = unisco, erano gli originari sistemi di accordatura (lunghezza e numero delle corde) e rimandavano a peculiarità locali: ionica, dorica, eolica, frigia, lidia. In particolare le ἁρμονίαι frigie si associavano con l'ambiente bacchico, le lidie al simposio. Ma andiamo ai contesti nei quali i greci facevano musica.

In primo luogo bisogna chiarire che, come nel caso delle altre culture musicali di cui abbiamo brevemente trattato, a maggior ragione per i Greci la musica era un insieme di poesia, suoni, danze. E' significativo ricordare che Sofocle nei primi versi dell'*Edipo re*, come anche *nell'Edipo a Colono* associ la condizione di disgrazia e di miasma (contaminazione) in cui Tebe è caduta, a quella di una città colma di lamenti[21] priva di canti, di suono di lira, di danze[22]. Quindi suoni e canti costituiscono, come accennavamo, il "paesaggio sonoro" delle città greche antiche. Già l'epopea omerica è scandita dalla παρακαταλογή, ovvero la lettura ritmata, ed il verbo ᾄδω descrive sia il cantare che il declamare poetico.

---

[21] Sofocle, *Edipo re*, vv. 4-5. In questa tragedia, in opposizione ai gemiti che si levano da Tebe, la Sfinge che contamina la città è definita "dura cantatrice" (v. 36), per restare nell'ambito del lessico musicale.
[22] Sofocle, *Edipo a Colono*, vv. 1222-1223.

Un esempio di "metatesto", omerico ricorda come l'ira di Apollo venne placata tramite peana intonati al dio e lo scudo di Achille[23] riproduce scene di riti accompagnati da musica e canti.

Le feste religiose panelleniche—fondamentale momento di confronto tra le diverse anime del panorama greco arcaico e classico, frammentato in una pleiade di colonie e póleis—erano caratterizzate da processioni che percorrevano le vie sacre scandendo canti, i προσόδια, e negli agoni panellenici che avevano luogo durante le celebrazioni Pitiche (Delfi), Olimpiche (Olimpia), Nemee (Nemea), Istmiche (Corinto), una posizione di grande rilievo era rappresentata dalla "Lirica corale". I poeti più celebri venivano lautamente remunerati per comporre inni di lode ai vincitori delle gare e ai tiranni o alle comunità che sponsorizzavano gli agoni e i campioni. L'esecuzione, un misto di canto, musica, danza, era affidata a gruppi di nobili fanciulli e fanciulle.

Inoltre appositi agoni musicali erano previsti tra le altre competizioni, come si può desumere anche dai cataloghi dei vincitori che troviamo, ad esempio, nel *De Musica* dello Pseudo Plutarco[24]. Oltre ad associare i generi musicali (νόμοι) a specifiche occasioni, anche gli strumenti sono correlati a situazioni e culti; così gli strumenti a percussione (FIG. 13) e i membranofoni accompagnavano i riti bacchici o di Cibele.

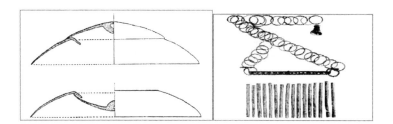

---

[23] Omero, Il, L XVIII, vv. 569-572.
[24] Pseudo-Plutarco, *De Musica*, 5, 1133b, (trad. sul testo stabilito da F. Lasserre), Graf Verlag Olten, Lausanne 1954.

FIG. 13. Antichi strumenti a percussione.

Inoltre il teatro tragico e comico ricorre all'accompagnamento musicale dei cori attraverso l'αὐλός, considerato provvisto di particolari proprietà psicagogiche.

Nei contesti privati la musica è elemento determinante: il simposio è il luogo nel quale, con l'accompagnamento dell' αὐλός, viene cantata l'elegia; ma anche vari cordofoni sono correlati alla "Lirica monodica"; ricordiamo il caso del celebre tiaso della poetessa Saffo o la eteria di Alceo. Al riguardo le fonti archeologiche ci forniscono dati importantissimi e di rara bellezza come nel caso del vaso attico che raffigura i due poeti proprio nell'atto di intonare un canto su di uno strumento e corda (FIG. 14).

FIG. 14. Kàlathos a figure rosse raffigurante Alceo e Saffo.
Monaco, Antikensammlungen.

Purtroppo la tradizione simposiaca è prevalentemente arcaica (secc. VII- V a. C.) e si realizza attraverso modalità per lo più orali, quindi facendosi portatrice di una componente effimera. Nel simposio l'esecuzione musicale era basata sull'improvvisazione che rifiutava la mediazione di un codice precostituito e non presupponeva una preparazione professionistica. Questo ha condotto alla perdita della componente musicale della lirica, quindi restano i testi "muti" del suono nonostante ci siano pervenuti un numero apprezzabile di σκόλια, componimenti che venivano cantati a turno dai partecipanti al convivio.

Nelle fasi successive al V sec. a. C. e in età ellenistica anche nel contesto simpodiale si andò ad una progressiva specializzazione degli esecutori di lirica. Si ingaggiarono veri musicisti che proponevano un repertorio vario e sperimentato, attinto a varie fonti che andavano dal componimento a carattere epico alla riproposizione di interi brani tratti dalla tragedia. Questa svolta nel genere musicale già dagli antichi fu percepita come un cambiamento e si catalogò tale fase come quella della "nuova musica". Le esecuzioni, sempre più difficili e organizzate come veri e propri concerti con un numero congruo di musicisti, vennero affidate a specialisti tanto che Ateneo di Naucrati[25] ci informa che durante un'imponente processione rituale organizzata ad Alessandria d'Egitto dal sovrano ellenistico Tolemeo II Filadelfo suonarono ben 300 kitharistai. Quanto fosse intimo il legame dei Greci con la Musica lo dimostra la congerie di miti al cui centro si pongono divinità o personaggi legati a quest'arte. Ci limiteremo qui a pochi esempi: Apollo è associato direttamente alla poesia e alla musica. A questa divinità fanno da cornice le nove Muse, da cui, appunto, trae nome la Musica: già nell'Iliade Apollo viene raffigurato durante un banchetto divino mentre accompagna con la φόρμιγξ la danza e il canto delle Muse[26]. Le Muse sono protagoniste di varie sfide canore che van-

---

[25] Ateneo di Naucrati, *Deipnosofisti*, 5,33.
[26] Omero, *Iliade*, I, vv. 24 e 63.

no da quella ricordata nella Periegesi di Pausania[27], ove le nove dee sconfiggono le Sirene e si vendicano spennando letteralmente le avversarie battute, all'altra sfida tra Muse e Pieridi narrata da Ovidio[28] e che si conclude con la metamorfosi delle Pieridi in gazze.

Ma il mito più emblematico è quello della sfida del cantore Tamiri che le Muse rendono cieco[29]. Non possiamo fare a meno di evocare la correlazione tra tale episodio e la figura del cantore cieco Omero o dell'indovino cieco Tiresia. Quindi la cecità nel mondo greco si correla da una parte a una forma di hybris punita – qui si potrebbero citare Edipo o Polifemo—, dall'altra a capacità quasi soprannaturali. E la prerogativa di incantare e rapire attraverso la musica è propria di altre figure del mito come le Sirene che con il canto irretiscono i naviganti[30] o Orfeo che suscita commozione in esseri animati e inanimati[31]. Erodoto[32] narra il mito del cantore Arione, forse una figura storica reale, che prima di venir gettato in mare dai marinai che vogliono depredarlo e ucciderlo, chiede di cantare un'ultima volta; un delfino, udita la meravigliosa melodia, salva Arione

Per concludere, forse il mito più celebre è quello di Dioniso, divinità di origine frigia e avversata inizialmente dai Greci, poi accolta ma con molta cautela. Dioniso è il dio dell'ebbrezza ma anche del canto e delle danze sfrenate, dello spirito panico che conduce ad un'autentica forma di commistione tra uomo e natura, non per nulla le sue seguaci sono le nebridi, donne vestite di pelli di cerbiatto, che praticano i culti del dio sul monte Citerone, di notte, invasate dalla divinità. A Dioniso si ispirò la più enigmatica delle tragedie classiche, appunto le *Baccanti* di Euripide.

---

[27] Pausania, *Periegesi dell'Ellade*, IV, 34, 3.
[28] Ovidio, *Metamorfosi*, V, 294-678.
[29] Apollodoro, *Biblioteca*, III, 3, 3.
[30] Omero, *Odissea*, L. XII.
[31] Ovidio, *Metamorfosi*, X, vv. 1-77; Virgilio, *Georgiche*, IV, vv. 457-527.
[32] Erodoto, *Storie*, I, 24.

Dagli aspetti "irrazionali" e narrativi della Musica presso i Greci è opportuno fare una brevissima ricognizione nella teorizzazione musicale vera e propria. Questa prende avvio già in età arcaica all'interno della "setta" filosofica di Pitagora di Crotone (570-520 a.C.), anche se i dati al riguardo vengono trasmessi a partire dal pitagorico Filolao, circa cinquanta anni dopo la morte del maestro. L'interesse delle teorie elaborate in quest'ambito deriva dalla correlazione della Musica al numero e alla deduzione empirica dei dati attraverso procedimenti sperimentali. Il monocordo è lo strumento che permette di istaurare rapporti numerici in relazione alla misurazione dell'intervallo di corda fatto vibrare. Si instaura, quindi, una successione di intervalli sonori che corrispondono a precisi suoni (note), strutturando una autentica matrice matematica. Quindi gli intervalli tra le note assumono l'aspetto di segmenti spaziali, in un sistema di codifica razionale e metodico. A giusta ragione più tardi Aristotele potrà affermare che per i pitagorici tutto è numero, rifacendosi all'ipotesi di Filolao secondo cui ogni elemento del reale è in relazione con il numero.

Non ci soffermeremo a identificare gli elementi religiosi, apollinei, misterici connaturati e implicati dalle teorie di Pitagora e della sua scuola; qui bastino queste poche informazioni. In età imperiale Giamblico nella *Vita pitagorica* narra un gustoso aneddoto, quello del fabbro armonioso: Pitagora, passeggiando per la strada, coglie casualmente i suoni provenienti da un'officina di fabbro e soffermandosi in ascolto identifica diversi intervalli cromatici in base alla differente battitura del maglio sull'incudine. Anche qui è ravvisabile una correlazione tra riflessione razionale ed empirismo da cui scaturisce una vera teoria armonica. Sul moncordo i pitagorici identificano intervalli graduati di suoni che noi possiamo definire di terza, quarta, quinta, ottava. Trascuriamo di trattare nello specifico considerazioni tecniche, ci limitiamo a sottolineare l'acume e la razionalità di tale sistema.

L'erede più illustre della teoria musicale di Pitagora fu il filosofo aristotelico Aristosseno di Taranto[33] (IV sec. a. C.). originario della Magna Grecia ove aveva seguito una formazione di impronta pitagorica, trasferitosi ad Atene, diviene tra gli allievi più promettenti di Aristotele. Aristosseno elabora ben due trattati di teoria musicale, il più celebre dei quali è gli *Elementi armonici* ove si esamina il μέλος ἡρμόσμενος, la melodia armonica, cioè la composizione musicale sulla base di precisi criteri che combinino percezione, ragione e memoria.

Attraverso la riflessione Aristosseno perviene a un'autentica teoria musicale filosofico-empirica, in cui i suoni sono collocati ad altezze diverse lungo un "diagramma" e concepiti quali intervalli nel *continuum* spaziale; i singoli suoni, inoltre, sono aggregati in συσθήματα, cioè in scale tonali. Alla base di tali scale è il tetracordo, un gruppo di suoni tra i quali la distanza tra il più grave e il più acuto è un intervallo di quarta (due toni e un semitono).

Accanto allo studio di "armonia" Aristosseno si dedica anche alla melodia, cioè al ritmo, con la composizione degli *Elementi ritmici*. Un'ulteriore evoluzione nel campo della teoria musicale greca è rappresentato dagli *Harmonica* [34]di Claudio Tolomeo (II sec. a. C.), opera in cui si conciliano le ipotesi razionalistiche pitagoriche, con quelle empiriche di Aristosseno. Lo scienziato alessandrino anche in questo campo espresse la duttilità e la poliedricità del pensiero greco. Sarebbe troppo lungo approfondire tale capitolo, basti qui questo accenno.

La teoria musicale moderna e la Storia della Musica hanno ancora moltissimi aspetti da sondare a approfondire nello studio delle forme antiche in cui quest'arte si è cimentata. I traguardi

---

[33] Von Jan, in Pauly-Wissowa, *Real-Encycl. d. class. Altertumswis.*, II, coll. 1057-65, che contiene ulteriori indicazioni bibliografiche, per cui cfr. anche Ueberweg, *Grundriss d. Gsch. d. Philos.*, I, 12ª ed., Berlino 1926, pp. 402 del testo e 123-24 dell'appendice bibliografica; L. Laloy, *A. de Tarente, disciple d'A., et la musique dans l'antiquité*, Parigi 1924.
[34] Claudio Tolomeo, *Harmonica*, Ed. a cura di I. Düring, Göteborg 1930.

raggiunti soprattutto dai Greci furono straordinari in questo come in tutti i campi del pensiero e della creatività. Noi ci siamo limitati ad illuminarne qualcuno.

CARO MEDITERRANEO… PERDUTO, SOMMERSO E SALVATO
L'esperienza del Sé e l'accoglienza dell'Altro
nella letteratura mediterranea.

Daniela Privitera

> … L'Odissea non ha mai smesso di essere
> raccontata da una taverna all'altra, di bar in
> bar e Ulisse è sempre fra noi. La sua eterna
> giovinezza è nelle storie che continuiamo a
> raccontarci, anche oggi. Se abbiamo ancora
> un avvenire nel Mediterraneo, è di sicuro lì.
> Malgrado tutto.[1]

Sono le parole di un "uomo di mare", quelle che lo scrittore francese J. Claude Izzo impiega per descrivere la vita di uomini che vivono ai margini del consorzio umano, eterni ulissidi, come i "marinai perduti"[2] del suo Mediterraneo. Oggi i nuovi ed eterni *seemann*, vagabondi consegnati all'erranza marina, sembrano essere condannati a riscrivere un'odissea senza ritorno nella rielaborazione di quello spazio reale ed immaginario che è il Mediterraneo. Strana storia, quella di questo mare, il cui nome affascina sin dalla sua etimologia: *mediterraneus*, "mare in mezzo alle terre" cioè prodigio fatto di terra e mare. Ma qual è la sua essenza? E' possibile narrarlo?

Oggi dal Mediterraneo emergono distonie e dissonanze che spesso "ia comunicazione di massa "tende a sommergere dietro il comodo scudo dello "scontro tra le civiltà"[3]. Eppure, nonostante tut-

---

[1] J. Claude Izzo, *Marinai perduti* (Roma: E/O, 2001).

[2] *Marinai perduti* è il titolo di uno dei più noti romanzi dello scrittore francese edito nel 1997 e tradotto in Italia per E/O, 2004.

[3] N. Moll, *Marinai ignoti, perduti (e nascosti). Il Mediterraneo di Vincenzo Consolo Jean Claude Izzo e Waciny Larey* (Roma: Bulzoni, 2008) 89-114. Ed. on line https://www.academia.

to, il Mediterraneo rimane un mare di mobilità e di libertà, mare "d'infedeltà" simile a quella stessa che portò Ulisse a lasciare Itaca, per la sua sete d'amore e di sapere e che lo fece ritornare, carico di anni e di esperienze di alterità. Il "mare di mezzo" rimane ancora un mare di partenze e di ritorni, ove l'identità s'incrocia con l'alterità, perché da sempre, chi vive sui confini è costretto a confrontarsi con l'altro in un dialogo capace di costruire un altro punto di vista sul mondo. Si continua a chiamarlo *"nostrum"*, ma in fondo questo mare non lo è mai stato, nel senso del possesso che i Latini volevano conferirgli, se solo si pensa che essi stessi nel conquistare gli altri popoli furono conquistati dalle culture preesistenti, prima fra tutte quella ellenica. Eppure, nonostante la sua molteplice identità, il Mediterraneo continua a suscitare bramosie di possesso in nome di una presunta superiorità sbandierata da un tracotante "eurocentrismo" che accampa diritti e assurde territorialità nella dittatura del pensiero unico dell'Occidente. Oggi più di ieri, il Mediterraneo è divenuto un mare controllato da una sterile e sedicente superiorità giudaico-cristiana e da un'Europa che uccide i miti fondanti della propria civiltà. E, se proprio dall'attualità occorre partire, scarna consolazione è il pensare che il Mediterraneo è purtroppo diventato, forse anche a causa della Troika, "il posto dove la geografia provoca la storia"[4] violando impunemente, ciò che per natura nasce "come spazio che si integra o almeno prova a farlo".[5] In altre parole, quella mediterranea è un'area fluida, fatta da tante alterità ma anche da un'unica identità composita e variegata di idee, culture, religioni e merci che ieri, consoli e cesa-

---

edu/4650212/_Marinai_ignoti_perduti_e_nascosti_._Il_Mediterraneo_di_Vincenz o_Consolo_Jean-Claude_Izzo_e_Waciny_Larej_ (consultato il 17/11/2014).

[4] P. Matvejević, *Breviario mediterraneo* (Milano: Garzanti, 2006).

[5] A. D'Orsi, *Mediterraneo, un mare per l'incontro tra i popoli* (relazione introduttiva di Angelo d'Orsi alla VIII Edizione di Festival Storia, "Mediterraneo. Mare nostrum?", Torino e Napoli dal 3 all'8 dicembre 2012 in http://temi.repubblica.it/ micromega-online/mediterraneo-un-mare-per-l%E2%80%99incontro-tra-i-popoli/.

ri, oggi, banche e finanza, cercano di trasformare in frontiera invalicabile e divisione perenne.

Non è difficile, allora, comprendere che la naturale interculturalità di questo mare appare alla politica, forse, come una bizzarra pretesa destinata ad affondare come i barconi dei migranti, su quella stessa rotta che fu del glorioso Odisseo.

E tuttavia, se la storia e la politica hanno volutamente interrotto il colloquio con il destino del Mediterraneo, è stata la letteratura a trasformare questo mare in una rete di fusioni inestricabili, di alterità ininterrotte aperte all'accoglienza dell'altro diverso dal Sé, perché in fondo, come sostiene lo scrittore algerino Abdel Malek Smari, "quando il sangue si mescola, è più difficile che scorra in nome della razza."[6] In questo senso, il titolo del saggio intende descrivere il destino di un mare tradito dalla storia e dai suoi cattivi maestri ma salvato dalla memoria e dalla missione della parola della letteratura. E, infatti, nonostante tutto, quel mare che fu dei Greci, dei Latini, Etruschi, Arabi, Palestinesi, Africani, Asiatici, è rimasto nell'immaginario letterario di tutti i tempi, una porta aperta e un "appello alla riconciliazione" (J. C. Izzo). Il tema del mare attraversa il Mediterraneo delle lettere e al suo interno la letteratura-viaggio è la letteratura del ritorno perché non esiste in questo mare una partenza senza un ritorno, anche agognato, negato, ma comunque, sempre presente. In questa liquida rete interletteraria dove la cittadinanza è in "continuo divenire," la cultura da sempre, presuppone l'integrazione con la collettività al contrario delle culture oceaniche ove la partenza coincide, invece, con l'abbandono e

---

[6] Sono le parole dello scrittore algerino Abdel Malek Smari, autore del romanzo *Fiamme in Paradiso* (Milano: Il Saggiatore, 2000) rilasciate ad un intervista al "Corriere della Sera" *Smari, la vita agra di un algerino tra italiani indifferenti e fratelli ostili* di Medail Cesare in http://archiviostorico.corriere.it/2000/giugno/08/Smari_vita_agra_algerino_tra_co_0_0006085783.shtml (consultato il 10 /10/2014).

il viaggio sancisce uno sradicamento[7]. Se il Mediterraneo è un destino comune, la via d'Ulisse ci coinvolge interamente sia perché da quella Grecia, oggi simbolicamente uccisa dall'Europa, nacque il fondamento della cultura occidentale sia perché siamo tutti potenzialmente ulissidi imbevuti di *curiositas* ma anche anime erranti in un Mediterraneo diventato, oggi, anche criminale.

Forse, Omero guardava il mare quando davanti ad esso sussurrava parole sufficienti a far nascere la letteratura. Egli immaginava la vita dell'uomo come un percorso ciclico, perciò Odisseo compie il suo viaggio in mare nella perfetta circolarità della fuga che si conclude con il ritorno; nell'identità ritrovata dopo l'esperienza dell'alterità. Per il campione della *metis*, il viaggio in mare è un continuo mutare, perché egli, pur rimanendo fedele a se stesso, torna ad Itaca, libero dall'ansia di riconfermare ossessivamente la propria identità raccontando la sua storia e narrando del mondo[8]. L'ombra di Ulisse è destinata ad attraversare secoli di letteratura solcando le acque di quel Mediterraneo che doveva trasformarsi in mezzo e fine "per chi raggiunse esule L'Italia per volere del fato"[9] se Virgilio, affidò alle straordinarie imprese di un profugo come Enea, (non diverso dai curdi o dai tunisini), addirittura le origini della civiltà romana.

Non c'è ritorno per il più noto degli esuli, ma la sua rimane pur sempre un'esperienza circolare, perché alla patria perduta si sostituisce una patria fondata e l'iniziale sradicamento viene compensato dall'integrazione con la terra promessa. Dal mare epico di

---

[7] Per questo argomento vedi F. Cassano, C. Fogu, *Il pensiero meridiano oggi: Intervista e dialoghi con Franco Cassano (California Italian Studies*: 2010): 1-14 in https://escholarship.org/uc/item/2qf1598v (consultato il 24/11/2014).

[8] La letteratura di viaggio e il tema del mare sono alla base della poetica di Claudio Magris che a questi motivi letterari ha dedicato alcuni testi come *Un altro mare* (Milano: Garzanti, 2003); *L'infinito viaggiare* (Milano: Mondadori, 2005); *Danubio*, (Milano: Garzanti, 1986).

[9] Virgilio, *Eneide*, Libro I, v.1-2, a cura di E. Paratore, trad. it Luca Canali (Milano: Mondadori, 2005).

Omero, al mare inquieto de *L'Ultimo viaggio*[10] di Pascoli, Odisseo, attraversando Dante[11] e Tennyson,[12] cambia *look*.

L'eroe centripeto si trasforma in un Ulisse lineare per il quale Itaca non è più la meta ultima della sua felicità. Il Pascoli moderno si legge adesso nelle metafore che hanno come riferimento il mare e il viaggio a cui non sono estranei echi orientali della poesia di Omar Khayyam[13], nell'aspirazione ad una prospettiva finale di una malinconia del divenire. Ne *L'Ultimo viaggio* di Pascoli non è l'Ulisse–cerchio che predomina, perché l'eroe va oltre Itaca e il *nostos* si trasforma in un *transfert* che prosegue in un crescendo di disillusioni che investono, fino alla fine, le richieste gnoseologiche e la stessa identità del soggetto. Ulisse, infatti, giunto ad Itaca decide di ripartire e il ritorno al mare per lui acquista la valenza di un richiamo ai primordi della vita; una riappropriazione di sé che si consuma oltre i confini delle soglie ultramondane. Pertanto, quello di Ulisse non è un infinito viaggio ma l'ultimo viaggio in un Mediterraneo fatale:

---

[10] G. Pascoli, *L'Ultimo Viaggio* in *Poemi Conviviali* a cura di G. Leonelli (Milano: Mondadori, 1980) 125-159.

[11] Sul rapporto tra Odisseo e l'Ulisse dantesco si veda *in primis* la lettera dello stesso poeta indirizzata al Cian del 17 ottobre 1903 in M. Pascoli, *Lungo la vita di Giovanni Pascoli* (Milano: Mondadori, 1961) 729; L. M. Cappelli, *Dizionarietto pascoliano*, (Livorno: Giusti, 1916) 98; G Bertoni, *Ulisse nella Divina Commedia e nei poeti moderni* in *Atti, dell'Accademia degli Arcadi* (XVI, voll. V-VI, n.5, 1931) 19-31.

[12] Sul rapporto l'Odisseo pascoliano e quello di A. Tennyson si veda G. Pisanti, *Ulisse nella poesia di Tennyson e in quella di Pascoli* (S. Giuseppe Vesuviano: 1937) 50-54; Elisabeth Piras-Rüegg, *Ultimo viaggio di Giovanni Pascoli. Introduzione, testo e commento* in "Kolner romanistiche Arberten" fasc.43, (Geneve: Droz, 1974).

[13] L'ipotesi di un Pascoli moderno e antesignano di una mediterraneità interculturale è di Bruni P., e Cavallo M. in *Nel mare di Calipso. La dissolvenza omerica e l'alchimia mediterranea in Giovanni Pascoli* (Pellegrini editore, 2012) per i quali il richiamo del romagnolo nei Poemi Conviviali al poeta persiano O. Khayyam (vedi il poemetto *L'immortalità*), allude al sincretismo della cultura mediterranea tra Occidente ed Oriente.

Daniela Privitera • "Caro Mediterraneo... perduto, sommerso e salvato"

"Ti verrà una morte ... *ex halòs*" (*Odissea*, XI, 134-135)—predice il
profeta Tiresia ad Ulisse

Non è senza significato che l'espressione greca, nella sua pro-
fetica ambiguità, possa valere sia "fuori dal mare che da entro il
mare"[14].

Pascoli non ha dubbi: Ulisse troverà la morte nel mare, perché
adempiutasi la profezia di Tiresia, egli torna ad Itaca ma decide di
ripartire verso l'ignoto. Il suo viaggio diventa un *nostos* capovolto
che si perde nel naufragio della *rêverie* del passato ove egli apprende che tutta la sua vita è stata un clamoroso *bluff*, una creazione della letteratura.

Nel percorso *a rebours* dalla vecchiaia alla fanciullezza, il mare
di mezzo spinge adesso Ulisse, a ricercare l'ombra che lo ha creato
e lo richiama. E, sarà proprio quello che oggi è diventato un cimitero liquido a restituire, nella dissolvenza del mito, Ulisse morto, a
Calipso, (la Nasconditrice come rivela l'etimologia del nome della
dea), immagine archetipica della madre–morte a cui Odisseo si ri-
congiunge vagheggiando l'illusione mitica del riessere.

Per il Pascoli regressivo e moderno dei *Conviviali*, Ulisse, nel
momento supremo della morte, diventa la sintesi di "un'inquieta
fantasia mediterranea"[15] dove Oriente ed Occidente si incontrano
coniugando cristianesimo ed islamismo sullo stesso mare in cui,
sia per Khayyam, che per Pascoli, "ogni cosa che è in realtà è nulla".

Si comprende, perciò, che nella fluida rete interletteraria del
Mediterraneo, differenze e pluralità si intersecano in una sorta di
"accatastamento mai interrotto".[16] Odisseo è, in fondo, il marinaio
infedele che fa da *trait d'union* tra antichità greco-latina islamismo
e modernità. Sarà per questo forse che ogni Ulisse che si avventu-

---

[14] Per le varie interpretazioni suscitate dall'espressione greca si rimanda al testo
di Pierre Brunel, *Dizionario dei miti letterari* (Milano: Bompiani, 1995) 626 e Piero
Boitani, *L'ombra di Ulisse* (Bologna: Il Mulino, 1991) 30.
[15] Cfr., Giuseppe Leonelli, *L'Ultimo viaggio*, in *Pascoli, Poemi Conviviali*, cit. p.125.
[16] A. Gnisci, *Creoli meticci migranti clandestini e ribelli*, (Roma: Meltemi, 1998) 43-44.

ra sulle acque di questo mare, in cerca di un altrove, è consapevole che sta inseguendo la sua stessa identità.

Così cantava la voce araba lontana del poeta Ibn Hamdis[17], che da esule vedeva la Sicilia, sua patria, come la terra dell'amore e del pianto, non diversamente da Adonis, poeta siriano contemporaneo, per il quale identità e metamorfosi [18] si incontrano nel mare di mezzo, ove l'atto della scrittura stessa assume la valenza di un'erranza se è vero che:

> Sempre ai poeti sembra che il mare custodisca un antico sapere. Qui il mare "sempre ricominciato" è già una metafora della scrittura. [...] E dunque dietro al mare e poi dietro al deserto si affaccia il libro come terza e più nascosta figura dell'erranza. [...] Anche e soprattutto nel libro erriamo. Erriamo e mendichiamo, come Odisseo.[19]

Per Adonis, tuttavia, non solo la scrittura, ma gli uomini, in questo mare, sono destinati all'erranza, quella stessa che fa gridare a ogni esule in cerca di Ulisse che

anche se tu tornassi

[...]

se le distanze si accorciassero

sempre per me tu saresti la storia della partenza

per sempre tu saresti

---

[17] Ibn Hamdis era nato a Siracusa nel 1053, ma era stato costretto sotto i Normanni a lasciare l'isola e a non farvi più ritorno. Del suo sconfinato amore per la Sicilia ci parlano i versi del suo canzoniere (diwan).
Cfr., Ibn Hamdis, *Il Canzoniere*, diwan completo (a cura di Stefania Elena Carnemolla, trad.it. di C. Schiaparelli, Palermo : Sellerio Editore, 1998).
[18] E' il titolo della performance dell'artista Marco Nereo Rotelli dedicato al poeta Adonis presente alla VI edizione del Festival Internazionale di Letteratura di Venezia *Incroci di civiltà* (13 Aprile 2013)
[19] Vincenzo Consolo, Mario Nicolao *Il viaggio di Odisseo*, (Milano: Bompiani, 1999). Nel libro dedicato alla sacrilega modernità di Ulisse, i due autori descrivono la poesia del viaggiare. Nicolao dedica in particolare un saggio al poeta Adonis.

150

> in una terra senza promessa
> in una terra senza ritorno.
> Anche se tu tornassi, Ulisse[20].

Non è diverso il cammino per L'Ulisside del greco Kavafis, per il quale il viaggio, come per tutti i popoli del Mediterraneo, è sempre stato una meta e, in questo senso, il mare diventa l'emblema di un percorso per gli uomini di tutti i tempi come si evince dai versi di *Itaca*:

> Quando ti metterai in viaggio per Itaca
> devi augurarti che la strada sia lunga
> fertile in avventure e in esperienze.
> [...]
> Devi augurarti che la strada sia lunga
> che i mattini d'estate siano tanti
> quando nei porti[...]
> toccherai terra tu per la prima volta:
> negli empori fenici indugia e acquista
> madreperle coralli ebano e ambre
> [...]
> [...] va in molte città egizie
> impara una quantità di cose dai dotti.
>
> Sempre devi avere in mente Itaca
> [...]
> Soprattutto, non affrettare il viaggio;
> fa che duri a lungo, per anni, e che da vecchio
> metta piede sull'isola, tu, ricco
> dei tesori accumulati per strada
> senza aspettarti ricchezze da Itaca.
> [...]

---

[20] Adonis, *In cerca di Ulisse* in *Poesie* (Roma: Edizioni Quasar, 1993.)

E se la trovi povera, non per questo Itaca ti avrà deluso.
Fatto ormai savio, con tutta la tua esperienza addosso
Già tu avrai capito ciò che Itaca vuole significare.[21]

E l'ombra di Ulisse, il viaggio e l'impossibile e struggente *nostos* sono i nuclei semici attorno a cui ruota la vicenda esistenziale e letteraria di un esule come Vincenzo Consolo, per il quale il Mediterraneo rappresenta non solo l'eredità dell'intelligenza culturale ma la sintesi tra l'infinito e la guerra. Quella guerra che per prima ha riguardato la sua Itaca:

> Cosa in comune quest'isola di culto, questo giardino, i suoi astanti, cosa l' affabile algerino, tu coi cristiani di Bosnia, Sarajevo, i mercenari d'ogni Africa, i trafficanti d'armamenti, i boia d'ogni scarica e veleno, i Mafiosi del potere? Nel bronzo, si, e la crepa, il varco in ogni sacro testo, ogni decalogo, codice latino o d'altra lingua, dentro te, ognuno in questo tempo feroce e allucinato.[22]

Quello di Consolo è il profilo di un Odisseo inappagato (come si sente egli stesso) dal senso d'infinito che lo ha generato e che, tuttavia, non gli consente di raggiungere la vetta della civiltà.

Nel mare di mezzo, adesso, il viaggio di Ulisse diventa verticale e si presenta come una discesa negli abissi come un senso di colpa per la guerra, le morti e le distruzioni.

L'Ulisse moderno in preda al *menos*, che è la brama del potere e del guadagno, ci ha fatto varcare le colonne d'Ercole, spingendo l'umanità tutta nell'incantato palazzo di Circe "dove avvengono le mutazioni più degradanti e irreversibili."[23]

Per questa ragione, lo scrittore ne L'*Olivo e l'olivastro* (simbolo di barbarie e civiltà entrambe mediterranee) s'interroga e interro-

---

[21] Constantinos Kavafis, *Itaca* in *Settantacinque poesie* (Torino: Einaudi, 1992) a. c. di Nelo Risi e Margherita Dalmàti.

[22] V. Consolo, *Lo spasimo di Palermo* (Milano: Mondadori, 1998) 41.

[23] Sulla figura di Odisseo nell'immaginario moderno e sulla sua degradazione etica si veda il saggio di V. Consolo, M. Nicolao cit., 22-26.

ga il lettore sulla condizione degli uomini dentro una storia disu-
manizzata:

> Cos'è successo, dio mio, [...] nell'isola, nel paese, in questo atro-
> ce tempo? Cos'è successo a colui che qui scrive, complice a sua
> volta o inconsapevole assassino? Cos'è successo a te che stai leg-
> gendo?[24]

La salvezza forse è nella scrittura che, per Consolo, è il reso-
conto di un'esperienza; la relazione di un viaggio, l'Itaca perduta
e riconquistata, perché, in fondo, come Adonis, anche Consolo
crede nell'etica della letteratura; nella purezza di sguardo del narratore che, come l'esule, viene da lontano ed, estraneo ai valori
dominanti, indica un'idea di giustizia e di moralità.

Metafora di un'eredità mediterranea è anche la figura del marinaio, ulisside di Stefano D'Arrigo in *Horcynus Orca*. Nel romanzo, il protagonista 'Ndrìa Cambrìa è l'anti-eroe del non ritorno.
Egli, infatti, durante la Seconda guerra mondiale, nel Mediterraneo infestato di cadaveri galleggianti, aveva forse previsto le storie dei tanti migranti dei giorni nostri. Come i disperati di oggi,
anche 'Ndrìa Cambrìa tornerà morto alla sua Itaca: la Sicilia. La
sua barca diverrà una bara mentre ad accogliere la sua rinascita
nella terra madre, rimarrà soltanto il ciangottio dei remi che spin-
gono «dentro più dentro dove il mare è mare».[25].

Che cos'è diventato oggi il mare della Grande Migrazione, se
non un Mediterraneo anche criminale? Già, Paul Valéry chiamava
cimitero marino[26], quel luogo sul borgo di Sète inondato dal mare
e dalla luce mediterranea; oggi, invece, quello stesso mare per gli
esuli è solo un tunnel senza alcuna luce in fondo e alcuna terra da

---

[24] Id., *L'olivo e l'olivastro*, (Torino: Einaudi, 1994) 81.
[25] Stefano D'Arrigo, *Horcynus Orca*, (Milano: Mondadori, 1975) 1257.
[26] Il pensiero va alla nota lirica di Paul Valéry , *Le cimetière marin* (1920) trad. Pa-
trizia Valduga, *Il cimitero marino*, con un saggio di Elio Franzini (Milano: Mondadori, 1995).

raggiungere. Ancora oggi la letteratura continua a raccontarci anche questi volti e queste storie. E' il caso dello scrittore tunisino Imed Mehadheb che nel racconto *I sommersi*[27], parla la lingua dei profughi curdi e albanesi per i quali il mare si trasforma in un abisso infernale a bordo delle loro carrette. Quello descritto è uno scempio umano che trasforma il Mediterraneo in un'apocalisse marina e in una fossa comune, ove il depositarsi dei corpi è provocatoriamente paragonato dall'autore "ai tanti birilli disponibili per le partite giocate dai potenti."[28]

Dal mare di Omero al mare infausto del naufragio dei migranti di oggi, in conclusione, che cos'è questo Mediterraneo? Uno spazio geografico da solcare o un groviglio di coscienza e disillusione, rabbia e speranza?

Il Mediterraneo è un destino come quello narrato nei romanzi di Izzo[29], dove si racconta che in un bar di Marsiglia, tra i frequentatori abituali non esistevano barriere di età, di sesso, colore della pelle, ceto sociale. Gente di mare, che veniva dal mare e che non avrebbe mai votato Fronte nazionale. Gente che non aveva niente da perdere, perché dopo l'esilio aveva già perso tutto.

Forse ci sarà un futuro per l'Europa. E "non serve a niente correre altrove se non ci riconosciamo nello sguardo dell'altro"[30], perché il "Mediterraneo ... sono delle strade [...]. Grandi, piccole. Si

---

[27] E' un racconto inedito premiato alla VI edizione del concorso letterario Eks&Tra Medaglia del Presidente della Repubblica Italiana pubblicato in *Anime in viaggio* da adnkronos libri.

[28] Imed Mehadheb, *I sommersi*, cit. p.25. Sulla letteratura della migrazione vedi anche Maria Cristina Mauceri, *Mediterraneo: Mare Nostrum o nuova frontiera* in www.pdfio.net/k-194430.html (consultato il 10/11//2014).

[29] In questo caso si allude al romanzo *Solea*, (E/O, 2001). Su Izzo e la sua poetica mediterranea vedi anche Francesco Armato, *I nasi sani ovvero gli orizzonti perduti di Jean-Claude Izzo, la voce del Mediterraneo* in *Il palindromo Storie al rovescio e di frontiera*. Rivista trimestrale illust, il Noir e il Mediterraneo (anno I, n. 3, settembre 2011) 17-23.

[30] J. Claude Izzo, *Aglio, menta e basilico. Marsiglia, Il Noir e il Mediterraneo* (Roma: E/O, 2006).

tengono per mano. Il Cairo, Marsiglia, Genova e Beirut Palermo, Barcellona, Gerusalemme" (J. Claude Izzo, *Marinai Perduti*).

Di noi, gente del Mediterraneo, lo scrittore francese pensava anche che viviamo soltanto per il piacere della giornata.

Non aveva torto.

"Ovunque sbarcheremo, potremmo camminare, mangiare a volontà e ubriacarci fino a smarrire ogni senso: tanto noi uomini e donne nati nel Mediterraneo, perché dovremmo avere paura di perderci?

A un certo punto, si sa, torneremo verso quel mare che sempre nasce e ricomincia".[31]

---

[31] F. Armato, *I nasi sani ovvero gli orizzonti perduti di Jean-Claude Izzo*, cit., 23.

CIVILTÀ DEL VINO E CIVILTÀ DEL TÈ
due artes bibendi a confronto

Rosario Scalia

In alcune illuminanti pagine di *Ore giapponesi* (Milano: Corbaccio, 2000, 150-51) Fosco Maraini esalta il valore fortemente iconico di vino e tè, correlativo oggettivo delle civiltà che li hanno prodotti: quella occidentale e quella orientale

> In un certo senso il tè pervade lo spirito giapponese come il vino pervade il nostro... Da noi il vino tocca il cuore stesso del mondo mutandosi, nel sacrificio della Messa, in sangue di Cristo; nel vino l'uomo occidentale non vede solo il dolce miracolo dell'ebbrezza, ma uno dei legami più profondi e segreti con l'invisibile anima delle cose. Già il mondo classico, nei misteri di Dioniso e Bacco, aveva esaltato nel vino virtù magiche e mistiche; quello cristiano ha mutato completamente motivi, spirito e sottintesi, ma il vino è sempre bevanda sacra (...) Il tè rende vigile la mente, ma non intossica. Esso ha certe qualità che lo fanno spontaneamente amare da chi si dedica agli studi e dai monaci. Proprio perché il tè istillava una certa vivida agilità al pensiero senza turbare i sensi, e contribuiva a sublimare l'uomo nelle lunghe meditazioni notturne, fin dai tempi remoti lo si beveva come un accompagnamento alle cerimonie del culto buddista" (...) "il tè ha un'elezione per il cervello, ed il buddismo è senz'altro più filosofia che religione ... il vino rende più intensa la vita delle emozioni, ed il cristianesimo è anzitutto fede, moto dell'animo. Portati al loro effetto estremo, il vino infiamma nell'ebbrezza, conduce all'estasi mistica, erotica, guerriera, provoca una più intima relazione fra noi e le cose, accorcia il tempo ed arricchisce la durata; il tè invece dà una percezione cristallina in cui ogni moto dello spirito appare più significativo. Anche il tè sembra mutare le nostre relazioni col tempo, ma sospendendo o intensificando

durata e tempo insieme, come fossimo più vicini al segreto delle cose. I pericoli del vino consistono nel viaggio avventuroso oltre i limiti del primo inebriamento, in un ritorno all'uomo fanciullo (*in vino veritas*, i bimbi non dicono bugie); i pericoli del tè consistono nell'assottigliarsi, nel vetrificarsi dell'esperienza, in un'eccessiva separazione delle spirali sempre più eteree dell'intelletto dalla pienezza corporea dell'essere. Si approda allora ad un dominio talmente puro, ascetico e rarefatto che, un passo ancora, e si è davvero nel nirvana.

Prendendo le mosse da questo originale punto di vista è possibile proporre alcune riflessioni sui molti modi in cui la cultura materiale ed il mondo immaginario sorti intorno al vino hanno finito per incarnare ed esprimere attitudini, moti del pensiero, inquietudini e paure delle civiltà nate e progredite fin dalle epoche più antiche lungo le coste del Mediterraneo.

L'aspetto che più di ogni altro ha conferito al vino il suo potente valore simbolico è certamente l'ambiguità della sua natura: ora rimedio e sollievo per le pene dell'anima, ora esiziale rovina per la vita dell'uomo; il saper rappresentare in modo altrettanto efficace tanto la disciplina e l'ordine con cui l'uomo regola la natura. quanto la potenza irrefrenabile con cui la natura può sopraffare l'uomo.

In tal senso appare rivelatore l'eziologia della viticoltura contenuta in *Genesi* 9, 20-27:

Ora Noè, coltivatore della terra, cominciò a piantare una vigna. Avendo bevuto il vino, si ubriacò e giacque scoperto all'interno della sua tenda. Cam, padre di Canaan, vide il padre scoperto e raccontò la cosa ai due fratelli che stavano fuori. Allora Sem e Iafet presero il mantello, se lo misero tutti e due sulle spalle e, camminando a ritroso, coprirono il padre scoperto; avendo rivolto la faccia indietro, non videro il padre scoperto. Quando Noè si fu risvegliato dall'ebbrezza, seppe quanto gli aveva fatto il figlio minore; allora disse: «Sia maledetto Canaan! Schiavo degli schiavi sarà per i suoi fratelli!». Disse poi: «Benedetto il Signore, Dio di Sem, Canaan sia suo schiavo! Dio dilati Iafet e questi dimori nelle tende di Sem, Canaan sia suo schiavo!»

Il diluvio è appena terminato e le acque si ritirano lasciando lentamente apparire le cime dei monti più alti. Ma piuttosto che sulla distruzione e sulla morte che ha cancellato il mondo precedente, la narrazione si concentra sui primi atti che sanciscono la rifondazione di una nuova umanità e di un nuovo mondo, e tra questi annovera la nascita della viticoltura.

E nell'atto fondativo dell'impianto di un vigneto il patriarca Noè sperimenta il discrimine tra la difficile arte che imbriglia il potere devastante della vite e la pone al servizio dell'uomo, e il pericolo sempre incombente di essere sopraffatti dalla potenza seducente e terribile del vino.

Noè è al contempo il padre della viticoltura[1] e la prima vittima del suo ingannevole frutto, così da giacere vinto dalla potenza

---

[1] La pratica della viticoltura nell'area mediterranea orientale ha origini assai remote. La vite selvatica (*vitis sylvestris*) è stata probabilmente sempre presente nel Sud dell'Europa e nel Vicino Oriente, ma già nel IV millennio a.C. in Palestina e Giordania sono presenti testimonianze della coltivazione della vite (*vitis vinifera*). Sulle origini della viticoltura e il passaggio dalla *vitis vinifera* alla *vitis sylvestris* si veda D. Zohary, *The Domestication of the Grapevine* Vitis Vinifera L. *in the Near East*, e H. P. Olmo, *The origin and Domestication of the* Vinifera Grape, entrambi in P. E. McGovern - S. J. Fleming - S. H. Katz (edd.), *The Origins and Ancient History of Wine* (Amsterdam: Gordon and Breach Publishers, 1996) II.2 e II.3. Le testimonianze iconografiche e archeologiche diventano molto più numerose e comuni nella tarda età del bronzo (fine del II millennio). Sigilli di argilla di argilla con l'iscrizione "Vigneti del Palazzo Reale" furono rinvenuti già nelle tombe regali della prima e della seconda dinastia (3000-2778 a.C.). Già nel corso della XVIII dinastia (1543-1292 a.C.) era indicato sulle giare di vino data, produttore e provenienza del vino, e nella scrittura geroglifica egizia è possibile seguire l'evoluzione dell'ideogramma indicante il vino, stilizzazione sempre più essenziale di un tralcio abbarbicato ad uno steccato. L'ideogramma è per esempio rinvenibile in molte liste di beni che registrano il corredo funerario delle tombe. Sulla viticoltura in Egitto si veda T. G. H. James, *The Earliest History of Wine and Its Importance in Ancient Egypt* in P. E. McGovern - S. J. Fleming - S. H. Katz (edd.),

inebriante del vino; la diversa reazione dei figli di fronte all'ubriachezza e alla nudità del padre segna la prima separazione tra civiltà e barbarie, tra la progenie benedetta e feconda di Sem e Iafet e la stirpe marchiata e maledetta di Cam[2].

I simboli e le allegorie che la cultura giudaica ha trasfuso nel libro della *Genesi* non sono così lontani dal racconto omerico dell'incontro tra Odisseo e il Ciclope (*Odissea* IX, 345-374), narrato in prima persona dallo stesso eroe:

> Allora io, standogli accanto, dissi al Ciclope tenendo con le mani una ciotola di nero vino: "Su, bevi il vino, Ciclope, dopo aver mangiato la carne umana perché tu sappia che bevanda è questa che la nostra nave serbava. Te l'avevo portato in offerta, semmai impietosito mi mandassi a casa...." Dissi così, lui lo prese e lo tracannò: gioì terribilmente a bere la dolce bevanda e me ne chiese ancora dell'altro: "Dammene ancora, da bravo, e dimmi il tuo nome, ora subito, che ti do un dono ospitale di cui rallegrarti. Certo la terra che dona le biade produce ai Ciclopi vino di ottimi grappoli, e la pioggia di Zeus glielo fa crescere. Ma questo è una

---

cit., III, 13 e L. H. Lesko, *Egyptian Wine Production During the New Kingdom, ivi*, III, 14. La viticoltura è anche protagonista di un episodio della famosa epopea babilonese di Gilgamesh, risalente alla prima metà del II millennio a.C. Nelle tavole IX e X dell'epopea di Gilgamesh, l'eroe, partito alla ricerca dell'immortalità, entra nel regno del Sole, dove trova una vigna incantata affidata alla sacra taverniera Siduri, "colei che fa il vino".

[2] Coerentemente con il racconto biblico di Noè, gli Ebrei non hanno mai condannato l'uso moderato del vino, ma inorridivano di fronte agli elementi orgiastici della religione dei Cananei, i quali consideravano l'ubriachezza una forza divina che invade l'uomo. Gli Ebrei reputavano invece l'ubriachezza come frutto di lascivia (cfr. ad esempio *Isaia* 5, 11-12 e 22), ma soprattutto come un disonore e una umiliazione. Il vino suscita la violenza, produce l'idolatria, causa l'ingiustizia (*Isaia* 5, 22; *Proverbi* 23, 29-31), trascina nella povertà (*Proverbi* 21, 17). Se l'ubriachezza è disonorevole per tutti lo è ancor di più per i capi (*Proverbi* 31, 4-5). Così Sansone (*Giudici* 13, 4) e così il Battista (*Luca* 1, 15). L'astenersi completamente dal vino fu considerato dagli Ebrei come un ideale ascetico proprio dei consacrati, come accadeva presso i Recabiti (*Geremia* 35, 6-8) e i Nazirei (*Numeri* 6, 2-3).

goccia di ambrosia e di nettare!" Disse così e io di nuovo gli porsi il vino scuro. Gliene diedi tre volte, tre volte lo tracannò stoltamente. Ma quando il vino raggiunse il Ciclope ai precordi, allora gli parlai con dolci parole: "Ciclope, mi chiedi il nome famoso, ed io ti dirò: tu dammi, come promesso, il dono ospitale. Nessuno è il mio nome: Nessuno mi chiamano mia madre e mio padre e tutti gli altri compagni". Dissi così e lui subito mi rispose con cuore spietato: "Per ultimo io mangerò Nessuno, dopo i compagni, gli altri prima: per te sarà questo il dono ospitale". Disse e arrovesciatosi cadde supino e poi giacque piegando il grosso collo: il sonno, che tutto doma, lo colse; dalla strozza gli uscì fuori vino e pezzi di carne umana; ruttava ubriaco.

Anche in questo episodio il vino è *limes* tra civiltà e barbarie, tra salvezza e perdizione. Chi lo domina si salva, chi se ne lascia sopraffare cade in rovina. Nell'episodio omerico il vino compare in primo luogo come dono ospitale offerto da Odisseo al Ciclope, il dono con il quale il pellegrino chiede ricovero in nome degli dei, obbligando di fatto l'interlocutore a concederlo, secondo un rituale etico cui nessun uomo greco—e quindi nessun uomo civile - può sottrarsi.

Ma il Ciclope è barbaro e ferino, ignora la civiltà e confida nella sua forza brutale e incontrastabile. La smodata ingordigia con cui trangugia il vino e la mostruosa e disumana postura che assume nel sonno una volta ubriaco costituiscono il lampante controcanto dei valori di ordine, moderazione e bellezza che la cultura greca ha posto a emblema della propria civiltà.

E la vittoria finale che arride al *polýtropos* Odisseo è la vittoria della civiltà greca, e quindi dell'umanità tutta, sulla barbarie del Ciclope; la vittoria di chi ha saputo imbrigliare la potenza del vino e piegarla alla propria necessità, su chi di quest'arte è del tutto ignaro. Odisseo, che ha saputo penetrare i segreti del vino, se ne serve come prezioso alleato nella sua lotta contro il mostro, ergendolo a baluardo della civiltà e dell'umanità contro la ferinità e la barbarie.

La lotta tra civiltà e barbarie fu uno dei temi centrali della ri-flessione storica e filosofica greca. All'indomani della vittoriosa guerra contro l'invasore persiano, quando gli Ateniesi poterono riappropriarsi dell'Acropoli della loro città, orribilmente devastata dagli eserciti nemici, si apprestarono a costruire una nuova rocca monumentale che celebrasse la gloria del loro trionfo.

E nel fregio esterno del più importante dei monumenti dell' Acropoli, il Partenone, vollero che Fidia istoriasse i racconti del mito in cui la civiltà aveva trionfato sulla barbarie, archetipo eter-no e ideale antefatto della vittoria che gli Ateniesi avevano appena ottenuto sul barbaro persiano.

In una delle quattro storie prescelte da Fidia, la Centauroma-chia, il vino recitava un ruolo da protagonista. Dal vino ha origine la furiosa battaglia tra Centauri e Lapiti scoppiata in occasione delle nozze tra Piritoo e Laodamia.

I Centauri, esseri semiferini, e quindi sempre in bilico tra la na-tura umana e quella animale, durante il banchetto nuziale bevono oltre misura. E il vino risveglia fatalmente in loro l'istinto ferino e rende incontrollabile l'impulso sessuale.

In preda alla violenza indomabile delle loro pulsioni i Centau-ri si scagliano contro le donne invitate al banchetto e contro la stessa sposa Ippodamia, costringendo i Lapiti, la cui natura è umana, ad intervenire. Solo al termine di una lunga e violenta bat-taglia l'umanità prevarrà sulla barbarie.

Ancora molti secoli dopo la costruzione del Partenone, Orazio (*Odi* I, 18), parafrasando Alceo, raccomanda a Varo di mettere la viticoltura in cima alle sue pratiche agricole, ma lo ammonisce al contempo a far uso del vino con moderazione, ricordandogli lo sconveniente finale della festa nuziale di Laodamia:

> Nullam, Vare, sacra vite prius severis arborem
> circa mite solum Tiburis et moenia Catili.
> siccis omnia nam dura deus proposuit (...)
> ac ne quis modici transiliat munera Liberi,

Centaurea monet cum Lapithis rixa super mero
debellata, monet Sithoniis non levis Euhius,
cum fas atque nefas exiguo fine libidinum
discernunt avidi. non ego te, candide Bassareu,
invitum quatiam nec variis obsita frondibus
sub divum rapiam. saeva tene cum Berecyntio
cornu tympana, quae subsequitur caecus amor sui
et tollens vacuum plus nimio gloria verticem
arcanique fides prodiga, perlucidior vitro.

Prima della vite sacra non piantare, Varo, alcun albero
alle dolci pendici di Tivoli o intorno alle mura di Catilo:
agli astemi Bacco rende ogni cosa penosa (...)
Ma perché non si abusi dei doni di un moderato Libero,
ricorda la rissa dei Centauri con i Lapiti,
finita in battaglia tra i fumi del vino,
ricorda la severità di Evio verso i Sitoni
quando a malapena distinguono ciò che è lecito o no,
avidi di piaceri. Io non ti provocherò, luminoso Dioniso,
contro tua voglia, non trascinerò alla luce i tuoi simboli
coperti di fronde. Ma tu frena il frastuono dei tuoi timpani
e del corno di Berecinto; ad esso segue un egoismo cieco,
un'arroganza che inalbera il vuoto che hai dentro,
e l'infedeltà che svela i segreti, più trasparente del cristallo.

I versi finali dell'ode di Orazio introducono il tema del potere terribile e affascinante del vino. Un potere che la civiltà mediterranea ha sintetizzato nella figura di Dioniso, dio misterioso e ambivalente, mutevole per natura e inafferrabile.

Dell'inquietante e inoppugnabile potere di questa divinità, la *kỳlix* del pittore greco Exechias (Monaco, *Staatliche Antikensammlungen*, n. 2044, ca. 530 a.C.) conserva forse una delle più icastiche rappresentazioni. Il mito è celebre: catturato in mare da una banda di pirati mentre veleggia verso l'Attica, Dioniso si mostra dapprima docile e si lascia prendere prigioniero, per poi liberarsi manifestandosi in tutta la sua divina potenza e costringendo i pirati alla fuga[3].

La coppa rappresenta il momento in cui il dio, ormai libero, ha preso possesso dell'imbarcazione e campeggia possente al centro dello scafo mentre molteplici tralci di vite si avvinghiano all'albero maestro, ne raggiungono la vetta e incombono sulla nave con i loro grappoli.

E' stato probabilmente lo stesso ciclo naturale della vite a suggerire agli antichi quale dovesse essere la natura del dio che la suscita e se ne adorna. Il mistero di un tronco rinsecchito di inverno che in primavera comincia a sostanziarsi di linfa vitale provocando un inatteso quanto prolifico germogliare e un miracoloso propagarsi dei tralci lungo i filari. Una linfa che rende turgidi i grappoli e riempie insidiosa le coppe dei mortali.

Come la vite anche Dioniso deve avere una natura ctonia; come la vite anche Dioniso deve rifugiarsi nei recessi della terra nei mesi invernali per riapparire nel pieno della sua potenza vitale in primavera e in estate. Non a caso uno dei simboli più frequentemente connessi al dio è il serpente, animale ctonio per eccellenza, le cui spire ricordano il propagarsi del groviglio dei tralci.

Dioniso ha finito così per rappresentare l'essenza stessa della vitalità della natura nel suo perenne e selvaggio fluire. Come il dio della coppa di Exechias, docile in apparenza, la vite si lascia confinare nell'ordine dei filari, da pianta selvatica diventa *hemerìs*, l' "addomesticata", ma può in ogni momento manifestare una potenza vitale impossibile da arginare.

Dioniso rappresenta l'irruenza della *zoè*, termine con cui i Greci designavano la vitalità istintiva dell'uomo, la sua componente primordiale, animale, selvaggia; in una parola, lo stato di natura, che persiste anche nell'uomo più civilizzato, come un impulso

---

[3] Sulla complessa mitologia che ruota intorno agli arrivi di Dioniso in Attica e ad Atene, con la conseguente introduzione della viticoltura in questa regione si veda K. Kerényi, *Dioniso* (Milano: Adelphi, 1992) 145-71.

primigenio e insopprimibile, e come tale può emergere ed esplodere in maniera violenta se viene represso, anziché compreso ed incanalato correttamente.

Per la sua ambivalenza Dioniso ha meritato decine di epiteti: ognuno coglie un aspetto della sua poliedrica natura, nessuno riesce ad esaurirla e contenerla del tutto[4].

L'eccentrico e variopinto corteo che lo accompagna nelle sue scorribande, come nella celebre interpretazione del "Dioniso e Arianna" di Tiziano (Londra, *National Gallery*, ca. 1520), è composto da furenti Menadi e libidinosi Satiri, donne invasate ed esseri semiferini che smembrano belve feroci e impugnano serpenti, ingaggiando vorticose danze i cui opposti limiti sono la follia e l'estasi.

Dovunque il corteo giunga a portare il culto del dio, dovunque si fermi a celebrare i misteri dionisiaci, esso è segno di divisione e di conflitto nelle comunità cittadine.

Non si può non restare affascinati e inorriditi di fronte a un simile spettacolo, non si può non provare al contempo la tentazione di abbandonarvisi e l'istinto di fuggirne lontani.

Quel che è certo però è l'impossibilità di opporvisi. Chi ha tentato di farlo, come il tebano re Penteo, protagonista de *Le Baccanti* di Euripide, è stato terribilmente punito dal dio per la sua *hỳbris*; le Menadi guidate dalla sua stessa madre Agave hanno ucciso e orribilmente smembrato questo re che si illudeva di sconfiggere la potenza dionisiaca con l'autorità della legge della *pòlis*.

E dunque l'unica via è quella della convivenza, della conciliazione. E' sicuramente questo uno dei caratteri identitari delle civiltà del Mediterraneo: lo sforzo di conciliare l'irrefrenabile energia di una natura preponderante di cui Dioniso e il suo culto sono l'emblema, con gli ideali di ordine, moderazione e bellezza che queste civiltà hanno elaborato. Far convivere armonicamente il dionisiaco con l'apollineo, per usare il famoso paradigma nietzschiano.

---

[4] Sugli epiteti di Dioniso cfr. ad esempio K. Kerényi, *cit.*, 83-101.

Imbrigliare la vite, dominare la potenza del vino sono potenti allegorie dell'eterna lotta della razionalità umana con l'istintività della natura, che l'uomo ha sentito fuori e dentro di sé. Il tentativo sempiterno di trasformare il nemico in alleato, l'utopia di trovare un equilibrio circolare, perfetto ed eterno tra queste due forze antitetiche.

Nel palazzo minoico di Cnosso, agli albori della civiltà mediterranea, in piena età del bronzo (metà del II millennio a.C.), gli archeologi hanno trovato testimonianze commoventi di questa antica lotta tra istinto e ragione, in una serie di affreschi in cui, ancora una volta, il vino è protagonista.

In uno di essi un giovane elegantemente abbigliato, i capelli raccolti in una raffinata acconciatura, ornato di ricchi monili, porta in alto davanti a sé un alto boccale per il vino, il *rhytòn*. Il tema è chiaramente simposiaco e la solennità con cui il giovane incede suggerisce che a Creta il convito dovesse essere già accuratamente codificato in un preciso rituale.

E' certo d'altronde, in base all'evidenza archeologica, che la Creta minoica vantasse una cospicua produzione di vino, ed è attestata, nella scrittura, la relazione tra il geroglifico egizio indicante il vino e il segno figurato che i minoici usavano con lo stesso significato[5].

A questi banchetti minoici dovevano probabilmente partecipare anche le raffinate signore che gli affreschi dei palazzi rappresentano in tutta la loro emancipata eleganza. Ed alle occasioni conviviali e religiose erano associate le spericolate acrobazie con le quali giovani atleti si esibivano volteggiando sui tori.

Le scene di tauromachia e taurocatapsia degli affreschi cretesi sono forse fra i più straordinari e celebri dipinti che le culture mediterranee abbiano prodotto.

---

[5] Maggiori informazioni sulla viticoltura nella civiltà minoica e sui documenti in Lineare A che ne testimoniano l'esistenza sono reperibili in R. Palmer, *Wine and Viticulture in the Linear A and B Texts of the Bronze Age Aegean*, in P. E. McGovern - S. J. Fleming - S. H. Katz (edd.), *cit.*, IV, 17.

E come sappiamo il toro cretese è una delle tante incarnazioni dello spirito di Dioniso. Non a caso il dio tra i suoi tanti epiteti ha quello di *Bougenès*, *"nato da giovenca"*, mentre a sua volta il toro è definito, ancora in Omero, *òinops*, "color del vino". Ancora nel poema tardo di Nonno di Panopoli si ricorda l'antichissimo uso di attingere e bere il vino con corna di bue invece che con tazze (*Dionysiaca* XII, 361-362). Un bellissimo *rhytòn* cretese di steatite a forma di protome taurina sembrerebbe alludere a questa antica usanza[6].

Il legame tra l'irrefrenabile forza taurina e la potenza dionisiaca ha radici molto antiche e tutto, nella civiltà minoica, parla dell'eroica lotta dell'uomo che cerca di fronteggiarla e contenerla.

Quando essa è fuori controllo finisce per attentare all'armonia del *kòsmos*, a produrre innaturali congiunture, ad aprire le porte all'incedere della barbarie. E' quello che succede alla regina Pasifae, vinta dall'istinto di congiungersi al toro, e destinata a partorire da questa orribile unione la ferinità mostruosa del Minotauro.

Una ferinità che tardivamente il re Minosse cercherà di imbrigliare entro le spire tortuose del labirinto di Dedalo, senza tuttavia poter impedire che il mostro continui a reclamare per il proprio nutrimento, come il Ciclope, carne umana. Una ferinità di cui, come era accaduto per il Ciclope, solo la valorosa astuzia di un eroe riuscirà ad avere ragione.

Danzare con il toro, volteggiare sulla sua schiena, impugnarne le corna come fanno i leggiadri atleti degli affreschi cretesi appare quindi una potente allegoria della necessità coraggiosa dell'uomo di convivere con la brutalità istintiva ma al contempo misteriosa e sacra della natura, in una perenne dialettica che ora è danza, ora è lotta vittoriosa, ora è sconfitta e morte.

E come Dedalo tentò di imbrigliare la ferina violenza del mostruoso Minotauro nel suo sagace labirinto, così la civiltà classica

---

[6] Sul nucleo cretese del mito di Dioniso si veda K. Kerényi, *cit.*, 25-46. Sugli stretti legami tra la figura di Dioniso e animali come il toro e il serpente cfr. *ivi*, 69-82.

eresse attorno alla potenza devastante del vino il labirinto del simposio.

Il "labirinto del vino" progettato dalla civiltà classica nella forma del simposio greco/romano si è perfezionato nei secoli in una complessa architettura di segni simbolici, in un dedalo di gesti rituali, che hanno fatto del mangiare e bere insieme un'arte raffinata.

La pregnanza della parola latina che designa il banchetto, *convivium*, indica appieno il livello di condivisione che, almeno nell'idealità del linguaggio, si attribuiva al pasto comune. Una condivisione che non si limita al cibo ma si estende all'intimità del proprio essere e della propria vita. Un consesso che si riunisce all'insegna dei valori dello stare insieme (*koinonìa*), dell'amicizia (*philìa*), della parola ragionata (*lògos*), del piacere (*hedonè*).

E' evidente che per farsi un'idea realistica del banchetto greco-romano non ci si può affidare soltanto alle rappresentazioni idealizzate del *Simposio* platonico o de *I saggi a banchetto* di Ateneo di Naucrati. Né tutti i banchetti potevano obbedire ai complessi cerimoniali descritti da Plutarco nelle sue *Quaestiones convivales*.

La maggior parte dei banchetti aveva, come è ovvio immaginare, una qualità degli ospiti e un livello culturale molto più ordinario di quello offerto da Socrate o Aristofane. E non mancavano gli eccessi e la smodatezza, di cui persino le pitture vascolari serbano memoria, raffigurando convitati in preda a conati di vomito o esplicite scene di sesso[7]. D'altronde anche nel *Simposio* di Platone la dotta disquisizione dei convitati sull'amore viene interrotta

---

[7] Per una corretta lettura delle rappresentazioni erotico-simposiali nella ceramica greca si veda D. E. Smith, *From Symposium to Eucharist. The Banquet in the Early Christian World* (Minneapolis: Fortress Press, 2003), 34-38; in particolare, a p. 35, Smith nota come "clearly the erotic themes were well established in the symposium tradition, so that the vase paintings can be interpreted to represent both an idealization and an aspiration for the dinner party. These themes were also taken up by various moralists and critics of society such as the satirists who exaggerated the decadent activities at symposia for effect".

dall'irrompere nella sala di Alcibiade e del suo seguito in preda all'ubriachezza.

Eppure un'utopia altissima come quella del simposio filosofico greco ha molto da insegnarci sull'immaginario simbolico della civiltà che l'ha concepita e sui significati sottesi al rito del bere vino insieme.

D'altronde anche quando il simposio è più dimesso e l'occasione più quotidiana, il banchetto mantiene comunque i suoi significati di convivialità e bellezza, come dimostrano i versi del carme 13 di Catullo, tutto incentrato sul *topos* dell'invito che un padrone di casa indigente e dall'umile dimora rivolge ad un amico:

> Cenabis bene, mi Fabulle, apud me
> paucis, si tibi di favent, diebus,
> si tecum attuleris bonam atque magnam
> cenam, non sine candida puella
> et vino et sale et omnibus cachinnis.
> Haec si, inquam, attuleris, venuste noster,
> cenabis bene; nam tui Catulli
> plenus sacculus est aranearum.
> Sed contra accipies meros amores,
> seu quid suavius elegantiusve est:
> nam unguentum dabo, quod meae puellae
> donarunt Veneres Cupidinesque;
> quod tu cum olfacies, deos rogabis
> totum ut te faciant, Fabulle, nasum.

> Cenerai bene, o mio Fabullo, presso di me
> tra pochi giorni, se gli dei ti assistono,
> se porterai una buona ed abbondante cena,
> non senza una bella ragazza e vino e sale ed ogni sorta di risate.
> Se porterai queste cose, te lo dico, o bello mio, cenerai bene:
> infatti il borsellino del tuo Catullo è pieno di ragnatele.
> Ma in cambio riceverai un'autentica prelibatezza
> o se vi è qualcosa d'altro di più soave e di più fine,
> infatti, ti darò un profumo, che alla mia donna donarono

le Veneri e gli Amori, e che tu, quando l'annuserai,
pregherai gli dei che ti facciano, o Fabullo, tutto naso

Pur nella grande varietà di contesti sociali e culturali l'ideale classico del mangiare e bere insieme trasforma, per citare L. Mumford[8], il *fodder* in *food*, il semplice e istintivo gesto del nutrirsi nell'arte della convivialità; la soddisfazione del primitivo impulso della fame in una raffinata esperienza spirituale, che per molti versi ricorda la complessa cerimonia orientale del tè.

La ritualità del banchetto richiedeva un tempo adeguato in cui dilatarsi, un preciso protocollo nella successione di cibi e bevande opportunamente inframmezzata da un intrattenimento artistico, musicale, letterario o filosofico, a seconda dei casi.

E' ovvio quindi che dal padrone di casa ci si attendesse una particolare cura nel predisporre la sala del banchetto, nel fissare l'ordine delle portate e i tipi di cibo, nell'organizzare l'intrattenimento, e dai convitati una certa formalità in termini di abbigliamento, comportamento e etichetta.

Proprio in relazione all'intrattenimento sono sorti nella Grecia antica specifici generi letterari, determinate forme d'arte e di musica che nel simposio trovavano la loro collocazione ideale, il luogo privilegiato per essere messe in atto dall'autore/esecutore e fruite dal suo pubblico. Le tematiche simposiache sono centrali nella produzione letteraria di celebri poeti greci come Archiloco, Alceo e Anacreonte e latini come Catullo e Orazio[9]; nella storia

---

[8] Cfr. L. Mumford, *Closing Statement* in R. Disch (ed.), *The Ecological Conscience; values for survival* (Englewood Cliffs, N.J.: Prentice - Hall, 1970) 96: "After all, one of man's greatest achievements was the invention of food, not just fodder. All animals eat fodder. Man invented food. Food is not merely something that you put in your stomach and digest. Food is an occasion for a social act. It's an occasion for meeting. It's an occasion for conversation. Food is something that stirs the senses".

[9] A proposito del rapporto tra poesia greca arcaica e simposio L. E. Rossi ha ipotizzato che la destinazione esclusiva della poesia monodica greca, alle sue origini, fosse l'occasione del banchetto. Cfr. L. E. Rossi, *Il simposio greco arcaico e classico*

dell'arte greca un'eccezionale quantità di esemplari della pittura vascolare raffigura scene di banchetto.

Non è di certo questa la sede per poter dettagliatamente descrivere la complessa ritualità del banchetto greco-romano. Basti qui ricordare come alcuni dei suoi segni rivestano un altissimo valore simbolico e siano in grado di sintetizzare aspetti fondamentali della civiltà classica.

Il simposio ha innanzi tutto una dimensione sacrale. Esso si apre con il canto di un inno religioso da parte dei convitati e con l'offerta al dio, di solito indicato genericamente con l'appellativo di *agathòs dàimon*, "la propizia presenza del dio", di una libagione di vino non mescolato ad acqua. Il vino destinato al dio veniva versato sul pavimento, con un probabile riferimento alla natura ctonia di Dioniso.

Il banchetto esalta l'ideale estetico della *kalokagathìa*, il perfetto equilibrio di bellezza e benessere, in un'esperienza psicologica completa. La ricerca della bellezza passava per la cura con cui la sala del convito doveva essere ornata; quella del benessere per le abluzioni che i convitati compivano, per i profumi e le ghirlande che passavano di mano in mano tra gli astanti, per l'abbandono del corpo sui triclini, in una posizione sdraiata che doveva rendere più confortevole e rilassata l'esperienza del banchetto[10]; una suonatrice di *aulòs* eseguiva brani musicali accompagnandoli con eleganti e sensuali movenze.

Il benessere psicofisico dei convitati è probabilmente la *ratio* che meglio di ogni altra permette di spiegare i complessi rituali del simposio volti a rendere massimi i benefici del vino e minimi i suoi pericoli.

---

come spettacolo a se stesso, in Spettacoli conviviali dall'antichità classica alle corti italiane del '400. Atti del VII convegno di studio, Viterbo, 27-30 maggio 1982 (Viterbo: Agnesotti, 1983) 41-50.

[10] Sulla posizione sdraiata dei convitati nel banchetto greco-romano e giudaico come "progresso" rispetto alla posizione da seduti e sui suoi possibili significati si veda D. E. Smith, *cit.*, 14-18.

Al benessere dei convitati mirava la vigile attenzione che il simposiarca, eletto dai presenti per essere maestro e guida dell'intera cerimonia, metteva nel mescolare opportunamente vino e acqua, fino ad una proporzione di due a cinque[11], per protrarre il piacere di bere e procrastinare, se non del tutto eludere, il rischio dell'ubriachezza.

Al benessere si ricollega l'attenzione per la dimensione sociale del banchetto e la conseguente scelta di limitare drasticamente il numero di invitati, così da favorire l'intimità tra tutti[12]. La dimensione sociale del banchetto aveva con tutta probabilità maggiore importanza persino della stessa qualità del vino, se Plutarco può affermare che è danno peggiore perdere il piacere della conversazione che finire il vino (*Quaestiones convivales* 679 C), e che un uomo che mangia da solo può dire di aver mangiato, ma non di aver cenato (*ivi*, 697 C)[13].

Al benessere è riconducibile infine l'attenzione per l'intrattenimento, la scelta del tema del banchetto, i discorsi da tenere, le poesie da leggere, i brani musicali da eseguire, i giochi da fare, tra cui il popolarissimo *kòttabos*[14].

---

[11] Riferimenti alle proporzioni di acqua e vino con cui si componevano le miscele servite nei banchetti si trovano sia in Ateneo, *Deipnosofisti* X, 426D-E, che in Plutarco, *Quaestiones convivales*, 3, 9.

[12] La buona riuscita di un banchetto dipendeva anche da un numero circoscritto di invitati. I convitati del *Simposio* di Platone, ad esempio, sono appena sei, e Plutarco in un intero capitolo delle sue *Quaestiones convivales* stigmatizza l'uso di coloro che invitano molte persone ad un banchetto (*Perì tòn polloùs epì dèipnon kaloùnton*, 678 C - 679 E) suggerendo di non superare il numero di cinque convitati. In ambito romano Aulo Gellio ricorda che Varrone ammetteva un numero variabile di invitati che andava da tre, il numero delle Grazie, a nove, il numero delle Muse (*Noctes Atticae* XIII, 11, 2-3).

[13] Per una più approfondita trattazione dei significati filosofici e simbolici del simposio in Plutarco, si veda J. R. Ferreira, D. Leão, M. Tröster & P. Barata Dias (edd.), *Symposion and Philanthropia in Plutarch* (Coimbra: Classica Digitalia/ CECH, 2009).

[14] Il *kòttabos* era una sorta di tiro al bersaglio molto popolare nei banchetti greci, come dimostra il gran numero di rappresentazioni vascolari che lo raffigurano.

Ma non bisogna dimenticare che il comune denominatore di tutti i segni, di tutti i simboli, di tutto il cerimoniale del banchetto è il vino. Tutto ruota attorno al vino, il grande demiurgo simbolicamente collocato al centro della sala come la divinità poliade nella cella del tempio; il vino che ribolle in un grande cratere, cui i convitati attingono con le loro *kỳlikes*[15].

Il vino dà senso e sapore a tutto il resto, il vino concede l'ebbrezza che scalda i cuori, il vino predispone al godimento della bellezza, il vino suggerisce la percezione della divinità, il vino insidia la ragione e solletica gli istinti.

Dal grande cratere al centro della stanza esala un effluvio dal fascino ancestrale che si spande per tutta la sala, il profumo di una linfa dal sapore dolceamaro e dal gusto ambivalente che produce frutti di armonia e di compostezza, di arte e di musica, di filosofia e di letteratura: la civiltà del vino.

La scena topica rappresentata su coppe e anfore è quella di un convitato in posizione sdraiata che infilando un dito in una delle anse della *kỳlix* calibra il lancio delle ultime gocce di vino contro un bersaglio. Chi vinceva otteneva in premio frutta o dolci, o talora anche il bacio della persona amata o favori sessuali da parte di un'etèra.

[15] Sul ruolo centrale del cratere del vino nel banchetto si veda l'acuta osservazione di N. Spineto, *Dionysos a teatro: il contesto festivo del dramma greco* (Roma: "L'Erma" di Bretschneider, 2005) 58: "Al centro della riunione si trova il grande cratere nel quale l'acqua viene unita al vino secondo le proporzioni decretate dal simposiarca e dal quale viene attinta la bevanda da distribuire ai convitati: è il vaso a costituire il punto di riferimento intorno a cui lo spazio sociale, definito dalla divisione e distribuzione del vino, si struttura".

L'AVVENTURA MEDITERRANEA DI MADAMA BERITOLA

Gino Tellini

Nella Giornata Seconda del *Decameron*, sotto il reggimento di Filomena, l'"amante del canto", novellatrice «formosa» e di molto «piacevole aspetto» (II, *intr.*, 4)[1], si parla di vicende rocambolesche finite bene. Più propriamente, si ragiona «di chi, da diverse cose infestato, sia oltre alla sua speranza, riuscito a lieto fine». Disavventure spericolate, dunque, e peripezie irte di pericoli, esposte al capriccio del caso e della sorte, però inaspettatamente, e anzi al di là della speranza di quanti vi sono coinvolti, destinate a epilogo felice[2]. La novella di madama Beritola, la sesta, è raccontata dalla timida e ritrosa Emilia.

Anzitutto in questa Giornata, come il tema generale lascia subito intendere, s'afferma in primo piano la fortuna, la dea bendata che nel *Decameron* si presenta con nuova fisionomia e nuovo diritto di cittadinanza rispetto alla tradizione medievale. Dire che la fortuna acquista autonomia e si laicizza, significa ribadire l'apertura verso la modernità del capolavoro di Boccaccio. Dante, infatti, che identifica Fortuna e Provvidenza divina[3], vede la fortuna come mi-

---

[1] Per il testo si rinvia a GIOVANNI BOCCACCIO, *Decameron*, a cura di Vittore Branca, Milano, Mondadori, 1985, indicando nel testo, tra parentesi, in numero romano la giornata, in numero arabo il paragrafo.

[2] «È la giornata di Landolfo Ruffolo [II, 4], di Andreuccio da Perugia [II, 5], della sposa del re del Garbo [II, 7]…, le più belle storie avventurose: le anima un senso di Odissea, l'intimo sapore di una vita mutevole, circonfusa di quest'aer dolce che del sol s'allegra [DANTE, *Inf.*, VII, 122]» (FERDINANDO NERI, *Il disegno ideale del «Decameron»* [1934], in *Saggi*, a cura di Remo Ceserani, presentazione di Mario Fubini, Milano Bompiani, 1964, p. 177).

[3] Dante «pone la Fortuna cogli angeli, "con l'altre prime creature lieta" [DANTE, *Inf.*, VII, 95] a volgere la sua sfera, a dirigere la vicenda dei beni terreni» (*ibidem*).

nistra e angelo di Dio, espressione d'un disegno prestabilito di cui non si può intendere la traiettoria, che resta imperscrutabile al pari del volere provvidenziale. Nell'universo dantesco, gerarchico, compatto, unitario, governato dall'infallibile volontà di Dio, il caso è disciplinato e razionalizzato: «Le cose tutte quante / hanno ordine tra loro / [...] / per lo gran mar de l'essere» (DANTE, *Par.*, I, 103-113). In Boccaccio il quadro è profondamente cambiato. E De Sanctis sintetizza molto bene il cambiamento: «signore del mondo è il caso»[4]. Il gioco arbitrario delle umane passioni e la variabilità, la precarietà, l'incertezza degli accadimenti hanno preso il posto dell'ordine soprannaturale e l'esistenza terrena si trova esposta a circostanze e accidenti imprevedibili. Alla prospettiva medievale, verticistica e rassicurante, nella quale *tout se tient*, tutto sta (o dovrebbe stare) al suo giusto posto, subentra un'altra prospettiva, la prospettiva della «sradicatezza»[5] e del disordine. Però dinanzi a questo nuovo universo laico Boccaccio oppone non l'angoscia moderna, bensì l'energia operativa, l'iniziativa e il dinamismo dell'intelligenza pratica. Si direbbe che l'antica dea bendata si sia tolta la benda, per stare dalla parte della progettualità umana. L'angoscia moderna s'affaccia all'orizzonte, risolutamente, nel primo Cinquecento.

Certo è che, sul tema della fortuna, s'innesta con il *Decameron* un processo destinato a sviluppi precipitosi. In area umanistica, con Alberti e Pico, grazie alla conclamata dignità dell'individuo, padrone di sé e del proprio destino, s'approfondisce la riflessione sul rapporto dilemmatico tra «masserizia» (che per Alberti è l'accorta amministrazione) e «fortuna», tra «virtù» e «fortuna», tra la capacità umana di dominare le forze della natura e «l'impre-

---

[4] FRANCESCO DE SANCTIS, *Il «Decamerone»*, in *Storia della letteratura italiana*, a cura di Niccolò Gallo, introduzione di Natalino Sapegno, Torino, Einaudi, 1958, 2 voll., I, p. 360.

[5] ALBERTO MORAVIA, *Boccaccio* (1953), in *L'uomo come fine e altri saggi*, Milano, Bompiani, 1963, 1964[3], p. 66: «La sradicatezza e libertà del Boccaccio, straordinarie per chiunque sappia come sono rare queste condizioni, sono la prima ragione della sua universalità».

vedibile limite naturale degli eventi che sfuggono alla presa umana»[6]. Siamo sulla linea che porta, strada facendo, alla tragica egemonia che la fortuna raggiunge dopo il «funesto 1494»[7], in un
orizzonte storico agitato e sconvolto dalle guerre d'Italia. Siamo
sulla via che porta al dominio assegnato alla fortuna da Machiavelli, nel celebre cap. XXV del *Principe* (*Quantum fortuna in rebus
humanis possit, et quomodo illi sit occurrendum*, "Quanto la Fortuna
possa nelle cose umane, e in che modo le si possa resistere"), dove
l'oscura imprevedibilità del caso appare come un inarrestabile e
rovinoso fiume in piena. Tali precipitosi sviluppi della situazione,
presuppongono l'autonoma centralità che la fortuna s'è conquista-
ta con il *Decameron*, nel movimentato mondo dell'etica laica e terrena di Boccaccio. Ma con una differenza sostanziale. In Boccaccio,
la fortuna è componente motrice d'un sistema costruttivo[8]; in Machiavelli è componente turbativa d'un sistema disgregato. Nel
tardo Medioevo mercantesco di Boccaccio, il capriccio della sorte è
arginato dallo spirito d'intraprendenza, dal coraggio, dall'«industria», dalla sagacità dell'ingegno. In Alberti e in clima umani-
stico, l'«industria» e la «saggezza» riescono, negli umani «esserci-
zii», a limitare fortemente la licenza della «fortuna». Nel primo
Rinascimento, invece, dinanzi allo sgomento per il precipitare degli eventi storici, il capriccio della sorte assume fattezze drammaticamente angosciose[9] e Machiavelli tenta di frapporre un argine al

---

[6] EUGENIO GARIN, *La nuova filosofia: l'esaltazione dell'uomo e della natura*, in *La cultura del Rinascimento*, Milano, Il Saggiatore, 1988, p. 123.

[7] GIOSUE CARDUCCI, *Dello svolgimento della letteratura nazionale* (1874), in *Opere*, Ed.
Naz., Bologna, Zanichelli, 1935, 1945[2], p. 129.

[8] Nel quale ha il meglio l'iniziativa individuale: si pensi che una sola Giornata è
dominata dalla fortuna (la Seconda), mentre almeno ben quattro sono dedicate
all'intelligenza pratica, motteggiatrice e beffatrice (la Terza tratta dell'«industria»,
la Sesta del motto, la Settima e l'Ottava della beffa; la Nona, programmaticamente a tema libero, è per metà occupata da beffe). L'arbitrio della fortuna è controllato dalle risorse vincenti dell'intelligenza umana.

[9] Ma si sa che la Controriforma avrebbe fatto di tutto per ricondurre la dispersione delle umane vicende entro canoni e ordini prestabiliti.

disorientamento generale, con ricorso alla potente immagine della collutazione fisica con la fortuna, che «è donna ed è necessario, volendola tenere sotto, batterla e urtarla» (*Principe*, XXV). In Boccaccio la fortuna è vinta dall'intelligenza, in Machiavelli è frenata dalla forza. Il viaggio verso la modernità procede lungo itinerari abbastanza terremotati, sempre meno idillici.

Venendo alla novella, conviene ricordarne la trama, riepilogata, come sempre, nella rubrica:

> Madama Beritola, con due cavriuoli sopra una isola trovata, avendo due figliuoli perduti, ne va in Lunigiana; quivi l'un de' figliuoli col signore di lei si pone e con la figliuola di lui giace e è messo in prigione: Cicilia ribellata al re Carlo e il figliuolo riconosciuto dalla madre, sposa la figliuola del suo signore e il suo fratel ritrova e in grande stato ritornano.

Va detto però che, in questo caso, la rubrica è talmente ellittica e condensata da risultare criptica. La rastremata sintesi non rende conto adeguato né della concretezza dell'ambientazione storica, né della vastità geografica, né della movimentata mappatura mediterranea che distinguono la novella. Siamo al tempo di Manfredi, di gloriosa memoria dantesca (*Purg*, III, 107: «biondo era e bello e di gentile aspetto»), re di Napoli e di Sicilia dopo la morte del padre Federico II, e protagonista della vicenda è madama Beritola, della nobile famiglia partenopea dei Caracciolo, sposa a Napoli di Arrighetto, dell'altrettanto nobile famiglia Capece. I fatti riferiti sono empiricamente ancorati a un fondo storico-ambientale circostanziato, e anche illustre, per rendere plausibile l'avventurosa eccezionalità del racconto, incorniciato tra due date storiche, quali la sconfitta e morte di Manfredi a Benevento nel febbraio 1266 e la rivolta dei Vespri, nel marzo 1282.

Le interpretazioni finora proposte della novella, tendono a dare risalto a componenti che sono significative, ma non determinanti. La lettura più accreditata sostiene l'esclusiva centralità dell'episodio di madama Beritola con i due caprioli, che sono da lei allattati, nella solitudine dell'isola di Ponza. Attilio Momigliano (1924) sostiene che questo è il «motivo artistico» della novella e anzi uno «dei passi in cui il Boccaccio si rivela più alto poeta», sì da determinare in pochi tratti il carattere della protagonista, «la sua affettività candida e potente»[10]. Carlo Grabher (1941) amplia e articola l'indicazione di Momigliano e parla di «alta poesia» dell'«amor materno», che «si manifesta nel modo più profondo e originale», «non tanto quando avviene il finale ritrovamento con i figli», bensì «quando tale amore appare indirettamente, riversandosi nientemeno che su due cavriuoli». Ecco allora – continua Grabher – il «prodigio di un amor materno» che eguaglia animali e creature umane «in un commovente candore di poesia»[11]. Si riaffaccia il motivo del «candore», già chiamato in causa da Momigliano. Il quadretto dei due caprioli, che consolano la desolazione della protagonista, è definito da Giovanni Getto (1957) precisamente un «capolavoro», con la funzione di costituire il fulcro fondamentale su cui «insiste via via il racconto», sospeso «in un'atmosfera di irrealtà» e «di luci ideali», tanto da compendiare per intero il significato della novella: «è, invero, talmente importante—afferma Getto—il rilievo assunto dai due cavriuoli nell'economia del racconto che questo perde il suo più autentico significato quando essi scompaiono dalla scena»[12]. Questa chiave di lettura trova largo consenso, tant'è vero che risulta condivisa anche da studiosi di differente orientamento ideologico rispetto alla linea idealistico-crociana finora ricordata. Mi riferisco al versante marxista di Carlo Salinari, che nel suo commento al *Decameron* (1963)[13], ripropone le parole dedicate alla

---

[10] GIOVANNI BOCCACCIO, *Il Decameron*, 49 novelle commentate da Attilio Momigliano, Milano, Vallardi, 1924, nuova ed. a cura di Edoardo Sanguineti, Torino, Petrini, 1966, pp. 114-115.

[11] CARLO GRABHER, *Boccaccio*, Torino, Utet, 1941, pp. 148-150.

[12] GIOVANNI GETTO, *L'esperienza della realtà nel «Decameron»*, in *Vita di forme e forme di vita nel «Decameron»*, Torino, Petrini, 1957, 1972³, pp. 235-236.

[13] GIOVANNI BOCCACCIO, *Il Decameron*, a cura di Carlo Salinari, Bari, Laterza, 1963, poi 1966, 2 voll.

novella, circa dieci anni prima, da Giuseppe Petronio (1950)[14]. Le parole sono queste: «motivo poetico della novella, che in gran parte è quasi solo un succedersi meccanico di colpi di scena, è [...] il vincolo umano di affetto che si stringe tra la donna e i cavrioli e che traduce, su di un piano idillico, il vuoto che si è fatto nell'animo di Beritola»[15]. Idillio, dunque, in un contesto narrativo di meccanica ripetitività.

Di altro tenore è la lettura proposta da Vittore Branca (1956) che sposta l'attenzione sull'architettura compositiva e vede il «centro artisticamente fatale» del racconto nell'espediente canonico dell'agnizione che Boccaccio riesce a rinnovare profondamente e a rianimare con intensa «concretezza fantastica». Secondo Branca, dunque, il testo vive per lo straordinario riconoscimento, alla corte di Corrado Malapina in Lunigiana, del giovane Giuffredi (ora nominato Giannotto), il figlio maggiore di madama Beritola[16]. Anche per Carlo Muscetta (1972), al pari di Branca, il riconoscimento del ragazzo rappresenta il momento culminante del racconto, perché riscatta la maternità di Beritola «da condizione animale a situazione etico-sociale». E l'agnizione comporta, da parte del figlio verso la madre, quella immediata intuizione conoscitiva che

---

[14] Id., *Il Decameron*, a cura di Giuseppe Petronio, Torino, Einaudi, 1950.

[15] Giovanni Boccaccio, *Il Decameron*, a cura di Carlo Salinari, cit., I, p. 121.

[16] Vittore Branca, *Le nuove dimensioni narrative*, in *Boccaccio medievale*, Firenze, Sansoni, 1956, 1970[3], p. 178. L'originale trattamento del «consumatissimo espediente» dell'agnizione, comporta per Branca anche significative connessioni con l'ideologia implicita nel *Decameron*: «l'agnizione avviene come consacrazione solenne di una realtà già implicita nella scelta amorosa che di Giusfredi (il paggio oscuro e sconosciuto) aveva fatto la Spina, la figlia di Corrado: scelta determinata, come sottolinea il Boccaccio, dalla donnesca divinazione del "generoso animo [*del giovane*] dalla sua origine tratto". E allora l'episodio si colora anche delle tinte e delle dorature prammatiche alla società medievale: esempio altissimo della forza insopprimibile del sangue e del significato di amore, che sceglie e fa agire gli uomini non secondo le loro apparenze ma secondo il loro valore. Lo stanco espediente dell'agnizione è completamente obliato e superato in questa assoluta coerenza di motivi e di ritmi narrativi» (p. 179).

Boccaccio definisce «odor materno», espressione che Momigliano non apprezza, in quanto «troppo materiale»[17], e che invece Muscetta molto opportunamente valorizza, richiamandosi alla «naturalità delle passioni», che «è il succo e il sangue della novella»[18].

Le due linee interpretative tuttora prevalenti tendono, dunque, a isolare un momento tematico e un aspetto di tecnica com-

---

[17] Questo il passo della novella che interessa: «madama Beritola, [...], cominciò a riguardare [il figlio], e da occulta vertù desta in lei alcuna ramemorazione de' puerili lineamenti del viso del suo figliuolo, [...] con le braccia aperte gli corse al collo [...]. Il quale [il figlio], quantunque molto si maravigliasse, ricordandosi d'averla molte volte avanti in quel castello medesimo veduta e mai non riconosciutala, pur nondimeno conobbe incontanente l'odor materno; e, se medesimo della sua preterita trascutaggine biasimando, lei nelle braccia ricevuta lagrimando teneramente basciò» (II, 6, 67-68). L'«odor materno» che si legge nel testo, così è commentato da Momigliano: «Il Boccaccio, non soccorrendogli altra parola che ritraesse meglio quella sensazione indefinita e quasi immateriale, ricorse a questa, che stringeva in breve il complesso indeterminato di affetti, di istinti e di impressioni da cui nasceva in Giannotto [Giuffredi] la certezza d'esser dinanzi a sua madre, e ritraeva istantaneamente questa certezza. Tuttavia quella parola conserva ancora qualche cosa di troppo materiale» (GIOVANNI BOCCACCIO, *Il Decameron*, 49 novelle commentate da Attilio Momigliano, cit., p. 123). In merito all'intensa naturalità dell'«odore», viene in mente una formidabile ottava di Michelangelo (*Rime*, 55, testo databile al 1530-1531), *I' t'ho comprato, ancor che molto caro*, dove è dominante non la vista (l'organo sensoriale più intellettuale, proprio della tradizione stilnovistica e petrarchesca), ma l'olfatto, il senso più terrestre, più legato a una dimensione corporea e istintiva del rapporto affettivo (rinvio, in merito, al mio libro *Letteratura italiana. Un metodo di studio* [2011], Firenze, Le Monnier, 2014[2], pp. 139-140).

[18] CARLO MUSCETTA, *Boccaccio*, Bari, Laterza, 1972, p. 199. Nelle vicissitudini della protagonista, ovvero nelle disavventure d'una madre separata forzosamente dai suoi figli, Muscetta scorge, da parte del narratore, dolenti riflessi autobiografici: «E in questa patetica rappresentazione dei casi di madama Beritola sarebbe da ciechi non vedere il cuore dolente del figlio naturale, che mancatagli per tanti anni la madre, raccontava a se stesso prima che agli altri una favola di amori felici e di famiglie riunite: bella anche se un po' macchinosa favola, di cui la vita gli era stata avara» (p. 200).

positiva: il rapporto di Beritola con i caprioli[19] e l'originale riuso dell'agnizione. Ma nell'un caso come nell'altro, per quanto i singoli rilievi possano essere fertili di utili implicazioni, rimane in ombra la tenuta generale e panoramica della novella, nell'interezza della sua complessa dinamica narrativa. Credo, infatti, che una lettura più persuasiva debba considerare il testo nel vario intreccio delle sue molteplici componenti. Importa non isolare un momento o un aspetto (per quanto rilevanti), bensì cercare di cogliere il punto di raccordo, di confluenza, di coesione delle differenti forze in campo.

Occorre allora, in via preliminare, prendere atto della dilatazione spaziale che la vicenda raccontata comporta, della vastità marittima che è evocata, tra Lipari e Ponza e Lerici, tra Sicilia e Puglia, inclusi i grandi porti che s'affacciano sul Mediterraneo, da Pisa a Genova, da Napoli a Palermo, da Catania a Alessandria d'Egitto. In questi ampi spazi aperti, ai quali s'associa, con determinatissimo empirismo linguistico, un lessico tecnico legato al movimento (come i termini che designano tipi diversi d'imbarca-

---

[19] All'allattamento dei caprioli da parte di madama Beritola, ha dedicato un articolo anche DACIA MARAINI, *La madonna che allattò i caprioli. Fu così che nacque la novella*, in «Corriere della Sera, 11 settembre 2005, p. 34: «Nel racconto, Beritola è fissata in un' immagine quasi sacra che ricorda la Madonna col bambino di tanta iconografia cristiana, solo che al posto del Cristo troviamo due dolcissimi animali nutriti di latte umano. Non poteva essere più eloquente. Del resto anche l' atteggiamento di Boccaccio verso le donne è fuori dalla tradizione cattolica patriarcale, e si distingue perfino dal Dolce Stil Novo che poneva le donne sul piedistallo ma poi le lasciava lì, impedendo una vera conoscenza della loro personalità e del loro corpo. Mi chiedo fino a che punto la condizione di bambino senza madre – il padre si innamorò di una parigina da cui ebbe questo figlio che poi portò con sé a Firenze e il bambino crebbe senza mai conoscere la genitrice – abbia influenzato la visione del mondo di Boccaccio. L' ombra del segreto materno forse è rimasta nelle sue stanze interiori e rivive ogni volta che descrive una donna. Il sentimento del mistero si intreccia con quello della conoscenza, come se il ricordo lontano di una madre povera e generosa lasci una impronta sopra tutte le figure di donne. Novellando novellando si finisce per dire ciò che sembrava indicibile ed è bello che sia così».

zione: «barchetta», «legno», «legnetto», «galea», «saettia», «galeot-
ta»), si dipana il ritmo avventuroso delle tante traversie che
s'affollano nell'esistenza della protagonista: la separazione in Sicilia dal marito, lei incinta, sola, «povera», «ogni sua cosa lasciata»,
e la fuga a Lipari, con il figlio di otto anni; poi la nascita nell'isola
del secondo figlio e quindi la partenza, con i due bambini e la balia, per riparare a Napoli presso la famiglia; quindi l'infausto le-
varsi d'un vento contrario che spinge «il legno» a nord del golfo di
Napoli, nell'isola di Ponza, nel golfo di Gaeta, dove un'improvvisa
incursione di corsari genovesi priva Beritola anche dei figli (e della balia), lasciandola «povera e sola ed abbandonata». A questo
punto, nella solitudine dell'isola deserta, s'innesta il delicatissimo
episodio dei caprioli, a sollievo della disperazione della «gentil
donna», impaurita e affranta, che si nutre di lacrime e d'erba. E
così vive «più mesi», divenuta familiare della capriola e dei suoi
cuccioli, mentre lei, giorno dopo giorno, s'inselvatichisce, senza
tuttavia smarrire elezione interiore e finezza di maniere. Poi la
stasi narrativa s'esaurisce e la trama, di nuovo, s'impenna: ecco
che Beritola dall'isola di Ponza è tratta in salvo da un «legnetto di
pisani», nel quale si trova Corrado Malaspina (il cortese e nobile e
ospitale personaggio dantesco: *Purg.*, VIII, 109-139), che la conduce, con la capriola e i cuccioli, in Lunigiana, come damigella di sua
moglie[20].

---

[20] Sulla presenza di Corrado Malaspina nella novella, e più in generale sulle «mi-
rabili, avventurate filigrane storiche» del testo (un Capace ribelle agli Angioini e
imprigionato, e una Caracciolo, Biancofiore o Beritola, menzionata come vivente
ancora nel 1295), cfr. VITTORE BRANCA, *Le nuove dimensioni narrative*, cit., pp. 178-
179. Dello stesso Branca (in relazione a Corrado Malaspina che, di ritorno da un
pellegrinaggio nel regno di Napoli, approda nell'isola di Ponza per una burra-
sca), si veda anche la nota in GIOVANNI BOCCACCIO, *Decameron*, a cura di Vittore
Branca, Firenze, Le Monnier, 1950-1952, 1958[2], p. 198, nota 3: «questa avventura
non ha il minimo appiglio storico. Si ricordi però che i Malaspina, come ghibelli-
ni, erano naturalmente fautori degli Svevi: e che la loro fama e la loro generosità
cogli esuli, proclamata da Dante, dovette colpire il Boccaccio».

In Lunigiana si placa il maligno e crudele capriccio del caso, ma i tempi della svolta sono graduali e di lunga durata, prima che l'orizzonte si schiarisca e volga al sereno. Di nuovo, stasi narrativa a cui tengono dietro un'increspatura della vicenda, un mutamento di quadro. Presso Corrado Malaspina, fissa nel ricordo inquieto del marito e dei figli perduti, madama Beritola trascorre dodici lunghissimi anni, dopo i quali la situazione muta registro. Ma senza fretta. Il figlio maggiore, ormai ventenne, giunto per bizzarria della sorte proprio in Lunigiana, in qualità d'umile servitore, «ferventissimamente» s'innamora di Spina, figlia di Corrado, ma finisce arrestato, appena l'indebita relazione è scoperta. Dopo un anno che il giovane langue in prigione, la ribellione dei Vespri del 1282 porta alla caduta di Carlo d'Angiò in Sicilia e al nuovo regno di Pietro d'Aragona[21]. Il che significa che Arrighetto Capece, consorte di madama Beritola, è liberato e reintegrato nell'alta posizione che gli spetta, a fianco del nuovo sovrano.

Il figlio, adesso ventiduenne, appresa in carcere la notizia dei rivolgimenti siciliani, si rivela a una delle guardie, che a sua volta riferisce la confidenza a Corrado Malaspina, il quale, fatti i debiti accertamenti, non vede l'ora di dare la figlia in sposa a un servitore incarcerato che s'è rivelato d'un tratto, sorprendentemente, figlio d'un alto dignitario della corte siciliana. Celebrate le nozze in segreto, siamo, con Corrado in veste d'accorto mediatore e di regista, alla scena madre dell'agnizione tra il novello sposo e madama Beritola, che sviene nelle braccia del figlio inaspettatamente ritrovato. Raggiunto il lieto fine con il figlio maggiore, rimane da completar l'opera con il figlio minore, che si trova (con la fedele balia) in servitù a Genova presso il corsaro (Guasparrino Doria) che l'ha

---

[21] Nel 1282 il figlio maggiore afferma che sono passati «quattordici anni» da quando è stato rapito (all'età di otto anni), quindi, evidentemente, si «pone la fuga di Beritola nel 1268 e non come sembrerebbe [più naturale] nel 1266 [anno della sconfitta e morte di Mafredi a Benevento]» (GIOVANNI BOCCACCIO, *Decameron*, a cura di Vittore Branca, cit., p. 205, nota 2).

rapito, quand'era ancora in fasce. Anche da questo lato, lo scioglimento si corona con nozze brillanti e sontuose, tra il ragazzo, ora quattordicenne, e la figlia fanciulla, undicenne, del ricco corsaro genovese. Dopo di che, madama Beritola, i due figli e le rispettive spose fanno vela dalla Lunigiana alla volta di Palermo, dove Arrighetto li aspetta e dove trascorrono i loro giorni tutti insieme, per lungo tempo, felici e contenti.

Tribolazioni, colpi di scena repentini e drammatici, disavventure impreviste, capricci del caso e lieto fine, tra romanzo picaresco e fiaba[22], sono gli ingredienti di questa novella mediterranea e marinaresca, ma non mercantile, con protagonista femminile; novella d'amore, ma d'amore materno, che nobilita la figura femminile non come donna amante, ma come madre amorosa. Il motivo dominante, che assicura la più funzionale chiave di lettura del racconto, credo consista nella stupefacente energia della protagonista, nella sua formidabile resistenza alla cattiva sorte, nella sua forza interiore e nella sua forza fisica che le consentono di non cedere alla sventura, nel suo senso della vita, nel suo femminile, istintivo, creaturale attaccamento alla vita, alla essenziale semplicità e nudità della vita[23]. Sono rivelatrici, prima dell'agnizione, le parole del figlio, quando risponde a Corrado che gli ha domandato se sarebbe contento di rivedere sua madre:

> Egli non mi si lascia credere che i dolori de' suoi sventurati accidenti l'abbian tanto lasciata viva (II, 6, 64).

---

[22] La componente fiabesca è rilevata soprattutto da CARLO MUSCETTA, *Boccaccio,* cit., p. 200.
[23] Dato che ALBERTO ASOR ROSA, *«Decameron» di Giovanni Boccaccio* (1992), in *Genus italicum. Saggi sulla identità letteraria italiana nel corso del tempo*, Torino, Einaudi, 1997, p. 242, discorre di «minori capacità di resistenza e di difesa» della donna rispetto all'uomo nel *Decameron,* le riflessioni da lui formulate in merito alla figura femminile nell'orizzonte di Boccaccio seguono tutt'altra strada rispetto a quelle qui proposte.

Il giovane non crede, ripensando tutto in un istante, fulmineamente, che lei possa essere ancora viva, che possa essere sopravvissuta agli «sventurati accidenti» che l'hanno colpita. Invece non solo è sopravvissuta, ma ha conservato affetti, nobiltà d'animo, cortesia di comportamento. Mai ha ceduto. Il solo momento in cui le forze l'abbandonano, non è dinanzi al dolore, ma dinanzi alla profonda «allegrezza» nella scena dell'agnizione. In questa luce, acquista particolare risalto anche il celebrato episodio dei caprioli, il quale non è soltanto espressione di «rara gentilezza»[24]e di delicatezza, ma, propriamente, di umanissima energia vitale.

Con il tono fiabesco, va di pari passo il tono ironico e gioioso che accompagna la «festa grande» della soluzione finale:

> [Nel castello di Corrado Malaspina] la festa grande era apparecchiata.
> Quale la festa della madre fosse rivedendo il suo figliuolo, qual quella de' due fratelli, qual quella di tutti e tre alla fedel balia, qual quella di tutti fatta a messer Guasparrino e alla sua figliuola, e di lui a tutti, e di tutti insieme con Currado e colla sua donna e co' figliuoli e co' suoi amici, non si potrebbe con parole spiegare; e per ciò a voi, donne, la lascio ad imaginare (II, 6, 76).

Tono ilare da commedia, con tutti (o quasi) gli attori in scena, e sorridente ironia verso la trama fortunosa volta a lieto fine. Come dire, che non tanto importa la realistica verosimiglianza della vicenda, quanto l'energia vitale della protagonista che l'ha vissuta. Energia vitale, terrestre, alimentare: si osservi la ricorrenza, nelle pagine conclusive, di termini quali «festa», «convito», «convitati», «tavola», «vivanda», «mangiare»[25].

---

[24] GIOVANNI GETTO, *L'esperienza della realtà nel «Decameron»*, in *Vita di forme e forme di vita nel «Decameron»*, cit., p. 237.

[25] «Appreso questo, lietissimamente nella festa delle due nuove spose e con li novelli sposi mangiarono». Il verbo in clausola, pressoché a chiusura della novella, acquista particolare significato. Nel *Decameron*, è ben noto, si mangia e si beve,

Spazi dilatati nel vasto mondo, avventure turbinose, movimento, burrasche, mari battuti da venti ostili, scorrerie di corsari, rapimenti, e al centro di tutto, un'unica protagonista femminile, che mai si lascia andare allo sconforto e alla disperazione; una protagonista femminile che vince l'avversità della sorte non con accorgimenti d'intelligenza o d'ingegno o d'«industria», né con speciali risorse inventive, bensì unicamente con la sua silenziosa energia vitale che la radica alla vita, con la sua salda tenacia interiore che la rende inalterabile e imbattibile.

Nella generale sintassi compositiva decameroniana, i novellatori adottano una strategia depistante, ovvero suggeriscono, all'inizio o alla fine della novella, spunti interpretativi che l'attento accertamento del testo raccontato propriamente non conferma, bensì può smentire o modificare o integrare. Si tratta d'un procedimento che intende arricchire la significazione delle novelle, moltiplicandone le possibilità di lettura. Nel nostro caso, la timida e ritrosa Emilia, che riferisce la storia di Beritola, mette le mani avanti: anticipa in apertura che il racconto, benché a lieto fine, esprime tanta «amaritudine» da non poter essere addolcito da alcuna «letizia». Va detto che l'affermazione è opinabile[26], perché il felice scioglimento della vicenda acquista in effetti, nell'economia complessiva, un rilievo determinante e tutt'altro che accessorio, sì da proporre la figura della protagonista come superlativo e lieto elogio della femminilità, sentita come vigorosa resistenza alle tribolazione e come potente attaccamento alla vita. Una sorta di epopea dell'energia femminile, emblema di tempi nuovi e mutati, rispetto alla concezione medievale. La stessa ambientazione storica della novella può fornire, al riguardo, spunti di qualche interes-

---

spesso e di gusto. Non si vive solo di idee e di sentimenti e di stati d'animo e di passioni, come nella massima parte della nostra letteratura.

[26] Sempre istruttive le parole di Parodi: «Boccaccio [...] aveva la risata larga e spontanea, e, quanto al dolore, lo concepiva piuttosto come singolarità, che come tragicità della vita» (ERNESTO GIACOMO PARODI, *Giovanni Boccaccio*, in *Poeti antichi e moderni*, Firenze, Sansoni, 1923, p. 163).

se. Infatti, il «tanto mutamento di cose» che azione la molla delle disavventure di madama Beritola prende avvio dalla sconfitta a Benevento di Manfredi, l'ultimo degli Svevi, che con la sua caduta segna la fine dell'impero e, secondo Carducci, la fine del Medioevo: «Il medio evo finiva: l'ideale dell'impero era caduto con gli Svevi»[27]. La particolare collocazione della vicenda, in questa novella ghibellina e antifrancese, tra la morte di Manfredi e la fine del potere in Sicilia di Carlo d'Angiò, assume allora anche un valore emblematico. Come segno di tempi nuovi.

Alla novella di madama Beritola, tiene subito dietro la novella di Alatiel (II, 6 e 7): davvero due stupefacenti avventure mediterranee, di ritmo ampio e arioso, di struttura romanzesca, a protagonista femminile, che confermano la profonda originalità del *Decameron*, non solo commedia umana, dopo la severa e fiera commedia divina di Dante, ma anche commedia dedicata alle donne, come ideali e privilegiate lettrici, le «graziosissime donne» con cui si apre l'opera, le donne «che amano»[28], giovani e «nobilissime» (*Conclus.* 1); commedia umana sottotitolata «Prencipe Galeotto»[29],

---

[27] GIOSUE CARDUCCI, *Ai parentali di Giovanni Boccacci*, in *Opere*, Ed. Naz., XI (*Petrarca e Boccaccio*), Bologna, Zanichelli, 1936, 1952², pp. 311-334 (p. 315).

[28] In «soccorso e rifugio di quelle [donne] che amano, per ciò che all'altre è assai l'ago e 'l fuso e l'arcolaio, intendo di raccontare cento novelle, o favole o parabole o istorie che dire le vogliamo» (*Proemio*, 13). Conviene richiamare alla memoria un passo di Calvino: «La straordinaria novità del Boccaccio è resa possibile [...] dall'immagine d'una società ideale che fa da cornice alle novelle. È una società di donne, secondo una nuova immagine della donna che prende forma nella civiltà cittadina. "Graziosissime donne" è il vocativo con cui si apre il Decameron. Boccaccio si rivolge alle donne, racconta storie in cui le donne hanno un ruolo attivo e rappresentano un mondo governato dalla legge amorosa» (ITALO CALVINO, *Lezioni americane, Appendice: Cominciare e finire* [1985], in *Saggi 1945-1985*, a cura di Mario Barenghi, Milano, Mondadori, 2 voll., I, 1995, p. 743).

[29] «Il soprannome "Prencipe Galeotto" ci rinvia [...] necessariamente al famoso verso dantesco (*Inf.* V, 137): e non è dubbio che per Dante esso significhi condanna della letteratura erotico-cavalleresca, di quella cultura mondana che dominava l'ambiente di corte, specialmente di provincia, soprattutto nell'Italia settentrionale. Nell'intitolazione boccacciana invece svanisce ogni sottinteso polemico

ovvero mediatore d'amore e di vita. E il *Decameron*, nato dall'«orrido cominciamento»[30] della peste che devasta Firenze, si staglia davvero come inno alla vita[31].

---

ed anzi, se mai, appare nello scrittore un certo compiacimento nell'essere "Galeotto" (l'estensione dal libro all'autore è nel verso dantesco), cioè [cavalleresco messo d'amore, come del resto intende dire Francesca [...], ricollegandosi con ciò piuttosto alla letteratura "d'evasione", mondana e religiosamente indifferente qual è quella dei romanzi francesi e dei *fabliaux*, che non al rigore morale della *Commedia*. [...] Il Boccaccio non coglie insomma l'intimo ed appassionato messaggio della *Commedia*, che egli interpreta assai superficialmente, colpito più dalla novità delle storie, dallo stile vigoroso, dalla potenza drammatica che dal contenuto più profondo» (GIORGIO PADOAN, *Mondo aristocratico e mondo comunale nell'ideologia e nell'arte di Giovanni Boccaccio*, in «Studi sul Boccaccio», II, 1964, pp. 124-125). Senza nulla voler togliere all'«intimo ed appassionato messaggio della *Commedia*», né al suo «contenuto più profondo», non si vede perché il differente significato assegnato da Boccaccio al soprannome di «Precipe Galeotto» possa essere indizio di superficialità. Si tratta d'una prospettiva diversa e lontana dalla prospettiva dantesca, ma non per questo si tratta d'una prospettiva superficiale.

[30] «Questo orrido cominciamento vi fia non altramenti che a' camminanti una montagna aspra e erta, presso alla quale un bellissimo piano e dilettevole sia reposto, il quale tanto più viene lor piacevole quanto maggiore è stata del salire e dello smontare la gravezza» (I, *Introd.*, 4).

[31] Importa rileggere un passo di Carducci: «Niuno dopo Dante e prima dello Shakespeare creò come il Boccaccio tante figure diverse in tante diverse posizioni. E questa diversità delle cento novelle è poi distribuita in una solenne unità, con accorgimenti artificiosissimi: a canto al novella che burla e sorride, quella che piange o che sanguina; dopo il cinismo, la passione e il sacrifizio; presso il motto, l'orazione. E la unità che incornicia, mi sia lecito dirlo, tanta varietà, è un poema ella stessa: un poema comico nel senso di Dante, che move dai lutti della pestilenza e dagli oscuri silenzi d'una chiesa per distendersi e serpeggiare su per i colli di Firenze e le convalli di Fiesole, cercando gli splendori del sole e il gioioso colle della felicità tra fiori e alberi e acque e sorrisi e giuochi e canti di giovani e donne. E quei giovani e quelle donne, pur nella lieta concordia con cui servono all'officio di narratori, sono gente viva, hanno un carattere spiccato ciascuno, e ne improntano la loro narrazione. Tale è la mirabile opera di messer Giovanni Boccacci; l'opera che dopo la *Divina Commedia* più attesta la potenza dell'ingegno italiano nell'accoppiare a tanta facoltà d'invenzione una temperanza così artistica, anzi così matematica, di distribuzione e d'armonia» (GIOSUE CARDUCCI, *Ai parentali di Giovanni Boccacci*, cit., pp. 326-327).

Quando Carducci, nel bellissimo discorso tenuto a Certaldo nel 1875 (per il quinto centenario della morte), afferma che Boccaccio «Non servì mai ad altri signori che non fossero gli occhi delle belle donne» (332), non dice una frase di circostanza, né si lascia andare a una battuta galante, bensì tocca un punto nevralgico, per l'antropologia culturale e il fondamento etico-ideologico del *Decameron*. La raccolta delle cento novelle, come ribadisce la *Conclusione dell'Autore*, non è un libro per intellettuali né per ecclesiastici, che sono in Italia il tradizionale, consueto, canonico pubblico letterario, prima e dopo Boccaccio, bensì un libro rivolto a un inedito e più ampio pubblico di lettori[32]; un libro non per la «chiesa», non per le «scuole de' filosofanti», non per «cherici», né per «filosofi», ma per «persone giovani», però «mature» e non influenzabili, che leggono non in luoghi di preghiera né in biblioteca né a scuola, bensì «ne' giardini, in luogo di sollazzo» (*Conclus.* 7). Boccaccio ha davvero, con straordinaria intuizione, cercato e inventato il grande pubblico della letteratura moderna.

---

[32] «Petrarca, [...] nel rimettergli [a Boccaccio] la traduzione, in latino, dell'ultima novella del Decameron gli scriveva: "se dicessi d'averlo letto tutto, mentirei" (*Epistole senili*, XVII, 3). Indegno dunque [il *Decameron*] di essere letto nella sua interezza, e accettabile solo se tradotto nel nuovo latino degli umanisti? Il Boccaccio dovette trovarsi autenticamente turbato dal messaggio che il nuovo Umanesimo—la sua stessa nuova cultura—gli inviava. E d'altronde, non aveva egli stesso affermato che il suo non era un libro per gli intellettuali dell'università e della chiesa, ma per i giovani festevoli. Pure, qualsiasi dubbio nutrisse l'autore sul suo capolavoro, il bel manoscritto Berlinese [il codice Hamilton 90 della Biblioteca Statale di Berlino, autografo di Boccaccio, attribuibile agli anni intorno al 1370] ci assicura che egli lo sentiva ancora profondamente, intimamente suo. Forse in quegli anni vagheggiava anche altri interlocutori, un altro pubblico; ma si teneva stretto allo stesso tempo il pubblico che egli per primo aveva "visto" e messo a fuoco: quel pubblico di lettrici che nelle loro camere, sotto il controllo occhiuto dei familiari, avrebbero trovato nel suo "prencipe Galeotto" una salvezza, o almeno un'evasione. Ovvero il pubblico, da lui trovato e inventato, del romanzo europeo» (RICCARDO BRUSCAGLI, *Introduzione all'opera*, in G. BOCCACCIO, *Decameron*, commentato da Riccardo Bruscagli, letto da Ottavia Piccolo e Vittorio Viviani, Torino, Loescher, 2014, pp. 13-14).

PINOCCHIO E IL RICHIAMO DEL MARE

Giulia Tellini

Homme libre, toujours tu chériras la mer!
(Charles Baudelaire, *L'Homme et la mer*, 1857)

Come tutti sappiamo, il personaggio di Pinocchio nasce il 7 luglio 1881, quando, sul primo numero del «Giornale per i bambini», settimanale diretto da Ferdinando Martini, i piccoli lettori leggono, suddiviso in due puntate, l'inizio del racconto che ha per protagonista il celebre burattino. Otto mesi prima, nel dicembre 1880, Carlo Lorenzini, detto Collodi, aveva spedito all'amico Guido Biagi, braccio destro di Martini, quello che oggi corrisponde ai primi tre capitoli del libro. In una letterina allegata al manoscritto, Collodi aveva scritto a Biagi: «ti mando questa bambinata, fanne quello che ti pare; ma se la stampi, pagamela bene per farmi venire la voglia di seguitarla»[1]. La «bambinata», com'è noto, ha un successo immediato e strepitoso e, per 4 mesi, esce sul «Giornale» di Martini e Biagi a intervalli abbastanza regolari, preceduta dal titolo *Storia di un burattino*.

Poi, all'improvviso, il 27 ottobre 1881, alla fine del 15° capitolo, Pinocchio muore in mezzo a un bosco, impiccato dal Gatto e dalla Volpe a un ramo della Quercia grande. E i bambini non ci stanno, si ribellano e inondano la redazione del giornale di lettere d'indignazione e di protesta. Tanto fanno e tanto dicono che, meno di due settimane dopo, Martini annuncia sulle pagine del settimanale l'imminente ripresa del racconto:

---

[1] Carlo Collodi a Guido Biagi, ora in Ornella Castellani Pollidori, *Le avventure di un capolavoro*, in Carlo Collodi, *Lo spazio delle meraviglie*, a cura di Roberto Fedi, Firenze, Banca Toscana, 1990, p. 100.

una buona notizia – dice –. Il signor Carlo Collodi mi scrive che il suo amico Pinocchio è sempre vivo, e che sul conto suo potrà raccontarvene ancora delle belline. Era naturale: un burattino, un coso di legno come Pinocchio, ha le ossa dure, e non è tanto facile mandarlo all'altro mondo. Dunque i nostri lettori sono avvisati: presto presto cominceremo la seconda parte della *Storia di un burattino* intitolata *Le avventure di Pinocchio*[2].

E così, il 16 febbraio 1882 cominciano *Le avventure di Pinocchio*, che vanno avanti fino al 25 gennaio 1883, giorno in cui i bambini devono prendere definitivo commiato dal loro burattino.

Questo per quanto riguarda la genesi di Pinocchio.

E ora mi avvicinerò al mare.

Nella *Storia di un burattino*, vale a dire nei primi 15 capitoli del libro, il mare viene evocato una volta sola, al capitolo 9°: il protagonista sta andando a scuola e, mentre cammina, dice a voce alta che vuole imparare subito a leggere e a contare, e poi guadagnare tanti soldi per comprare al suo babbo una casacca d'argento e d'oro coi bottoni di brillanti. Mentre dice così, però, finendo persino col commuoversi pensando al povero Geppetto rimasto in camicia per comprargli i libri, Pinocchio sente in lontananza una musica di pifferi e di colpi di grancassa. Allora—si legge—lui «si fermò e stette in ascolto. Quei suoni venivano di

---

[2] Ivi, p. 102. *Le avventure di Pinocchio* è, fra l'altro, un titolo che rinvia a quello di un libro ancora molto letto ai tempi di Collodi, vale a dire *Les Aventures de Télémaque* (1699) di Fénelon. «Anche costì c'è un ragazzo che perviene alla saggezza attraverso l'esperienza d'una serie di avventure [...] e codesto ragazzo è anche lui, come il celebre burattino, un figliolo che ricerca il babbo perduto e creduto morto» (Pietro Paolo Trompeo, *Odor di mare in 'Pinocchio'*, in Id., *Il lettore vagabondo. Saggi e postille*, Roma, Tumminelli, 1942, p. 238). Tuttavia, «nelle *Avventure di Pinocchio* non c'è che lo schema delle *Aventures de Télémaque*, e così assorbito nella fiaba luminosa che nessuno ci pensa» (ivi, p. 239).

fondo a una lunghissima strada traversa, che conduceva a un piccolo paesetto fabbricato sulla spiaggia del mare»[3].

E così, dopo qualche attimo di perplessità, Pinocchio decide di saltare la scuola e di seguire il richiamo della musica. Il mare, in realtà, il nostro protagonista, questa volta, non lo vede neanche. Ma quella musica proviene dal mare, e lui la ascolta, così come Ulisse ascolta il canto delle sirene, anteponendo, come ogni anti-eroe che si rispetti, la libertà alla necessità. Obbedendo al principio del piacere, Pinocchio arriva a teatro invece che a scuola e, da questo momento fino a quando viene impiccato dagli assassini, non smette mai di fare la scelta sbagliata, e così ha inizio la sua odissea: vende l'abbecedario per comprarsi il biglietto dello spettacolo dei burattini, si fa abbindolare dal Gatto e dalla Volpe, paga la loro cena all'Osteria del "Gambero Rosso", s'imbatte negli assassini (che poi sono il Gatto e la Volpe incappucciati) e si ritrova infine appeso a un cappio in mezzo al bosco.

Mentre, dunque, nella *Storia di un burattino*, il via a tutti i guai del protagonista lo dà il mare, ma dominano poi comunque le strade, i campi e i boschi, nelle *Avventure di Pinocchio*, dove si passa dalla dimensione della Storia a quella del Mito, è senza dubbio il mare a dominare la scena. Un mare, tuttavia, non più suadente e tentatore e involontariamente pernicioso come nella *Storia*, ma anzi materno e leale e generoso e sorprendente.

Riappare, il mare, al capitolo 23. Nel frattempo, Pinocchio è stato tirato giù dal ramo della Quercia grande grazie alla bambina dai capelli turchini, si è fatto riabbindolare dal Gatto e dalla Volpe, è finito in prigione per quattro mesi, è stato costretto a fare il cane da guardia per un contadino, e ha infine scoperto che la bambina dai capelli turchini è morta. Mentre piange sulla sua lapide, e siamo qui appunto al capitolo 23, arriva un colombo «più grosso di un tacchino» (114), che lo informa del fatto che Geppetto è sulla

---

[3] Carlo Collodi, *Le avventure di Pinocchio. Storia di un burattino*, Firenze, Paggi, 1883, p. 38.

spiaggia del mare a costruirsi una barchetta per attraversare l'Oceano:

> quel pover'uomo—dice il colombo—sono più di quattro mesi che gira il mondo in cerca di te: e non avendoti potuto trovare, ora si è messo in capo di cercarti nei paesi lontani del nuovo mondo[4].

A queste parole, Pinocchio salta sulla groppa del colombo, e si fa portare fino alla riva del mare, dove, salito in cima a uno scoglio, fa appena in tempo a vedere, in lontananza, la barchetta del babbo travolta da una «terribile ondata». «Voglio salvare il mio babbo!», urla allora, gettandosi in mare. Qui, essendo tutto di legno, galleggia facilmente e comincia a nuotare come un pesce fino a che non sparisce dall'orizzonte[5].

Perciò, vediamo che, al capitolo 9, Pinocchio, seguendo la musica che viene dal mare, s'allontana dal padre, mentre, al capitolo 23, si getta in mare proprio per raggiungere il babbo.

Questo mare collodiano, dunque, come tutti i simboli che si rispettino, non è mai univoco, ma, anzi, profondamente ambivalente, dal momento che è come uno specchio che riflette la doppia natura del protagonista: non più bambino e non ancora adulto (Fedi, 67), metà burattino e metà ragazzo[6], conteso fra l'incessante voglia di avventure e il desiderio di tranquillità (Fedi, 46), sempre a inanellare uno sbaglio dietro l'altro eppure intelligente, diverso e geloso della propria diversità ma nello stesso tempo smanioso di essere come tutti gli altri, pieno di ottimi propositi ma incapace di

---

[4] *Ibidem.*

[5] Ad assistere a questa scena, dalla spiaggia, sono i pescatori, che, come quei cori greci che compiangono senza mai alzare un dito, borbottano sottovoce due preghiere, una per il padre e una per il figlio, e se ne ritornano alle loro case (cfr. Emma Nasti, *Pinocchio, libro per adulti*, Firenze, Industria Tipografica Fiorentina, 1968, p. 54).

[6] Cfr. Pietro Citati, *Pinocchio un naso lungo cento anni*, in «La Repubblica», 26 ottobre 1990.

resistere alle tentazioni, attratto dall'ignoto e dal movimento e malgrado ciò sempre alla ricerca di una casa dove tornare, buono ma in balìa della debolezza della sua volontà, mosso continuamente dall'istinto e condannato a sbattere ogni volta la testa contro la realtà[7].

Non a caso, infatti, Pinocchio, quand'è nel mare, dove tutto è natura e istinto, si trova sempre a suo agio. È quand'è sulla terra, e ha a che fare con gli uomini, che gliene capitano di cotte e di crude: dà retta al Gatto e alla Volpe, e viene derubato; si reca a denunciarli per furto, e viene arrestato; poi si dichiara colpevole e allora viene liberato. Una difficile educazione sociale che Pinocchio apprende per esperienza diretta, sbattendoci la testa un sacco di volte, e pagando a caro prezzo gli errori fatti, imparando molto di più da quelli che non gli danno consigli piuttosto che da quelli che sono sempre lì col dito puntato[8]. Solo la vita, infatti, insegna a vivere[9].

Ma torniamo dove eravamo rimasti. Il povero Pinocchio, e siamo arrivati ora al capitolo 24, nuota tutta la notte.

> E che orribile nottata fu quella! – si legge – Diluviò, grandinò, tuonò spaventosamente e con certi lampi, che pareva giorno. Sul far del mattino, gli riuscì di vedere poco distante una lunga striscia di terra. Era un'isola in mezzo al mare. Allora fece di tutto per arrivare a quella spiaggia; ma inutilmente [...]. Alla fine, e per sua buona fortuna, venne una ondata tanto prepotente e impetuosa, che lo scaraventò di peso sulla rena del lido. Il colpo fu così forte che, battendo in terra, gli crocchiarono tutte le costole e tutte le congiunture: ma si consolò subito col dire: — anche per questa volta l'ho proprio scampata bella! — Intanto a poco a poco il cielo si rasserenò; il sole apparve fuori in tutto il

---

[7] Cfr. Piero Bargellini, *La verità di Pinocchio*, Brescia, Morcelliana, 1942, p. 74.

[8] Cfr. Vittore Branca, *Quel burattino ha avuto naso*, in «Vita Italiana. Cultura e scienza», n. 4, ottobre-dicembre 1990, p. 158.

[9] Cfr. Pietro Pancrazi, *Elogio di Pinocchio* [1921], in Id., *Ragguagli di Parnaso. Dal Carducci agli scrittori d'oggi*, a cura di Cesare Galimberti, Milano-Napoli, Ricciardi, 1967, I, p. 387.

suo splendore e il mare diventò tranquillissimo e buono come un olio. (119)

Pinocchio, dunque, si tuffa nel mare, senza paura, senza pensarci, per salvare il suo babbo, e, se vogliamo dare credito a Jung, è come se si tuffasse nel grembo materno. Quel che lui non ha avuto, infatti, è proprio una vita intrauterina, una mamma e un battesimo, e perciò, tuffandosi nel mare, è come se Pinocchio nascesse di nuovo, consapevole di avere un destino, depurato dagli errori passati e pronto ad affrontare una nuova vita: non a caso, nell'isola dove approda fortunosamente, ritrova la Fata dai capelli turchini, che, morta come bambina, è diventata ora una donna, e quindi, per lui, una mamma. Varrebbe la pena notare che le bambine diventano donne dopo tutte le sofferenze che patiscono a causa degli uomini, mentre i maschi piccoli diventano uomini dopo tutto quello che combinano per voler fare di testa loro, comunque andiamo avanti.

Vegliato amorevolmente dalla buona Fata, nell'isola delle Api industriose (e il nome è tutto un programma), Pinocchio va a scuola e si fa onore, ma una brutta mattina, dando retta a un gruppo di sette compagni di scuola, salta la lezione e decide di seguirli fino alla spiaggia, perché gli hanno detto che nel mare vicino è arrivato un enorme pesce-cane, e a lui un Delfino «garbato» aveva detto che Geppetto, probabilmente, era stato mangiato proprio da un pesce-cane. Ma i suoi compagni invidiosi gli hanno detto una bugia, soltanto per fargli perdere la scuola. E, in realtà, nel mare, non c'è nessun pesce-cane: «il mare—si legge—era tutto liscio come un gran cristallo da specchio» (136). Pinocchio ci resta male, dichiara che i compagni sono sette come i peccati mortali, «il più ardito di quei monelli» gli sferra un pugno, e in un batter d'occhio scoppia un «combattimento generale e accanito» che non può che andare a finire male. Uno dei ragazzi, infatti, si prende una librata in testa e tutti, credendolo morto, scappano via. Tutti, tranne Pinocchio, che gli bagna le tempie con un panno, e comincia a piangere e a urlare. Ovviamente, in quel momento, due carabinieri arrivano e lo arrestano. Ma lui riesce a svincolarsi e, come farà Antoine Doinel alla fine dei *Quattrocento colpi*, anche se con molta meno fortuna di Pinocchio, inizia a correre verso il mare.

Ed eccoci qui alle ultime righe del capitolo 27.

Anche in questo capitolo, Pinocchio va verso il mare con la speranza di rivedere il babbo, ma così facendo, però, s'allontana dalla Fata. Come nel capitolo 9, imbocca la strada diretta al mare invece che quella diretta a scuola, e si ritrova nei guai: imbocca la strada dell'istinto invece che quella del buon senso, e sbaglia per l'ennesima volta. Ma il mare, qui, è sinonimo sia d'istinto che soprattutto di libertà, e infatti, sfuggendo ai carabinieri e al loro cane mastino Alidoro, Pinocchio corre verso il mare: «appena fu sulla spiaggia—si legge—, il burattino spiccò un bellissimo salto, come avrebbe potuto fare un ranocchio, e andò a cascare in mezzo all'acqua» (145). Con lui, in mezzo all'acqua, finisce anche Alidoro, che però non sa nuotare. E Pinocchio lo salva, a patto che il cane non gli corra più dietro. Poi, dopo averlo portato a riva, si ributta in mare e continua a nuotare, «tenendosi sempre vicino alla terra». Il mare vicino alla terra, tuttavia, è pericoloso, e infatti Pinocchio finisce nella rete del pescatore verde, che starebbe quasi per friggerlo se, in quel mentre, non sopraggiungesse Alidoro, il quale, dopo essere stato da lui salvato, salva a sua volta la vita all'amico, strappandolo dalle grinfie del mostruoso pescatore verde (così simile, oltretutto, a quell'«orrendo mostro» che è il Polifemo dell'*Odissea*, altro capolavoro «dove l'odor salso è da per tutto»)[10]. E questo è il capitolo 28.

[10] «Altri riscontri si sarebbe tentati di fare, una volta avvicinato *Pinocchio* all'*Odissea*: tra i ragazzi del Collodi, per esempio, che nel Paese dei balocchi si trasformano a poco a poco in ciuchini, e i compagni di Ulisse tramutati da Circe in maiali. Ma direi che in quell'episodio il Collodi non ha fatto altro che utilizzare un tema letterario, sia pure con grande maestria e con arguzia felice. Nell'episodio del Pescatore verde c'è ben di più, o ben altro: ci si sente, o a me par di sentirci, una rispondenza di poesia dalla fiaba greca alla fiaba toscana,

Grazie al mare, quindi, Pinocchio si salva dall'ingiusto arresto, e impara le virtù della generosità, della gratitudine e dell'alleanza. Nel mare, sa che non ha niente da temere, e sa che non ha niente da temere neppure dalle creature del mare, che sono sempre gentili e solidali. Quelli da temere sono gli uomini sulla terra, che sono invece falsi, violenti, ingiusti, crudeli, ottusi, invidiosi ed egoisti.

Prima di avere a che fare un'altra volta con il mare, Pinocchio dovrà aspettare il capitolo 34: nel mezzo, c'è la storia dell'amicizia con Lucignolo, del pauroso Paese dei Balocchi, della metamorfosi in un asino, e della sua esibizione come ciuchino ballerino in un circo. Rimasto azzoppato durante lo spettacolo, il ciuchino Pinocchio viene venduto a un tizio che vuole ucciderlo e usare la sua pelle per farne un tamburo: lo conduce perciò su uno scoglio che è sulla riva del mare, gli mette un sasso al collo, gli dà uno spintone e lo getta in acqua.

E a Pinocchio, ovviamente, non potrebbe riservare un trattamento migliore, perché mille pesciolini, mandati dalla fata, vanno a mangiare la sua «buccia asinina» ritrasformandolo in un burattino. E lui, tornato burattino e raccontata questa storia al povero compratore deluso, non vede l'ora di saltare di nuovo in acqua. Gettato come un sasso nel mare della vita, rinasce burattino[11]. L'acqua lo purifica, così come aveva purificato Lucio, il protagonista dell'*Asino d'oro* di Apuleio, che, poco prima di ritramutarsi da asino in uomo, si tuffa in mare e immerge la testa in acqua per sette volte.

Mentre Pinocchio nuota alla ventura, viene bevuto come un uovo di gallina da un enorme pesce-cane: il famoso pesce-cane che, due anni prima, s'era inghiottito «come un tortellino di Bologna» (Collodi, 212) anche Geppetto. E, dentro la pancia del

---

impregnate come sono tutt'e due di quell'alito marino vivificante» (Pietro Paolo Trompeo, *Odor di mare in 'Pinocchio'*, cit., p. 241).
[11] Pietro Citati, *Pinocchio un naso lungo cento anni*, in «La Repubblica», 26 ottobre 1990.

mostro marino, infatti, Pinocchio, come tutti sappiamo, e siamo qui al 35° nonché penultimo capitolo del libro, ritrova suo babbo.

Il pesce-cane, si sa, coma la balena dell'Antico Testamento, non è che il simbolo dell'espiazione e della morte apparente che precede la resurrezione (Bargellini, 56). Pinocchio ha sperimentato la trasformazione in asino, ovvero l'animale per eccellenza più legato alla terra, ha sofferto, è stato deriso in tutti i modi ed è morto con un sasso intorno al collo, un po' come Gesù sul Calvario e poi sulla Croce.

Nel pesce-cane, dunque, dicevamo, Pinocchio fa amicizia con un Tonno, poi trova Geppetto, e lo porta in salvo fuori dalla bocca del mostro: «il mare—si legge—era tranquillo come un olio: la luna splendeva in tutto il suo chiarore»[12]. Infine, e siamo arrivati al 36° e ultimo capitolo del libro, si fa aiutare dal Tonno a raggiungere la riva. Dopodiché, si prende cura sia del babbo sia della Fata, che è all'ospedale, malata, impara a leggere, e fa molte altre cose[13], fino a che una bella mattina non si alza dal letto trasformato in un «ragazzo come tutti gli altri», in una bella camerina e, nella stanza accanto, un Geppetto «sano, arzillo e di buon'umore» (Collodi, 230).

Fuggito dal pesce-cane, ormai, Pinocchio è coraggioso e forte contro le tentazioni (Bargellini, 56). Terminato il ciclo della perdizione, ovvero quello della fuga dal padre, ha inizio quello della

---

[12] Carlo Collodi, *Le avventure di Pinocchio. Storia di un burattino*, cit., p. 216. «Sotto quello stellato, sotto quel lume di luna, s'indovina la gran distesa del mare, se ne sente l'ampio e tranquillo respiro tra pause di silenzi solenni. E si pensa, perché no?, a Ulisse che esce dall'antro di Polifemo, a Dante che esce dall'inferno a riveder le stelle e riconosce di lontano il tremolar della marina. Il ventre del Pesce-cane non è del resto l'ultimo fondo dell'inferno di Pinocchio, la sua tenebrosa Giudecca?» (Pietro Paolo Trompeo, *Odor di mare in 'Pinocchio'*, cit., p. 238).

[13] «Ne fa tante e tutte conducono al rientro nei ranghi, al fare come vogliono gli altri, a "collaborare" [...]. Tutto questo ha l'estenuata dolcezza e l'insofferente frettolosità di un suicidio» (Fernando Tempesti, *Com'è fatto Pinocchio*, in Carlo Collodi, *Pinocchio*, Milano, Feltrinelli, 1972, p. 80).

redenzione, vale a dire quello del ritorno al padre (Bargellini, 54), che si conclude col suo passaggio all'età adulta, col suo ritrovarsi diverso e cresciuto, più triste e più saggio, e con la scomparsa della Fatina. La fiaba è finita, ed è finita bene[14], e ora non rimane altro che la realtà[15].

Il finale del libro è lieto ma anche triste, è un finale serio insomma, perché il passaggio dall'infanzia all'età adulta è sempre doloroso[16]: e il protagonista, divenuto un «ragazzino per bene», non potrà più correre come una lepre per le vie e nuotare come un pesce nel mare. Dovrà iniziare a controllare l'orologio e, come aveva detto anche Machiavelli nel *Principe*, diventare cinico e crudele come tutti gli altri. *Pinocchio*, infatti, è un libro pieno di verità e di sapienza. E la verità è dura, e la sapienza è amara (Bargellini, 68).

---

[14] Se così non fosse, sarebbe una tragedia, così come è tragico il romanzo *Peter Pan in Kensington Gardens* (1906) di James Matthew Barrie, dove Peter Pan è condannato a rimanere sempre un bambino, perché, dopo mille avventure dei giardini di Kensington, quando finalmente si decide a tornare dalla mamma, non trova più aperta la finestra di casa sua, bensì chiusa e sbarrata da spranghe di ferro.

[15] «Ucciso dalle buone azioni, Pinocchio si sveglia "ragazzo come tutti gli altri". È una conclusione drammatica. Quella frase casuale – e la grandezza del libro è spesso affidata ad invenzioni e frasi casuali – tocca il dilemma infantile; accettare insieme la diversità e la solitudine, o perdere l'una e l'altra. Il burattino Pinocchio era unico e solo; aveva un nome risibile e indimenticabile, non genitori, né casa; [...]. E tuttavia quello straordinario legno indistruttibile era stato un creatore di destino; era stato impiccato, buttato a mare, truffato, arrestato, aveva conosciuto il Paese dei Balocchi e le viscere tenebrose ed ospitali della balena; la sua vita era stata una fuga ininterrotta, una corsa a perdifiato per non perdere se stesso. Ricattato affettivamente, Pinocchio ha accettato la realtà, ha rinunciato alla unicità del burattino; come uomo, avrà un nome e un cognome, ma sarà insieme anonimo. La condizione di burattino è vista come deformità, ma si dimentica che quella deformità fu una condizione della libertà» (Giorgio Manganelli, *La morte di Pinocchio* [«L'Espresso», 1970], in Id., *Laboriose inezie*, Milano, Garzanti, 1986, pp. 314-315).

[16] «Per molti di noi, la conclusione di Pinocchio [...] fu il primo trauma intellettuale; ed è interessante che uno dei libri non solo cari, ma fatali, dell'infanzia, si concluda con un così torvo oltraggio al modo di esistere puerile» (ivi, p. 313).

Tuttavia, nelle *Avventure di Pinocchio*, ciò che conta non è l'arrivo, ma il viaggio. E i momenti più belli di queste avventure sono proprio quelli che vedono il protagonista alle prese con il mare, che qui è sinonimo di meraviglia, di coraggio, di scoperte, di libertà, di amicizia, di rinascita. In una parola, di vita, in tutti i suoi aspetti belli: quando segue la musica che viene dal mare, quando si butta dallo scoglio per salvare il babbo, quando un'onda lo scaglia nell'isola delle Api industriose e lì ci trova la Fata, quando corre verso il mare per sfuggire ai carabinieri, quando salva la vita al buon Alidoro, quando muore come asino e rinasce come burattino, e quando viene mangiato dal pesce-cane e ritrova il suo babbo.

Tutto avviene nel mare. E quand'è burattino, lui, del mare, sa che può fidarsi, perché gli assomiglia, ha la pelle dura e la natura è benigna con lui. Sa che il mare può essere agitato ma che, prima o poi, tornerà immancabilmente «buono come un olio», e «liscio come un gran cristallo da specchio» (Collodi, 236). E ci si tuffa nel mezzo sempre tranquillo e beato, come fra le braccia di un amico. Finita l'infanzia e finita la fiaba, al termine del libro, si sa che non potrà più farlo. Si sa che non avrà più la stessa indistruttibile leggerezza di quand'era un burattino. Si sa che non avrà più nessuna via di fuga, come non ne ha Antoine Doinel alla fine dei *Quattrocento colpi*[17]. Si sa che dovrà mettere i suoi «stivaletti di

---

[17] In realtà, uno dei film che più ricordano la parabola di Pinocchio è *La vita di Adele* (2013) di Abdellatif Kechiche, dove la protagonista, inizialmente diciassettenne, è una ragazza, di modesta estrazione sociale, che ama tutto quanto è vitale (mangiare, leggere, ascoltare qualsiasi tipo di musica, ridere, ballare) e comunica un senso di libertà con ogni sua azione, ogni gesto, ogni parola. A un certo punto, s'innamora d'una ragazza, Emma, guarda caso dai capelli turchini e di famiglia alto borghese (non dimentichiamoci che la Fata di Pinocchio abita in una casetta dalle pareti di madreperla), e si scontra con una convenzione sociale che la imprigiona e la condanna per il suo orientamento sessuale. Perciò, Adele tradisce Emma, con un ragazzo, una volta sola, senza neanche volerlo. E paga quest'unico errore con l'abbandono e la solitudine. Si purifica dall'errore con un bagno nel mare (l'acqua infatti è il suo elemento,

pelle» nuovi di zecca, rimanere con i piedi ben piantati per terra e non fermarsi mai più ad ascoltare la musica che viene dal mare.

principio cosmico femminile, simbolo di vita e d'amore), dopodiché rivede Emma, cercando di riconquistarla. Ma è troppo tardi. Così si compie il suo passaggio all'età adulta. Al termine di *Pinocchio* scompare la Fatina, così come al termine della *Vita di Adele* scompare Emma. Nell'età adulta, tutto ciò che è femminile è destinato a scomparire. Restano solo le forme e la terra, mentre il burattino Pinocchio e la giovanissima Adele rappresentavano la vita, l'utopia, la libertà.

L'ESSERE MERIDIONALE IN DUE FILM DI GIANNI AMELIO

Antonio C. Vitti

Così ridevano (1998) instaura un discorso dialettico con il passato, senza l'ottimismo e gli ideali marxisti-leninisti e gramsciani sostenuti da Visconti in *Rocco e i suoi fratelli* (1960). Il film è un'indiscutibile opera d'arte che si pone come alternativa al manierismo, ai giochi linguistici e metacinematografici e alle ossessioni cinema-centriche che si celano dietro ai tipici remake. Ed infatti ci troviamo di fronte ad un diretto opposto ai rifacimenti americani in cui, come dimostra Fredric Jameson, il presente è colonizzato dal passato per creare un effetto trompe-d'oeil e la nostalgia per un passato idealizzato registra solo gli eventi ed i periodi di successo.

I due film presentano evidenti differenze tematiche, stilistiche e ideologiche. Visconti fu il primo a riprendere l'emigrazione interna nel momento in cui stava avendo luogo, anche se dieci anni prima *Il cammino della speranza* (1950) di Pietro Germi aveva descritto il viaggio di alcuni operai di una zolfatara attraverso l'Italia e fino in Francia per trovare lavoro. Il punto di vista positivista di Visconti descrive una famiglia del Sud come portatrice di una malignità atavica e antica che può essere redenta solo grazie al contatto con il moderno Nord, più sviluppato e progressista. I Parondi portano la tragedia con sé a Milano, assieme al fatalismo, al paganesimo e alle idee patriarcali che cozzano con il progresso, ma che attraverso il contatto con la cultura settentrionale si raffinano. L'ideale utopico alla fine del film riflette la concezione marxista-gramsciana di Visconti sul contatto fra gente di diverse culture: i contadini del Sud verranno integrati nella civiltà più industrializzata come operai. La loro tragedia diventa un melodramma. Simone, la mela marcia che deve essere rimossa per preservare le altre, viene arrestato. Nadia, che incarna il peccato e la lussuria e che pertanto è una *figura peccatis*, deve morire per espiare le sue colpe. Rocco, la *figura Christi*, si sacrifica per redimere le colpe sue e quelle degli altri per aver dormito con la donna amata dal fratello maggiore. Ciro, che diventa un operaio specializzato nella fabbrica dell'Alfa Romeo, sposa una giovane bionda settentrionale e si integra. Il giovane rigetta la legge meridionale dell'omertà familiare chiamando la polizia per far arrestare Simone. Luca, il più giovane dei fratelli, studierà per salire un gradino della società. Rocco si augura che Luca torni a casa per ristabilire le sue origini e Visconti spera che porti l'emancipazione.

Lo storico Daniel J. Boorstin descrivendo il sogno americano legato ai concetti di creatività e speranza lo distingue rispetto alle nazioni europee in quanto gli Stati uniti hanno avuto la capacità, almeno fino alla metà del ventesimo secolo, di crescere e svilupparsi attraverso la promozione di una cultura multietnica e la convergenza di luoghi geografici. La forma mentis europea, al contrario, ha sempre sostenuto la prevalenza delle antiche culture europee: inglese, francese, tedesca, e italiana, che hanno sempre idealizzato la tradizionale uniformità.

In altre parole, l'orgoglio nazionale consisteva nel ritenere che la reale promessa e grandezza di una nazione risiedessero nel raggiungimento del proprio genio individuale e nel suo rifiuto di accogliere le culture "altre", anche se influenze esterne avrebbero potuto dare un pizzico di sapore diverso. In molti modi il film di Amelio condanna la tradizionale uniformità delle culture antiche europee mostrando che esse non permettono l'integrazione dell'altro: il meridionale è escluso dallo spirito geniale italico e la cultura dominante rifiuta la convergenza con lo straniero. In uno dei suoi primi articoli sull'emigrazione del Sud per *Il Giorno*, Giorgio Bocca paragonò le bidonville dilaganti nell'hinterland milanese all'Occidente americano, ma terminò con una nota negativa: l'uomo nuovo che emergerebbe da questa nuova generazione sconfitta, non sarebbe probabilmente leale o fiero del suo viaggio epico, come lo fu la sua controparte americana. La storia ellittica e contraddittoria dei fratelli Scordia giunge in vari modi alla stessa conclusione.

In *Rocco e i suoi fratelli* la trasformazione dei Parondi descrive ciò che molti intellettuali del tempo credevano sarebbe accaduto all'intero Paese con l'industrializzazione e la migrazione interna. La graduale scalata della famiglia dalla bieca povertà alla normalità della classe operaia coincide con la trasformazione morale che si riflette nella denuncia da parte di Ciro del suo stesso fratello. I loro possedimenti materiali aumentano visibilmente mentre si spostano dal freddo desolato della Stazione Centrale ad un buio seminterrato e poi in una casa popolare con delle belle pareti dipinte, una cucina moderna e un cortile pieno di vicini gentili. Questo processo non avviene nel film di Amelio.

Ne *La stella che non c'è* (2006), il viaggio di Vincenzo inizia come un atto di auto-preservazione e forse come desiderio inconscio di trovare la giovane traduttrice cinese che aveva incontrato in Italia. Le sue connotazioni metaforiche cambiano nel momento in cui il protagonista è obbligato ad affrontare varie situazioni e persone ed costringe gli altri a scendere a patti con la propria eredità e con il proprio cambiamento. Solidi valori e tradizioni sono stati erosi e rimpiazzati da un superficiale senso di benessere e da un'ingannevole sensazione di sicurezza, offerti dal consumismo e dal progresso tecnologico. Amelio riconosce la sua predilezione di ambientare i suoi film all'estero per scovare le motivazioni intime dei personaggi. Allo stesso modo, riprende il passato per affrontare questioni irrisolte e per permettere al pubblico di riflettere sul presente. Qui Amelio si sposta in una Cina proiettata verso il futuro per comprendere meglio l'operaio italiano, destituito sia dal passato che dal suo arduo tentativo di resistere a indifferenti e corrotti speculatori edilizi. Spesso il regista calabrese preferisce cercare un'Italia che esiste altrove e attraverso personaggi che non hanno una dimora fissa.

La stella che non c'è dice molto più dell'Italia rispetto alla Cina, attraverso il personaggio di Vincenzo Buonavolontà (Sergio Castellitto, che vinse il premio Francesco Pasinetti come miglior attore al Festival del Cinema di Venezia nel 2006). Molti recensori del film hanno scritto che il cognome del personaggio è stato lievemente modificato per distinguere il film dal libro, ma Ermanno Rea durante una nostra conversazione mi ha detto che il nome dell' operaio nel film di Amelio corrisponde al vero nome dell'operaio che lui ha intervistato. A parte i riferimenti ai fatti reali, forse "buona volontà" ha una connotazione più attiva di "buono core". Il protagonista è molto diverso dai suoi compagni italiani, estraniato dal modo in cui la maggior parte della gente si comporta e pensa. Vincenzo segue un istinto del quale lui stesso non è consapevole. Questo lo inserisce nella tradizione di personaggi che, pur percependo qualcosa di sbagliato, non può fare nulla per riportarlo al pubblico, il quale al contrario può meditare e prenderne coscienza.

La stella che non c'è amplia il tema della scoperta personale esaminando il legame tra due individui e collegandolo ad una più ampia esplorazione della Cina e della globalizzazione. Personalmente non paragono questo film a quelli di altri registi italiani contemporanei che spediscono i loro personaggi fuori a scovare le strade, le piazze, i sobborghi e i piccoli paesi della "vera Italia". Vincenzo è un italiano estraneo all'Italia contemporanea e al suo modo di fare le cose, lui segue un istinto che il film volutamente non chiarisce completamente.

Il paesaggio postindustriale qui può essere paragonato a ciò che Roland Barthes chiama *inevidence*. Vincenzo cerca di trovare una riconciliazione e altre forme di armonia, in un bisogno di superare i conflitti ereditati dal post-capitalismo. Dopo il crollo del suo mondo, non può essere ingannato da ciò che vede: la realtà ha smesso di comunicare con lui e in lui. Come l'uomo di Calvino della seconda rivoluzione industriale, si dirige verso l'unica parte non programmata dell'universo: l'io interiore, la relazione non mediata tra il tutto e l'ego.

Dall'inizio del film, siamo coscienti del fatto che manchi qualcosa nella vita di Vincenzo. La scena d'apertura stabilisce l'umore contrastante tra la gente del luogo e la delegazione appena arrivata. In una notte fredda e piovosa, un autobus pieno di cinesi allegri e curiosi giunge allo stabilimento. Un lungo travelling lo segue mentre entra. Una fila di manifestanti in abiti invernali, con striscioni contro la vendita che definiscono i cinesi degli "avvoltoi", è dritta e immobile, a simbolizzare che il disarmo ha messo fine alle loro esistenze. La cinepresa si sposta in alto e un demoralizzato Vincenzo, scuro in volto, guarda fuori da un finestra. Il suo distacco dagli altri è visivamente rinforzato da riprese di lui da solo in una stanza, o mentre guarda silenzioso da una finestra ciò che sta accadendo nella fabbrica, mentre l'ingegnere decanta ai cinesi la grandezza e le potenzialità del macchinario che hanno comprato.

La sceneggiatura fu scritta tre volte. Nella versione finale, presentata alla commissione cinematografica cinese, la delegazione cinese arriva a Bagnoli in un preludio. Vincenzo sta guardando alcune vecchie fotografie della sua vita nello stabilimento. Una è lo scatto di un incidente con la centralina mal funzionante nell'altoforno che aveva causato la morte di un collega di lavoro. Questa scena non appare nella versione finale del film. Amelio girò questa prima scena dopo il suo ritorno dalla Cina, e, dal momento che la storia era cambiata, decise di escludere i dettagli del passato di Vincenzo. Il regista affermò di aver voluto lasciare più vaghe possibili le motivazioni che avevano spinto Vincenzo ad andare in Cina, essendo più interessato a ciò che accade durante il viaggio.[1] Nonostante le critiche secondo cui Amelio avrebbe dovuto girare la scena, ritengo che il fatto di averla esclusa eviti di cedere alla nostalgia che le immagini avrebbero inevitabilmente suscitato. Il

---

[1] Per l'intervista completa di Amelio si veda "Conversazione con Gianni Amelio," in Amelio e Contarello, *La stella che non c'è*, 11-32.

pubblico può comprendere ciò che Vincenzo sta passando mentre assiste alla fine della sua vita lavorativa. Evidentemente, ogni pezzo di macchinario venduto alla nazione emergente è come un arto strappato al suo corpo e la vendita finale simboleggia lo smantellamento dell'intera regione e del suo corpo sociale. Elementi iconografici illustrano che la distruzione è avvenuta dall'esterno verso l'interno. Vincenzo non accompagna la delegazione cinese. Il suo sguardo trasmette al pubblico il punto di vista degli sconfitti, rinforzato dalla sua esclusione dalla fotografia che un'allegra cinese scatta al gruppo all'interno della fabbrica.

Nella scena successiva, Vincenzo attraversa un lungo corridoio, che contestualizza visivamente la sua esistenza, e poi entra senza preavviso in una sala da pranzo. I cinesi sono seduti a cena. Nonostante la loro sorpresa, lo invitano gentilmente ad unirsi a loro e lo ascoltano con pazienza. In modo turbato e solenne, Vincenzo cerca di dire al capo della delegazione che l'altoforno che hanno appena acquistato ha un difetto, a cui può porre rimedio avendo del tempo a disposizione. Vincenzo li prega di non utilizzare la fiamma ossidrica, ma di smantellarlo pezzo per pezzo: "Con l'acciaio non bisogna avere fretta". L'uomo non parla cinese e la giovane traduttrice non conosce i termini tecnici. Il suo rudimentale italiano consiste di frasi di conversazione basilare. La ragazza traduce fiamma ossidrica con "bruciare l'altoforno". A questo punto Vincenzo, nervoso e agitato, la mette in imbarazzo strappandole il dizionario dalle mani per cercare le parole giuste. Vincenzo lascia la stanza. In una ripresa molto lunga, la cinepresa mostra la ragazza frontalmente mentre se ne va lungo lo stesso corridoio dal quale era entrato Vincenzo, preannunciando che i loro percorsi si incroceranno nuovamente. Nella scena successiva Vincenzo esce sotto pioggia e la vede di spalle. Per un attimo si ha l'impressione che le voglia parlare, ma invece se ne va. La cinepresa si sofferma sul volto della ragazza in un primo piano che mostra le sue lacrime.

Ora si vede Vincenzo mentre cerca di aggiustare la centralina difettosa. Il giorno seguente egli scopre con sorpresa che i cinesi hanno smantellato l'altoforno con la fiamma ossidrica e che se ne sono già andati. Nell'ignorare il suo consiglio, hanno distrutto la sua speranza di concludere la sua carriera lavorativa con un tocco finale da maestro e hanno violato il suo motto. Tuttavia da uomo di buona volontà, Vincenzo si imbarcherà in un laico viaggio apostolico, inseguendoli per aggiustare il macchinario che rappresenta altresì la sua vita. Un'inquadratura da una gru lo mostra mentre corre lì dove un tempo c'era l'altoforno. Mentre fissa il buco vuoto, il pubblico vede una fabbrica smantellata, vuota, buia, sradicata, con pezzi di metallo che fuoriescono come braccia tese, disperate con le dita spezzate. Ciò esprime in un'estensione visiva dello stato mentale di Vincenzo la perfetta icona della fine di un'era: uno stabilimento postindustriale durante il periodo del tardo capitalismo.

In vari modi il personaggio di Vincenzo si riallaccia alla personalità di Amelio. Anche il regista è un perfezionista, attaccato alla sua professione, scrupoloso ed onesto e in viaggio verso la Cina alla ricerca dell'ignoto, seguendo il suo sentimento di estirpazione e di estraniamento da una comunità con la quale ha poco in comune. Un'avventura in un luogo misterioso è come un nuovo inizio. Si tratta di una scommessa in cui mette in gioco se stesso. Durante un'intervista informale a Roma nel dicembre del 2005, Amelio mi disse che in Cina si sentì a suo agio con il passato. Il regista era felice di avere il figlio adottivo, Luan Amelio Ujkaj, e la nipotina al suo fianco ed espresse la sua gioia nella scelta di costruire un'unione famigliare alla fine del film. Non fui per niente sorpreso nello scoprire che il film era dedicato ad Aduina, la figlia di Luan, che porta il nome della nonna albanese. La soddisfazione di Amelio è proiettata nella relazione che cresce fra Vincenzo e Liu e nel desiderio di Vincenzo di avere un figlio e magari di formare una nuova famiglia.

Quando poi Vincenzo viene ripreso mentre guarda il mare, è evidente la sua brama di intraprendere un viaggio. L'immagine si dissolve e appare il suo passaporto in cui viene stampato un visto. Fellini utilizza un'immagine con una simile dissolvenza scura su Giulietta Masina ne La Strada (1954) a significare la fine della sua innocenza. Qui simbolizza la conclusione di un'era e l'inizio di un'impresa utopica, come caratterizzata da Fredrick Jameson, ovvero la diminuzione di quella imperiosa pulsione verso l'autopreservazione, ora resa inutile.[2] Vincenzo vuole consegnare una centralina meccanica per aggiustare l'altoforno e proteggere i futuri operai dal destino che ha travolto il suo collega nello stabilimento di Bagnoli, ma è anche alla ricerca di se stesso e di uno scopo nella vita. La storia si sviluppa lungo due sentieri correlati. Il primo è rappresentato dalla sua relazione con Liu, la giovane ventenne cinese, che inizialmente è una straniera ostile e poi diventa un'amica, una guida e alla fine una possibile amante. L'altro è la ricerca della fabbrica che ha acquistato il suo macchinario, che lo porterà ad attraversare tutta la Cina. Il suo sguardo toccherà problemi relativi all'industrializzazione e alla globalizzazione. Nel vedere e nell'incontrare molte cose nuove e inaspettate, metterà in discussione la sua identità, inducendo se stesso e il pubblico a valutare in maniera critica la propria esistenza in relazione al resto del mondo.

Il prologo introduce il simbolismo che conferisce alla storia un significato più profondo. Forgiato e modellato nel fuoco, l'acciaio è duro e stabile, come i personaggi di Vincenzo e Liu. Queste qualità possono essere rintracciate nella rappresentazione dello spirito dei rispettivi Paesi. La solennità di Vincenzo riflette l'umore delle persone lasciate senza lavoro. Egli È un uomo cocciuto, nervoso, tenace, determinato a sopravvivere con le sue forze e a riuscire ad ogni costo. In questo Vincenzo appartiene a quegli Italiani brava gente, incarnando gli ideali italici , quali l'umiltà, la resistenza, il

---

[2] "Politics of Utopia," New Left Review 25, seconda serie (gennaio-febbraio 2005): 51.

forte senso etico, e la fiducia nella solidarietà umana, che sono ben lontani dall'attuale identikit in voga ed esemplificato da Berlusconi, il quale, nonostante la sua fortuna economica e il suo affascinante stile di vita, ama passare per un italiano medio: incline alle gaffe e a raccontare scherzi piccanti in pubblico, suggerisce che evadere le tasse, tradire la moglie, essere omofobico, sessista e xenofobo siano cose accettabili. Vincenzo non si aspetta di vedere un'Italia senza gli italiani di oggi, ma si auspica almeno, come confessa a Liu, più professionalità, dedizione, onestà e integrità. Queste qualità le dimostra in primo luogo nel suo desiderio di portare la centralina di potenza riparata agli operai cinesi. La sua integrità è evidente anche nell'interesse che dimostra per il bambino di Liu. Vincenzo insiste che lei rimanga con il figlio, cosa che alla fine darà alla vita della ragazza una nuova direzione e magari a suo figlio la possibilità di avere un padre. Il giocattolo che il bambino trova nella tasca di Vincenzo funge da catalizzatore nella loro relazione, così come fa la centralina di potenza, che il bambino è in grado di smontare e rimettere assieme: questo è il simbolo di unione e realizzazione. Vincenzo insiste nel voler consegnare la centralina, nonostante Liu protesti affermando che la Cina è piena di meccanici capaci. Ora questo è diventato il suo obiettivo nella vita, che egli realizza quando incontra l'operaio che ne riconosce l'importanza e, pur senza capire l'italiano, è in grado di smontarlo e di mostrare le due parti di cui è composto, che devono lavorare assieme.

Anche Liu Hoa possiede delle qualità che rispecchiano la sua nazionalità. La ragazza spesso afferma che i cinesi sono ostinati, specialmente le donne, forse per la condizione di marginalità in cui vivono che le costringe a lottare per ottenere riconoscimento e rispetto. Il fatto che sia molto interessata ai soldi può essere visto come un aspetto della transizione cinese: Liu abbraccia il capitalismo e il consumismo nonostante sia allo stesso tempo una giovane ragazza alla ricerca della sua strada. Alla fine del film Liu raggiunge una certa maturità e prende coscienza dell'importanza della responsabilità e della solidarietà. La Repubblica Popolare è giovane e sta sperimentando una cancellazione della memoria e un'ansia di distruggere e ricostruire. Mentre i viaggi e le iniziative globali la integrano nel resto del mondo: "La stella che non c'è" potrebbe essere la libertà e la comunicazione.

Vincenzo si reca in Cina sperando di trovare qualcosa di completamente diverso da ciò che si è lasciato alle spalle e il suo arrivo a Shanghai sembra confermare le sue aspettative. Nella sceneggiatura Vincenzo arriva dopo un viaggio di un mese via mare e va direttamente ad incontrare Chong Fu, il quale lo accompagna in un lussuoso hotel. Più tardi i due si incontrano in un bar. Chong è seccato e cerca di convincere Vincenzo a lasciare a lui la centralina, ma Vincenzo rifiuta, preferendo aggiustarla con le proprie mani. Il film mostra solo l'hotel. Dalla finestra Vincenzo osserva operai che costruiscono grattacieli e alte gru che scaricano materiali da costruzione, l'opposto della fabbrica in disarmo che aveva posto fine ad ogni speranza di progresso e di prosperità. Vincenzo va immediatamente a trovare il suo amico Chong, il quale, con sua sorpresa, è stato licenziato. Al suo posto c'è un cinese pacato che parla italiano ed evita di guardarlo negli occhi, mentre giocherella con delle foglie di palmetta. La Cina aziendale appare molto moderna con edifici curati e puliti, segretarie efficienti, e spaziose sale riunioni, in cui una televisione mostra un torneo di golf. All'esterno tutti sembrano occupati, disciplinati e soddisfatti. Attraverso lo sguardo di Vincenzo, vediamo studenti delle scuole elementari e adolescenti che indossano divise accademiche, in quella che sembra essere una cerimonia di diploma in un parco. La Cina appare come il Paese spesso descritto dai giornali italiani: sulla via per diventare una superpotenza. Amelio avrebbe voluto nascondere le cineprese in mezzo alla gente, ma curiosi passanti li fissavano tutt'attorno.

Durante la conversazione con il manager cinese, uno dei tanti significati del film; *La stella che non c'è* si svela. L'uomo appare sospettoso ed afferma, senza neppure guardare Vincenzo o sedersi al tavolo con lui, di non capire la ragione del suo viaggio. Il manager cerca di congedarlo offrendogli di lasciare a lui la centralina, ma Vincenzo, ponendo enfasi sul suo cognome, spiega che si tratta di una missione personale, un atto di buona volontà. Irritato, il manager risponde che l'espressione "buona volontà" esiste anche in cinese, nonostante le sue azioni e la sua espressione facciale sembrino smentirlo. Della musica stridente contrasta nettamente con le luci soffuse e l'ambiente antisettico. Il breve incontro introduce il conflitto tra la mentalità aziendale espressa dal manager ("Noi sempre buoni affari con il vostro Paese, mai un problema. Noi non siamo proprietari della fabbrica, facciamo solo intermediazioni commerciali.") e le buone intenzioni di Vincenzo che vogliono evitare incidenti sul lavoro. Questa tensione rivelerà il disequilibrio tra il progresso, la globalizzazione e i valori umani.

Sul treno Vincenzo dà subito dimostrazione della sua integrità e del suo attaccamento ai valori tradizionali chiedendo alla. ragazza se avesse avvisato la famiglia del suo viaggio. Liu, forse pensando che lui si sentisse superiore per via della sua giovane età, risponde indignata che si trova lì per lavorare e non per rispondere alle sue domande. Questa risposta interrompe bruscamente la conversazione che stava diventando amichevole e scherzosaPer esempio, lei gli corregge la pronuncia sbagliata della parola "uovo", che detta da lui suona come la parola cretino. Nonostante l'interruzione, il loro rapporto sta cambiando. I due cominciano a conoscersi meglio e ad andare d'accordo. Questa relazione influenza la visione che Vincenzo ha della Cina e gli rende più semplice il superamento della diversità. Questo ci ricorda i film di Rossellini con Ingrid Bergman. Per esempio, in Viaggio in Italia (1954), ispirato alla novella di Colette intitolata Duo, un coppia si lascia dopo che il marito scopre che la moglie ha un'altra relazione. Rossellini non fu in grado di comprare i diritti e dovette abbandonare l'idea di girare un film basato sulla storia, ma la sua in-

fluenza è visibile nell'attrazione di Katherine per un vecchio amico che aveva prestato servizio militare a Napoli, cosa che la spinge
ad intraprendere il viaggio verso la costa. Come Amelio, Rossellini cercava qualcosa di nuovo nel girare questo film. Il regista disse
ad Eric Rohmer e a Francois Truffaut di voler occuparsi di temi
nuovi, di intraprendere sentieri sconosciuti, per riuscire a dire con
grande umiltà ciò che pensava delle loro vite in quel momento.
Attraverso la forza del paesaggio, Rossellini voleva spezzare la
moderna razionalità che intrappola l'umanità. Mentre lo sguardo
di Vincenzo si modifica e riflette sui problemi che dividono il
mondo al giorno d'oggi, lui ed il pubblico toccano con mano il
prezzo che la gente ordinaria deve pagare per il progresso.

Una volta giunti a Wuhan, Liu scopre che Vincenzo non ha
l'indirizzo della fabbrica che sta cercando. Seccata, chiama da un
telefono pubblico per trovarlo. Lasciato solo, Vincenzo viene cir-
condato da venditori che vogliono vendergli qualsiasi tipo di cosa.
Mentre cerca di parlare ad una giovane donna con un bambino,
finisce con in tasca un giocattolo che si illumina e suona un'allegra
melodia. Ironicamente, nonostante i ripetuti "Non mi serve" per
difendersi dai venditori, il giocattolo lo avvicinerà ad un bambino,
vittima dei cambiamenti della Cina. Il giocattolo non appare nella
sceneggiatura, mostrando ancora una volta come il film scaturisca
dalle dinamiche che si sono innescate tra regista, attori e troupe in
Cina.

Ora Liu, comprendendo l'inettitudine di Vincenzo, comincia
ad assumere il controllo e diventa la sua guida. Quando arrivano
alla fabbrica, Vincenzo la istruisce sul dire la verità in merito allo
scopo del viaggio in Cina, ma lei le dice di attendere fuori ed entra
da sola nell'ufficio. Ciò che accade in seguito conferma il conflitto
tra l'onestà, la burocrazia e la mentalità aziendale. Vincenzo è così
catturato dalla colata continua che entra nella fabbrica per guardare e viene arrestato. Nell'ufficio del poliziotto, il film rappresenta
l'onnipresente paura del terrore. Vincenzo estrae la centralina ed

inizia a smontarla per mostrare che non si tratta di una bomba ma, sfortunatamente, crea l'effetto contrario e il poliziotto gliela strappa dalle mani. Ancora una volta le autorità non vogliono ascoltare le sue spiegazioni e lo sbattono fuori. Mentre aspetta Liu, la sua solitudine e la sua esclusione sono ritratte visivamente in una bella inquadratura in cui è appoggiato ad un gigantesco pilastro di un sovrappasso, mentre controlla che la giuntura modificata sia ancora tutta intera.

Il giorno dopo in un ristorante con Liu, Vincenzo rifiuta di mangiare riso di prima mattina, come è in uso in Cina. La loro apparentemente superficiale conversazione sul fatto che il riso è insipido si trasforma in uno scontro di culture. Liu gli dice che ha un brutto carattere, mentre lui obietta. Lei allora gli dice che non ha un brutto carattere, ma che è sempre troppo nervoso. Liu gli consiglia di insaporire con la salsa di soia e di usare un cucchiaio per mangiare il fiore di soia, dal momento che è un brodo. Lei gli sta insegnando a mettere da parte l'impazienza che associa agli italiani. Da parte sua lui nota che le piace mangiare e quando lei risponde "È la mia passione", lui approva affermando "È un buon segno". Le due culture condividono l'amore per la cucina. I loro sforzi nel cercare di innalzarsi al di sopra delle barriere culturali possono essere paragonati a ciò che Amartya Sen descrive come i passi necessari per andare oltre il comodo e sicuro provincialismo e per resistere alla frammentazione locale e all'isolamento, a favore di una identità comune.

Liu gli rivela di essere rimasta nella stazione di polizia per aiutare il poliziotto a localizzare la fabbrica che ha la sua macchina. Vincenzo si rilassa ma inizia a mangiare solo quando lei gli mostra un piccolo pezzo della centralina che mancava. Il legame fra i due si sta rafforzando e il suo gesto ristabilisce la sua vacillante fiducia nella missione. Vincenzo mette da parte il pensiero della pena capitale ancora in vigore in Cina, una preoccupazione che aveva espresso lamentandosi dei metodi della polizia. Grazie alla maniera semplice di Liu nello spiegare la sua prospettiva, Vincenzo inizia a comprendere la cultura straniera. Lei gli spiega: "I cinesi prima ti fanno lo sgambetto e poi ti aiutano ad alzarti". Mentre Liu dà voce alla sua filosofia terrena, lui la guarda con scetticismo. La loro conversazione si fa comica quando lei sbaglia l'uso di alcune parole. Ad esempio, nel tentativo di convincerlo che il poliziotto le ha fornito l'indirizzo giusto, lei dice: "È molto forse... e molto sicuro". Mentre si aprono l'un l'altra e la loro conversazione si fa sempre più amichevole, alcune ripetute inquadrature mostrano Vincenzo mentre guarda dei bambini. Che stia forse pensando improvvisamente ad una famiglia?

Il punto di svolta nella sua crescita e nella presa di coscienza dei problemi causati dalla globalizzazione avviene nella città di Chongqing nella regione di Hubei, una valle piena di fabbriche. In una grossa barca sul Fiume Azzurro, Vincenzo sfoggia il suo senso dell'umorismo per la prima volta. Guardando il cielo coperto chiede a Liu in quale stagione scattino le belle cartoline che vendono. Con lo stesso spirito lei risponde "Quando c'è il sole... una volta l'anno". Lei salendo le scale accarezza dolcemente un bambino seduto da solo sui gradini, il quale distoglie la testa. Sentendo per caso un altro passeggero in una conversazione telefonica, Vincenzo esprime un commento casuale sul fatto di voler comprare un cellulare. Liu chiede se ha bisogno di telefonare e coglie l'opportunità di chiedergli se ha una moglie. Ancora una volta, la conversazione è alleggerita dalla sua confusione fra le parole "divorato" e "divorziato". Quando lui alla fine capisce la domanda, le risponde di essere single. Lui le chiede se ha il ragazzo e perché studia italiano. Lei rivela di essere stata costretta a studiare una lingua minore per non aver raggiunto un punteggio sufficientemente alto per studiare le lingue considerate principali e sembra lottare al margine del boom economico. Mentre dondola sulla ringhiera della barca come una qualsiasi ragazza che si diverte, Vincenzo la guarda in un modo nuovo, interessato. Lui ammira il panorama e lei gli racconta di una diga in costruzione che creerà un lago di 600 chilometri. La diga sarà alta 181 metri e larga 2309, con due motori e 26 turbine. In principio Vincenzo sembra entusiasta del progetto, ma quando lei poi spiega che 1.200.000 persone dovranno essere evacuate e 149 città assieme ad altri 1350 villaggi inondati per creare energia per Shanghai e per altre otto provincie circostanti, si fa pensieroso. Il suo silenzio, mentre fissa le bellezze che presto saranno inondate, esprime i suoi sentimenti. I numeri precisi sono annotati nella sceneggiatura, dove Liu aggiunge uno slogan del governo: "Il nostro Paese si muove più veloce di un fiume e la nostra gente naviga su acque veloci", che conferisce un'ansia positiva al progresso vertiginoso della Cina e al ruolo del governo nel promuoverlo. La loro crescente vicinanza è catturata visivamente quando Liu si siede accanto a Vincenzo che dorme, fissando il mare.

I due arrivano a Chongqing, una città che non sembra moderna quanto le altre. La gente spinge per entrare nella cabina della funivia e Vincenzo ne rimane fuori. Ciò che inizialmente sembra una bella passeggiata diventa un incubo quando si vede costretto a salire 22 rampe di scale per raggiungere la sua destinazione. Si tratta di un appartamento in un quartiere popolare, fatto di edifici altissimi costruiti attorno ad un grande cortile esagonale in cui la gente stende i panni. Mentre salgono le scale, Vincenzo si lamenta della stupidità dei grattacieli senza ascensori e Liu gli dice che gli ascensori sono disponibili a partire dal decimo piano. Nella sceneggiatura lei aggiunge che costano molti soldi e che non sempre funzionano. La commissione cinematografica cinese volle che fosse tagliato quel commento, affermando che gli ascensori in Cina sono gratis.

Lo sguardo di Vincenzo rivela l'effetto della globalizzazione sui lavoratori. Nell'appartamento ci sono piccole stanze in cui uomini e donne riposano mezzi nudi in letti a castello prima di tornare al lavoro, mentre altre donne lavorano come sarte o stiratrici. Vincenzo ripara una macchina da cucire, mentre Liu lo osserva con aria soddisfatta, in un ulteriore passo avanti verso la costruzione della loro relazione. Vincenzo le chiede perché lo abbia portato lì e lei risponde che è più economico rispetto ad un hotel. I due devono risparmiare soldi. La maestria di Vincenzo nel riparare la macchina è in netto contrasto con i ritmi serrati e disumani delle manifatture, in cui il personale è schiavizzato dalle richieste della produzione di massa.

Il giorno successivo, mentre si recano alla fabbrica, Vincenzo vede degli operai che indossano delle mascherine sulla bocca per proteggersi dall'inquinamento. Una volta arrivati a destinazione, per la prima volta il suo sguardo diventa un tutt'uno con quello della cinepresa. Qui vediamo donne mentre cucinano e cuciono, bambini che lavorano e giocano sul pavimento. Il volto di Vincenzo assume la stessa espressione desolata che aveva a Bagnoli. Su sua insistenza, Liu spiega che le donne rammendano vestiti e cuciono per gli operai, mentre i bambini giocano o svolgono piccole faccende domestiche. Vincenzo è sopraffatto dalla vista di bambini che inalano gas velenosi e giocano fra le macerie della fabbrica ed allo stesso tempo è scioccato dall'indifferenza degli adulti. Sedendo su una scala con la spalla contro la ringhiera, Vincenzo fissa una ragazzina vestita di stracci, con la faccia coperta di polvere mentre mangia del riso da una ciotola. In una lettera a Contarello, Amelio scrisse che le autorità cinesi non volevano che lui filmasse quelle fabbriche e i bambini. Il regista dovette infilare la sua cinepresa di nascosto mentre qualcuno della troupe distraeva il personale cinese che li accompagnava.[3]

Questo tipo di scene sono conformi a ciò che il critico Gilles Deleuze descrive come "optical sensation cinema" (cinema di sensazione ottica), in opposizione al cinema d'azione. Grazie a questo, il film di Amelio si allinea alla tradizione italiana del dopoguerra. In particolare a *Germania anno zero* ed *Europa 51* (1951) di

---

[3] *La stella che non c'è*, 33-37.

Rossellini, quando i personaggi cominciano a guardare le cose e le persone in maniera completamente diversa. Lo spettatore è coinvolto nella verità dell'evento e in una condizione di incertezza, che è tanto minacciosa a teatro quanto sullo schermo. Deleuze considera il momento in *Germania anno zero* (1947) in cui Edmund alza la mano per coprirsi gli occhi prima di uccidersi, come un punto di svolta nel passaggio da un'immagine di movimento a un'immagine temporale. La prima genera l'idea dell'azione: gli eroi vedono qualcosa che li minaccia e decidono di agire traendo la propria forza dalla spinta dell'azione. I film classici usano tali immagini per risolvere conflitti attraverso un attore che agisce per liberare la situazione dal male. In contrasto, per Deleuze, il film di Rossellini (assieme ad altre opere chiave del neorealismo italiano), inaugura un cinema da spettatore, dove l'atto di vedere è in opposizione al modello d'azione. Secondo Deleuze il protagonista vede e sente cose che non richiedono una risposta o un'azione. Più che reagire, il protagonista registra e più che comprendere una situazione, si arrende ad una visione. Questo nuovo cinema di sensazione ottica propone un atteggiamento etico impegnato nei confronti della realtà storica.[4] Il cinema ha aperto le porte a realtà mai esplorate prima, dando vita a ciò che Carlo Lizzani definisce un insieme di generi e stili che creano un nuovo linguaggio cinematografico.[5]

I film di Rossellini segnano la fine dell'innocenza dello spettatore e l'inizio della verità, il cosiddetto test della verità dello spettatore, a cui il regista diede il via con *Roma città aperta*, quando una porta lasciata aperta durante una sequenza di tortura rende lo spettatore testimone delle atrocità naziste. Il personaggio di Don Pietro è senza occhiali e non riesce a vedere da dove è seduto, pertanto lo spettatore è l'unico testimone affidabile e responsabile.

---

[4] Deleuze, *L'image–temps, Cinema 2* (Parigi: Les Editions du Minuit, 1985).
[5] Si veda Lizzani, *Il neorealismo* (Roma: Istituto Luce, 1975).

A Bagnoli, Vincenzo è in una situazione da anno-zero come vittima della globalizzazione. Il protagonista registra ciò che vede e intraprende un viaggio, non come un film d'azione, ma arrendendosi ad una visione rosselliniana, che Deleuze chiama immagine del tempo. Parlando dell'intenzionalità di *Europa 51* di Rossellini, Amelio affermò che dietro alla storia che racconta il film, c'è il seme vitale di una storia più grande: la spinta verso un cambiamento esistenziale che fa scommettere ad ognuno su se stesso, esponendosi al tradimento da parte di chiunque, perché chiunque può interpretare il comportamento di ognuno secondo il proprio punto di vista personale. Irene, per esempio, potrebbe essere una pazza, un santa, o una che ha perso la retta via, ma che alla fine trova dietro le sbarre l'unica via per superare il dolore. Amelio crede che nella ragione segreta del viaggio di Vincenzo si nasconda un po' dello spirito dell'apostolo, una ricerca laica che dà senso alla sua esistenza.[6] Vincenzo si reca in Cina in un viaggio personale di buona volontà. Lì si scontra con la resistenza e lo scetticismo delle autorità e del potere aziendale. Dopo aver visto le sordide condizioni nella fabbrica cinese, sente la stessa disperazione che ha provato all'inizio del film.

Nella sequenza successiva, Liu lo porta in un fast food pieno di giovani che mangiano, bevono e ascoltano musica ad alto volume. Questo ambiente è in diretto contrasto con le vittime dello sfruttamento del lavoro e Vincenzo si dimostra disturbato e disincantato. Nel tentativo di individuare ancora una volta la giusta fabbrica, Liu consulta un computer assieme ad un ragazzo, mentre Vincenzo vaga fuori sotto la pioggia, solo come era in Italia. Liu lo vede dalla finestra e lo invita ad entrare. Lui le dice che non immaginava che la Cina fosse fatta così. Le sue parole esprimono la sua nuova consapevolezza. Il suo sguardo ha raccolto informazioni e il suo viaggio ha acquistato una nuova dimensione che non appartiene più solamente al suo io interiore. Vincenzo le confessa

---

[6] Si veda *La stella che non c'è*.

di voler tornare in Italia, ma lei lo esorta a trovare la fabbrica prima di andarsene.

Di nuovo in strada, un'inquadratura ben studiata mostra uno sconfitto e malato Vincenzo seduto una fila dietro a Liu in un vecchio bus di campagna sulla via per Yinchuan, dove sperano di trovare l'altoforno. Vincenzo è il centro dell'attenzione degli sguardi di tutti i passeggeri: non hanno mai visto uno straniero. Uno di loro chiede a Liu di dove sia Vincenzo e quando lei risponde che viene dall'Italia, lui pensa che intenda l'Iraq. Lei lo corregge affermando che gli italiani sono europei. La frase commenta sottilmente riguardo all'intervento di pace italiano al fianco degli Stati Uniti nella guerra all'Iraq.

Dal momento che Vincenzo ha la febbre, Liu lo porta nel villaggio in cui è nata. Cinque anni prima, spiega, non c'era nemmeno un fruttivendolo. Mentre camminano verso casa sua, vediamo una Cina più vecchia, con risciò e carretti e un'inquadratura toccante di una ragazzina seduta sui gradini di casa che si stropiccia gli occhi per tenere lontani gli insetti. Qui Vincenzo è testimone di una tipica società agricola. I bambini giocano, un vecchio gli offre la sua sedia e nella casa della nonna di Liu tutte le donne sono impegnate a filare la lana nella vecchia maniera. Tuttavia anche questo paesaggio rurale mostra segni di cambiamento. A differenza dell'Italia del sud, dove erano gli uomini che generalmente lasciavano a casa le donne e i bambini, qui è Liu ad aver lasciato la famiglia.

Vincenzo si mette a letto. Un bambino, inizialmente visto dietro la ringhiera di una scala, gli si avvicina con in mano il giocattolo che Vincenzo aveva trovato nella sua tasca quando era a Wuhan. Il bambino, felice, porta Vincenzo fuori in una piscina vuota e finge di nuotare. Il bambino è il primo cinese, a parte Liu, ad essere gentile con lui. Vincenzo lo lascia giocare con la centralina e subito il bimbo impara a smontarla e a rimetterla assieme di nuovo. È il solo che si sta divertendo e sta traendo beneficio dall'atto di buona volontà di Vincenzo. Più tardi, in quel giorno, Vincenzo chiede a Liu da quanto tempo non vedesse la nonna e il bambino e afferma che quest'ultimo anche quando sorride sembra arrabbiato e gli assomiglia. Chiaramente ha intuito che si tratta di suo figlio. Liu gli spiega il significato delle stelle più piccole nella bandiera cinese: si dice che rappresentino l'onestà, la pazienza, la giustizia e la solidarietà. Lui risponde di aver sentito un'altra spiegazione e aggiunge che la gente si lamenta sempre che qualcosa manca nella loro vita. Lui le chiede di non ripartire con lui il giorno seguente e di stare con suo figlio, offrendole di pagarla per quanto dovuto. Seccata per la sua intromissione, lei allora risponde che dovrà pagare un sacco di soldi.

Vincenzo si mette in viaggio la mattina e lei lo segue, probabilmente per fargli capire di non essere interessata solo ai soldi. La cinepresa mostra un primo piano del bambino sul letto da solo. Liu e Vincenzo sono di nuovo distanti. Lui non le rivolge la parola. I due arrivano ad un paese di minatori e lei afferma che non sapeva che il bus fermasse lì. Vincenzo risponde solamente che lui lo sapeva e le consiglia di trovare un modo per tornare a casa perché è intenzionato a proseguire da solo. Liu siede in un immenso paesaggio con delle montagne sullo sfondo, addolorata per averlo deluso. Prima di andarsene Vincenzo le dice di essere dispiaciuto. Lei risponde che non può chiederle perdono dal momento che non conosce niente della sua vita e non può giudicare le sue scelte. In una luce molto chiara che stabilisce l'umore per una rivelazione, lei ammette di essere una ragazza madre, di non aver terminato l'università e che per questo ha tradito la fiducia dei sui genitori e del suo Paese. Vincenzo la sprona a tornare da suo figlio, forse incoraggiandola a non commettere un altro errore. Lei risponde che suo figlio non la conosce nemmeno e gli racconta della legge cinese che proibisce figli "extra" che, una volta nati, vengono abbandonati o nascosti alle autorità. Lei conclude dicendogli che è una brava persona, mostrando di aver accettato il suo commento. La sequenza si chiude in una tenda, dove alcuni operai stanno mangiando, cantando in gruppo o guardando la televisione. Vincenzo e Liu siedono lontano l'uno dall'altra e dal resto della gente. Il giorno successivo i due partono a bordo di un camion. Lei si addormenta sul retro e Vincenzo paga la camionista perché la riaccompagni a casa, lasciando a Liu degli altri soldi.

Vincenzo raggiunge Baotou e si reca allo stabilimento. All'entrata, incapace di parlare cinese, siede di fronte ad una guardia che non si accorge nemmeno della sua presenza, simboleggiando ancora un volta come la Cina ufficiale sia indifferente nei suoi confronti e non comprenda la sua buona volontà. Il vento scompiglia le sue carte e le sparge in mezzo alla strada. Mentre le sta rincorrendo, un operaio vede la giuntura meccanica sul lato della strada, si ferma e la raccoglie. Vincenzo cerca di strappargliela ma l'operaio cinese la smonta e gli fa vedere le due piccole parti che la compongono. Vincenzo ha finalmente trovato la sua controparte cinese e lascia che l'operaio porti il pezzo nella fabbrica. Da un punto di vista simbolico, il loro incontro dimostra la possibilità per due persone provenienti da culture diverse di poter lavorare assieme. La centralina finisce in un contenitore assieme ad altre parti inutilizzate. Vincenzo, felice e inconsapevole della fine che ha fatto il suo pezzo, se ne va dalla fabbrica con un sentimento di realizzazione.

Vincenzo prende una barca in direzione Baotou con solo il barcaiolo, un paio di persone e due capre a fargli compagnia. Mentre è lì a fissare il paesaggio, piange per oltre un minuto. Molte recensioni in Italia criticarono la scena, definendola artificiosa e un "pianto a comando". Credo che la scena debba essere letta in connessione al viaggio di Vincenzo. La centralina idraulica era il pretesto. Dopo un lungo viaggio fisico, le sue lacrime ne rappresentano la conclusione. Potrebbero essere il risultato della sua soddisfazione, della sfinitezza, del vuoto in sé, della fine dei suoi obiettivi, della perdita di Liu, dei rimpianti della sua vita precedente, del rammarico per i terreni come quello che verranno inondati. Il pubblico come il protagonista sente sensazioni che non richiedono una risposta o un'azione e assieme registrano e comprendono la situazione. L'inquadratura è un'immagine temporale appartenente al cinema da spettatore che aveva teorizzato Deleuze descrivendo il cinema di sensazione ottica.

Il film si chiude in una stazione dei treni, dove Vincenzo incontra Liu, la quale gli offre un biscotto. Lui rifiuta. Lei gli chiede di aggiustare il giocattolo che ha lasciato a suo figlio, che ha pianto quando si è rotto. Vincenzo lo guarda e afferma che al giorno d'oggi le cose non si riparano più e conclude con il plurale "ne compriamo un altro". La sceneggiatura termina con Vincenzo che mentre aspetta il treno estrae il dizionario che Liu ha lasciato in Italia prima di partire e legge l'appunto che lei ha scritto: "Per i cinesi le cose nascono storte, ma gli uomini le raddrizzano. Io sono nata storta". Il film si conclude, invece, con la possibilità da parte di Vincenzo di portare a compimento il proverbio. Dopo un momento di silenzio, Liu si rivolge a lui in cinese e per la prima volta lui non risponde "non capisco", ma "è andato tutto bene, sono stato fortunato". Nell'ultimo fotogramma, Liu guarda di fronte a lei in silenzio.

La maggior parte delle recensioni scritte dopo che il film venne proiettato al Festival del Cinema di Venezia concordano nel sostenere che la Cina mostrata nel film è diversa da quella presentata nei telegiornali o nei quotidiani. Gian Luigi Rondi su Il Tempo del 5 settembre 2006, Valerio Caprara su Il Mattino del 6 settembre 2006, Francesco Felletti e Vittorio Renzi scrissero che nonostante i toni delicati, l'ottima fotografia e la buona interpretazione, le motivazioni interiori di Vincenzo sono a malapena percepibili e comprensibili. Questi ritenevano che il film mancasse di risolutezza, dal momento che la motivazione di consegnare una centralina idraulica di potenza è troppo debole per giustificare la storia e per suscitare una forte e continua empatia negli spettatori. Sentivano anche che i silenzi di Vincenzo nel suo peregrinare attraverso la Cina erano meno toccanti di quelli dei personaggi di Amelio nei film precedenti. Amelio è un regista del "non detto", ma in questo film il silenzio si sincronizza con i dubbi, con i desideri e le reazioni del protagonista. Tutte le recensioni concordarono che al film mancasse un punto di svolta, un'invenzione che catturasse l'immaginazione del pubblico e giustificasse effettivamente il lungo pellegrinaggio di Vincenzo. A queste voci si potrebbe aggiungere anche quella dell'autore del romanzo che ha dichiarato:

L'operaio protagonista del romanzo esiste veramente: non si chiama Buonocore ma Buonavolontà, come nel film di Amelio. A proposito del suddetto film non mi sento di esprimere un giudizio positivo. Mi è parso arbitrario e paradossale, soprattutto perché del tutto de-contestualizzato rispetto alla città. Buonocore o Buonavolontà (comunque lo si voglia chiamare) ha senso inquanto rappresentativo di quella passione per il lavoro propria di una metropoli dove il lavoro è stato ed è praticamente negato. Prima di scrivere la Dismissione buttai giù un testo lungo una quindicina di pagine, tuttora inedito, nel quale sono riassunte le ragioni del romanzo assieme ad alcuni ricordi di personaggi e di esperienze del mio passato remoto attinenti al tema.[7]

Nella mia analisi ho mostrato come Vincenzo, nel suo viaggio, sia testimone del fatto che l'economia capitalista generi benessere così come privazione, emarginazione e povertà, sia in ambito nazionale che globale e come sperimenti gli effetti della grande espansione economica sulla gente. Il suo viaggio attraverso la Cina alla ricerca del suo altoforno sembra un obiettivo irraggiungibile, continuamente rimandato. Solo quando egli giunge nel villaggio di Liu comincia a ricevere la ricompensa per la sua buona volontà. Vincenzo ha perso il lavoro a causa della globalizzazione e

---

[7] Da uno scambio di posta elettronica avvenuto con Ermanno Rea il 22 aprile del 2009.

si reca in Cina per evitare la possibile morte di altri operai. Appena arrivato, si scontra con l'ostilità del mondo industriale cinese: "Ancora non capisco cosa voglia da noi. Abbiamo sempre ottenuto buoni risultati dai nostri commerci con l'Italia". Vincenzo non si nasconde dietro la scusa dell'appartenenza ad un'altra nazione per lasciar perdere, ma decide di rimanere per una questione morale. Con questa decisione, non porta avanti la sua missione solo per riscattare se stesso, ma come uno sforzo individuale che produce quello che Amartya Sen descrive come un passo necessario per disperdere la tensione globale.

Nei suoi dieci punti per cambiare la coesistenza ingiusta di grande ricchezza e povertà nel nostro mondo, Amartya Sen cita l'identità e la comprensione degli altri.[8] Secondo il suo pensiero, la globalizzazione non rappresenta una novità e non si può ridurre agli sforzi delle nazioni più ricche di occidentalizzare il mondo in modo da mantenere i propri privilegi. Amartya Sen crede che le violente proteste contro la globalizzazione siano in realtà indirizzate contro l'ingiustizia e che auspichino impegno etico, responsabilità e un'azione contro le disuguaglianze da una prospettiva sufficientemente ampia da superare i limiti dell'attuale ordine economico globale. La missione di Vincenzo Buonavolontà può essere considerata come un'azione di questo tipo, molto differente dalle aspettative e dai limiti della moderna mentalità cinese, industriale e capitalista, espressa dal dirigente che incontra al suo arrivo in Cina o dal capo della delegazione in Italia che, al contrario di quanto promesso, fa smantellare l'altoforno con la fiamma ossidrica. La disillusione crescente di Vincenzo verso la mentalità industriale della Cina moderna e il suo contatto con l'emarginazione e la povertà, lo cambiano, come si vede dal suo pianto sulla barca, mentre ritorna da Baotou.

L'economista indiano scrive che sebbene il mondo sia un crogiòlo di persone di nazionalità differenti, le cui relazioni devono

---

[8] Si veda *Globalizzazione e Libertà*.(Milano: Mondadori, 2002).

essere mediate dai rispettivi governi, questi non possono nascondere i loro problemi o evitare di prendere decisioni difficili con il pretesto che la comprensione reciproca è impossibile o che le barriere culturali sono un impedimento. Per ottenere una giustizia globale, secondo Sen, dobbiamo assumerci la responsabilità di perseguire il tipo di vita e di mondo che vogliamo. La missione di Vincenzo mostra che la moralità non è legata ad un'identità nazionale e che le relazioni internazionali non possono prendere il sopravvento sull'identità umana, indipendentemente dalla nazionalità o dall'appartenenza ad un'industria. Ogni individuo deve assumersi responsabilità associate a una più ampia umanità, anziché affidarsi ciecamente alle decisioni dei governi.

Vincenzo mantiene la sua integrità e si relaziona con gli altri da essere umano. Sin dall'inizio, dice ai cinesi che l'altoforno ha un problema e, una volta in Cina, si rifiuta di lasciare la centralina e andarsene come gli avevano consigliato di fare i dirigenti dell'azienda. Il film di Amelio ci mostra un uomo che crede nel suo impegno e nella sua integrità, cosa che sembra mancare nella maggior parte del mondo moderno. Il pubblico è portato a riflettere su quello che vede Buonavolontà, nella tradizione dello sguardo rosselliniano descritto da Gilles Deleuze. Attraverso un cinema di immagini anziché d'azione e aperto alle evidenti discrasie tra gli individui e le cose, *La stella che non c'è* esplora i problemi globali e un intrecciato discorso interiore. *La stella che non c'è* del titolo si scopre alla fine nel contatto con l'altro.

Questo film sembra chiudere alcuni dei temi ricorrenti di Amelio, come l'infanzia perduta e la paternità, e sembra muoversi verso un nuovo cinema fatto di personaggi positivi che sentono non solo il bisogno di affrontare gli altri, ma anche quello di trovare il coraggio di ricominciare. L'azione di Vincenzo è un tentativo utopico di mostrare ciò che serve per superare i conflitti globali. Riflettendo su ciò che aveva visto in Cina, Amelio dichiarò di aver potuto vivere in prima persona il balzo in avanti di cui gli parlava chiunque avesse visitato il Paese. Un progresso che ritiene possa avere i piedi di argilla e che potrebbe diventare una vera forza solo nel caso in cui la Cina non si preoccupasse solo dello sviluppo sfrenato, dimenticandosi di altri bisogni essenziali. Il regista dichiarò che la Cina sta pagando un prezzo estremamente alto nella sua ingannevole corsa verso il progresso in termini di costi umani. Tuttavia Amelio notò qualcosa di rassicurante osservando i contatti fra le persone e si augura che una grande nazione come la Cina, con tutta la sua storia e il suo bagaglio culturale sia in grado di trovare il giusto equilibrio per gli uomini.[9]

Alla fine, la profonda solitudine che accompagna Vincenzo si rispecchia nei cinesi che, come lui, sono vittime della globalizzazione. Secondo Antonio Negri, lo squilibrio tra i 300 milioni che stanno beneficiando della rapida crescita economica e il miliardo rimanente ravviverà radicalmente il comunismo razionale[10] Nell' evidenziarlo, il film apre una discussione su come trovare un compromesso tra il progresso e i valori umani.

In conclusione Amelio ha un rapporto conflittuale e contraddittorio con il Sud. Un sentimento formatosi da quando era bambino. Per il regista i legami di sangue, anche i rapporti con i vicini non sono fondamentali. Al contrario, le persone sono unite da bisogni comuni. Con gli anni egli ha coltivato un rapporto di amore-odio con questa cultura. Il desiderio di tornare al Sud è forte, ma ogni volta che lo fa, lo trova peggiorato rispetto a quando ero partito: così il dolore prevale su tutti gli altri sentimenti. Il regista calabrese non crede che la solidarietà sia nata tra i poveri ma piuttosto il contrario. La solidarietà viene solo dai ricchi, che hanno di più e in qualche modo cercano perfino dei complici con cui condividere la loro ricchezza.

Al Sud, c'è una mancanza di consapevolezza dei doveri civili, delle responsabilità che la gente ha verso gli altri. C'è una sorta di

---

[9] *La stella che non c'è.*
[10] *Goodbye Mr. Socialism*, ed. Raf Valvola Scelsi (Milano: Feltrinelli, 2006).

anarchia quando si tratta di relazioni con gli altri, con la società e con lo Stato. I suoi film non esaltano il Sud e la sua cultura, ma, allo stesso tempo, quella cultura ha lasciato dei segni indelebili nei suoi sentimenti e nel suo modo di vedere le cose, che sono anche indirettamente responsabili del suo amore per il cinema e del tipo di cinema che fa. Essere nato nel Sud lo ha formato, non ha rimpianti personali o sentimenti irrisolti riguardo al suo passato. La rappresentazione del Sud, è generale, come una persona che crescendo, ha dovuto combattere per sopravvivere e per ottenere qualcosa. I personaggi meridionali di Amelio sono il risultato di quella lotta, ma la narrativa dei film mostra anche che il regista rivela che i suoi protagonisti non dovrebbero essere costretti a combattere per ottenere ciò che vorrebbero fare. Non tutti hanno l'opportunità di superare i limiti nei quali sono nati. Anche oggi, dopo oltre mezzo secolo, è molto difficile per una persona, anche se non nata nelle stesse condizioni in cui era nato Amelio ottenere ciò che vuole. Ancora oggi non ci sono le condizioni per potere realizzare quello che si vorrebbe oppure si sogna di fare.

L'ultimo Pulcinella:
dal Sud al Nord per una lezione di umanesimo

Maria Rosaria Vitti-Alexander
NAZARETH COLLEGE

Quando si ascoltano brutti fatti di cronaca ogni giorno, si vedono giovani che arrancano a uscire da una situazione di stallo, persone che vivono nello squallore dell'intelletto, incoscienti persino di essere caduti nel buio dell'ignoranza, le parole che Dante ha messo in bocca a Ulisse si fanno sentire più forti, prendono un tono di allarme, un avvertimento all'uomo di tornare a credere, a utilizzare le proprie capacità creative per uscire dalla melma della non umanità.[1] Tra i modi per aiutare l'uomo a risalire la china degli inferi e ritrovare la strada della "virtute e conoscenza" c'è l'arte. L'arte come riscatto per guidare le anime dei giovani a ritrovare l'essenza umana, risolvere, redimere, aiutare a sciogliere forme di inaridimento, di chiusura e ridare speranza a vedere, nel buio del momento, la luce di un domani migliore.

Questo è il film *L'ultimo Pulcinella* di Maurizio Scaparro.[2] Un processo di redensione, di scoperta di una vita di salvezza attraverso la musica, la danza, il teatro per un gruppo di giovani tra-

---

[1] Per il Canto di Ulisse si veda *L'Inferno,* Canto XXVI, il girone dei consiglieri fraudolenti dove Dante ha messo insieme Diomede e Ulisse, entrambi colpevoli di aver dato consigli fruadolenti. Ulisse, nel suo viaggio di ritorno ad Itaca dopo la distruzione di Troia, deciso ad esplorare il mare aperto al di la delle Colonne di Ercole, incita I suoi vecchi marinai che lo accompagno con questi famosi versi.

[2] Maurizio Scaparro è soprattutto conosciuto come critico teatrale. Inizia la sua carriera come Direttore Responsabile del Teatro Nuovo per poi divenire Direttore del Taeatro Stabile di Bologna. Si è fatto conoscere con la regia di *Festa Grande di aprile* di F. Antonicelli (1964) e di *La Venexiana di Antonino cinquecetensco* (1965). *L'ultimo Pulcinella* esce nel 2008.

volti dalla bufera della discriminazione e della violenza. È l'Arte con la lettera maiuscola nelle sue forme più pure a far rinascere la speranza, e con ci si stanca di guardare ed ascoltare il protagonista prinicipale quando si cala nella parte di Pulcinella per provare i giovani delle baliu parigine a ritrovare se stessi e la cognizione del proprio intelletto. Guardando *L'ultimo Pulcinella* la mente corre veloce ad un altro lavoro il cui autore si fa propulsore dell'Arte come riscatto della cognizione umana, *I giganti della montagna* di Luigi Pirandello.[3] In questo ultimo lavoro pirandelliano c'è tutta l'urgenza all'uomo a un riscatto, a un ritorno all'arte della poesia e del teatro per recuperare la sua vera essenza umana. Cotrone, il mago di Villa La Scalogna dove si ritrova un gruppo ecclettico di artisti, dà una spiegazione precisa di quale possa essere il percorso degenerativo dell'uomo e quali le conseguenze. Parlando dei cosiddetti "giganti" che popolano la montagna li vicina Cotrone spiega:

> "Non proprio giganti, signor Conte, sono detti cosi, perché gente d'alta e potente corporatura, che stanno sulla montagna che c'è vicina. [...] L'opera a cui si sono messi lassù, l'esercizio continuo della forza, il coraggio che han dovuto farsi contro tutti i rischi e pericoli d'una immane impresa, scavi e fondazioni, deduzioni d'acque per bacini montani, fabbriche, strade, colture agricole, non han soltanto sviluppato i loro muscoli, li hanno resi naturalmente anche duri di mente e un pò bestiali."

Dunque il monito di Pirandello che urge a un ritorno alla poesia, al sogno dello spettacolo per "creare l'attrazione della favola," che possa aiutare l'uomo ad avere sempre presente la cognizione

---

[3] Il terzo lavoro della famosa trilogia dei Miti. Il lavoro rimasto incompiuto per la morte di Pirandello trovò grande opposizione da parte del regime fascista. I 'bruti" a cui si riferiva il mago Cotrone erano un chiaro riferimento alla brutalità, violenza e ottusità del regime del periodo.

del proprio intelletto e uscire dall'irragionevolezza della forza bruta.

Il film *L'ultimo Pulcinella* copre due spazi, Napoli e Parigi; Napoli dove Pulcinella ha avuto la sua nascita e Parigi luogo dove inaspettatamente ha trovato una sua rinascita. A Napoli incontriamo Michelangelo, l'ultimo Pulcinella, un attore sconfitto, sia nel suo mondo affettivo che in quello artistico. A casa la moglie lo ha lasciato, ormai incapace di accettare la caparbietà di Michelangelo a voler continuare il suo sogno di Pulcinella. Il figlio Francesco sempre più travagliato dalla passione del padre, soffre dell'umiliazione che egli, Michelangelo invece accetta ad ogni rifiuto di ingaggio, e crudelmente glielo butta addosso. La rabbia di Francesco è soprattutto dolore quando grida al padre che Pulcinella è ormai un relitto del passato, il ritmo sfrenato della vita moderna ha fatto perdere la capacità di capire la melodia del linguaggio del teatro. Le canzoni d'amore e di sofferenza di Pulcinella hanno ormai perso ogni fascino, altri i richiami delle sirene, alla musicalità della voce della maschera della Commedia dell'Arte il mondo non risponde, è sordo, sembra aver perso la capacità di sognare. Ma per Michelangelo tutto ciò non conta, egli si assenta dal mondo circostante, è incapace di ascoltare, per lui il tempo si è fermato all'incanto del mondo di Pulcinella e la voce immortale dell'arte continua a guidare i suoi passi.

La partenza misteriosa ed improvvisa di Francesco è seguita dall'altrettanta affrettata partenza di Michelangelo, il padre, al pensiero del figlio in pericolo, decide di mettersi in viaggio. Sofferto il distacco da Napoli, e gli ultimi saluti di Michelangelo svelano tutta l'angoscia della separazione. Come una preghiera di addio è la visita di Michelangelo ai posti sacri della sua arte, il teatro San Carlo, la Galleria, le strade di Napoli, posti dove le canzoni di Pulcinella hanno trionfato in tutta la loro tragica storia, facendo conoscere agli uomini la magía della poesia. La preparazione alla partenza comunque non è completa, gli dei dell'arte devono ancora essere propiziati. Nel suo appartamento Michelangelo compie l'ultima parte del rito: si cala sul volto la maschera di Pulcinella, il nasone nero e gobboso del personaggio della Commedia dell'Arte, appoggia le mani al muro e si guarda nello specchio. È Pulcinella a ricambiare il suo sguardo ed è da lui che Michelangelo riceve la forza di partire.[4] Il pianto che finora gli aveva strozzato la gola trova sfogo nel canto. Dolce e straziante allo stesso tempo sentiamo Pulcinella che canta una delle sue melodie più belle, "Palumbella zompa e vola," canzone che accompagna Michelangelo durante tutto il viaggio. Fino a Parigi egli non è solo, le note lo accarezzano, la melodia con il suo messaggio d'amore lo culla. Il viaggio si è concluso e Michelangelo viene fatto scendere in un luogo che tradisce sofferenza e discriminazione, sono le banliu di Parigi, è qui che il figlio fuggiasco si è fermato.

Le banlieu sono quartieri multietnici di sobborghi di Parigi, luoghi difficili dove i giovani provenienti da tanti paesi dell'Africa vivono, emarginati e discriminati, tenuti lontani dalla cultura dominante.[5] Condizioni di vita che hanno visto tanti cadere nell'abbrutimento di una ribellione fatta di violenza e di scontri con la polizia. Una lunga carrellata ne mostra tutta la desolazione. Strade affiancate da appartamenti brutti, costruiti senza cura né attenzione. Di notte la cinepresa si avvia per queste strade deserte, pericolose dove si intravedono solo pochi giovani che rientrano. Con un'altra carrellata si entra nei posti abitati, appartamenti so-

---

[4] Pulcinella è una delle maschere più amate della Commedia dell'Arte. Famose sono ormai le canzoni napoletane presentate da questo felice personaggio che continua il suo successo in tutti i teatri del mondo.

[5] Le rivolte del 2005 nelle banlieu parigine sono iniziate a Clichy-sous-Bois il 27 ottobre. Si sono poi estese a Montfermeil e ad altri centri per poi diffonfersi ad altre città della Francia, come Rennes, Èvreux, Rouen, Lilla etc. L'8 novembre il governo francese ha dichiarato lo stato d'emergenza riprendendo la legge del 3 aprile 1955 promulgata durante la Guerra d'Algeria. Il 14 novembre lo stato d'emergenza è stato prolungato per 3 mesi. Nell'insieme le tre settimane di sommosse costituiscono la rivolta più importante in Francia dal Maggio del 1968.

vraffolati, giacigli improvvisati, cucine fatiscenti. Queste sono le immagini che danno il benvenuto a Michelangelo. Un posto di miseria e di abbandono, senza poesia né speranza.

Difficile il primo incontro con Francesco. I due non si ritrovano, la conversazione è senza comunicazione. Il figlio ribelle allontana di nuovo il padre, riafferma il suo rifiuto della sua arte, quella di Pulcinella come qualcosa di passato e inutile nelle sue vecchie forme. Per Michelangelo sembra la fine, il suo Pulcinella ormai lontano e sconfitto per sempre. Simbolicamente lo sconforto di Michelangelo viene trasmesso dal dolce ritmo del dialetto di Pulcinella che lentamente sfuma per essere sommerso da altre parole, altri ritmi e melodie cadenzate di terre diverse, da culture sconosciute, simili al cibo che padre e figlio consumano in un piccolo ristorante etnico nelle vicinanze. Pulcinella non c'è più, il mondo di oggi è qualcos'altro. L'unica soluzione è ripartire, lasciare Francesco al suo nuovo destino e relegare Pulcinella nel mondo dei ricordi.

Prima del ritorno a Napoli Michelangelo si ricorda di una sua conoscenza fatta anni addietro in uno dei teatri napoletani, il professor John Paul Dorian amante e ricercatore della Commedia dell'Arte e studioso d'Italiano. Michelangelo decide di andare a trovarlo. L'incontro è commovente quando John Paul viene a conoscere la ragione della presenza a Parigi di Michelangelo, e gli legge tutto lo sconforto nel cuore. Durante il tragitto per arrivare all'università, Michelangelo ha intravisto in un vicolo cieco una struttura chiusa che assomiglia a quella di un teatro. Un teatro, il sogno di ambedue gli uomini, l'artista e lo studioso, e immediatamente decidono di andare a vederlo. Il teatro chiuso e dimenticato si rivela un miracolo, dietro al vecchio portone si nasconde un luogo incantato, il mondo della scena che ha sempre riempito i sogni di Michelangelo: palchi, logge, loggione, parterre, luci, costumi. Su tutto un velo massiccio di polvere come volesse sigillare e conservare un tesoro dove il tempo sembra essersi fermato. Per

Michelangelo il posto è una visione, si guarda intorno, riconosce l'odore del luogo, l'aria amata e familiare della scena, e il suo Pulcinella torna a farsi sentire: il teatro, l'arte, la creazione, il sogno di Pulcinella di continuare a vivere potrebbe essere poprio qui, in un luogo dove il monito di Dante di "seguir virtute e conoscenza" sembra non essere arrivato.

Il professor Dorriel confessa a Michelangelo di aver trovato nei suoi lavori di archivio un manoscritto inedito di Roberto Rossellini.[6] È la storia di Pulcinella che, dopo la fine della rivolta dei Napoletani cappeggiata da Masaniello, deve fuggire da Napoli e sceglie Parigi come suo luogo di esilio. Parigi luogo di tradizione teatrale, di un grande passato artistico, posto ideale per Pulcinella che vuole riprendere la sua vita di teatro. Il sogno di Rossellini e la realtà di Michelangelo si sovrappongono: Pulcinella è pronto ad affrontare una nuova avventura, Michelangelo a realizzare il suo sogno. Adesso è compito di Michelangelo convincere la guardiana del teatro, Marie Le Belle, a riaprire le porte di quel mondo magico. Un compito che si rivela facile, le parole non servono, i due si riconoscono. Anche Marie Le Belle è stata attrice teatrale, conosce bene, anche lei la magia della recita, anche lei sogna un palcoscenico vivo che risuoni della passione della poesia. Il teatro, scrigno di tesori, è un mondo di fiaba, è la Bella Addormentata che ha dormito per anni in attesa del bacio del principe che l'avrebbe fatta rivivere, e Michelangelo si prepara ad entrare in quel sogno. Per farsi Principe si riveste da Pulcinella, la sua tanto amata maschera, si cala addosso il camicione bianco, sul viso il nasone nero e fa la sua dichiarazione d'amore a Colombina. La bella addormentata si sveglia e il teatro torna a vivere.

---

[6] Roberto Rossellini (1906-1977) è stato regista, sceneggiatore e produttore cinematografico. È soprattutto conosciuto come uno dei padre del neo-realismo italiano. Colombina è un personaggio veneziano della Commedia dell'Arte. Nelle rappresentazioni è spesso oggetto di attenzione da parte del padrone Pantalone, cosa che provocava la gelosia d'Arlecchino suo innamorato.

Lo spettacolo deve ricominciare, attori, ballerine e musicisti sono da ingaggiare. I giovani diseredati delle banliu sono convocati sul palcoscenico e messi al corrente del progetto. Michelangelo, John Paul e Marie non hanno soldi, nessuno verrebbe retribuito per la partecipazione a far rivivere il teatro. La rinascita dell'arte in questo luogo dimenticato deve essere un semplice atto d'amore, un riconoscimento alla cultura. Il rifiuto dei giovani immigranti è inevitabile, ma Michelangelo non si arrende. Forte della ritrovata identità sa come farsi sentire, conosce il potere della musica e della recita. Pulcinella rientra nel suo ruolo e ricomincia il corteggiamento. Il tamburello accompagna la sua canzone, il corpo parla. Uno a uno Pulcinella invita i ragazzi ad unirsi alla sua musica, ed ognuno, quasi stregato dalla magia del canto e della recita ascolta e segue il richiamo. La musica napoletana di Pulcinella diventa fantasiosa, ne nasce un ritmo nuovo fatto di suoni che escono da strumenti bizzarri ed improvvisati. La comunicazione è avvenuta. I ragazzi si sono ritrovati ed hanno capito. Pulcinella, spiega Michelangelo, è ognuno di loro, perché Pulcinella è la voce dei poveri, dei diseredati, degli immigrati. È la voce dell'uomo offeso, di tutti quelli che hanno bisogno di essere riscattati, di ritrovare il proprio spirito, non con la violenza ma con la creazione. Pulcinella insegna a non arrendersi ma la rivincita deve venire dalla propria umanità, utilizzando lo spirito che è in ognuno, trovare il modo per "seguir virtute e conoscenza," per sostituire alla violenza la creatività, alla brutalità della lotta la parola.

È il trionfo, tutti ormai sul palco si riconoscono, sono tutti capaci di far trionfare la creatività nascosta in se stessi. Musica e balli, costume e strumenti, luci e scenografie. Il teatro è rinato ed insieme ad esso il senso di speranza in un destino migliore. Il manoscritto di Rossellini troverà la sua rappresentazione e Pulcinella con parole simili a quelle del mago Cotrone guiderà questi ragazzi alla rinascita:

"Lucciole! Le mie. Di mago. Gli orli, a un comando, si distaccano; entra l'invisibile: vaporano i fantasmi. È cosa naturale. Avviene, ciò ch'è di solito nel sogno, lo faccio avvenire anche nella veglia. Ecco tutto. I sogni, la musica, la preghiera, l'amore […] tutto l'infinito ch' è negli uomini, lei lo troverà dentro e intorno a questa villa." (Pirandello)

Ai margini di Parigi, nelle brutte banliu il teatro ritrovato offre tutto il necessario per la creazione artistica, e Pulcinella come Cotrone riesce nella sua redension. Quando le sirene della polizia, gli spari di armi da fuoco e di rumore di passi di scarpe ferrate si fanno sentire, nel treatro dove si recita, nulla si ferma, lo spettacolo continua. I giovani ricoperti della maschera di Pulcinella sono lì sul palcoscenico a recitare, ignari e lontani dalla violenza che c'è fuori. Ma il miracolo di cui l'arte è capace non si è ancora concluso. Pulcinella riuscirà a coinvolgere anche gli altri, quelli che sono ancora fuori, i bruti che combattono con l'arma della violenza perché inconsapevoli di "tutto l'infinito ch'è negli uomini." Anche per loro il teatro e l'arte saranno motivo di integrazione e di riscatto, darà loro un sogno da realizzare. Di nuovo è Pirandello a farsi strada con le parole del mago Cotrone, che cerca di far capire che cos'è veramente recitare per imparare ad uscire dalla meschinità della vita bruta:

"Liberata da tutti questi impacci, ecco l'anima ci resta grande come l'aria, piena di sole o di nuvole, aperta a tutti i lampi, abbandonata a tutti i venti, superflua e misteriosa materiale di prodigi che ci solleva e disperde in favolose lontananze." (Pirandello)

Guidati dall'amica di Francesco, i ragazzi in rivolta e inseguiti dalle squadre di polizia cercano rifugio nel teatro, entrano e si nascondono. Sanno di poter trovare riparo nel loggione, il Paradiso è stato chiamato. Da lì assistono in silenzio alla scena che intanto si svolge sul palcoscenico, scontro finale tra la forza bruta e la fiamma dell'arte. La polizia entra in assetto da sommossa, caschi e manganello i loro costumi, dal portone entra con loro il fumo acre dei lacrimogeni. Al loro ingresso la recita si interrompe, il canto tace. Il capo poliziotto chiede con insolenza la consegna dei ragazzi che hanno trovato asilo nel teatro. Michelangelo avanza e senza timore oppone la sua ragione, quella dell'arte, "qui si fa teatro" sono le sole parole che esclama. Il duello che segue è una mimica teatrale. Il poliziotto si cala la sua maschera, la visiera del casco in segno di battaglia, Michelangelo quella di Pulcinella. Non un passo né una parola, solo la mimica dei gesti. Gli occhi si incrociano, si studiano. Alla fine è il capo poliziotto ad allontanarsi lasciando i ragazzi al loro nuovo destino, l'arte non li ha solo salvati ma ha soprattutto insegnato loro un'altra via verso il riscatto, quella giusta.

La forza bruta si è allontanata e lentamente Pulcinella riprende il suo canto struggente, "Nennella mia." dolcemente la cinepresa sale sul loggione del Paradiso, da dove i ragazzi nascosti esitanti si alzano e si affacciano. Anche loro sono in costume, ma al bianco camicione di Pulcinella stridono i loro giacconi pesanti e i passamontagna che portano per nascondere il viso. La voce di Pulcinella si alza come il piffero magico della favola, li chiama, li incita a unirsi a lui. I ragazzi scendono uno dopo l'altro, si fermano sotto il palco, si tolgono il passamontagna, non serve più, anche loro hanno finalmente capito. I nuovi arrivati fanno cerchio intorno a Pulcinella che continua il suo dolce richiamo. La melodia di "Palumbella zompa e vola" chiude la scena. Le stesse note che avevano accompagnato un Michelangelo disperato nel suo viaggio da Napoli a Parigi si fanno di nuovo udire. Parigi e il suo teatro sono i luoghi dove l'arte di Pulcinella ha ritrovato la sua missione e Michelangelo la sua commedia.

Scaparro non conclude la sua metafora del teatro come riscatto sociale. Non sappiamo se l'ultimo Pulcinella troverà la sua rappresentazione. Ma tutto ciò non importa, il messaggio è chiaro:

l'arte è forma di insegnamento di dignità, solidarietà e rispetto di se stessi. Neanche il pezzo teatrale I giganti della montagna conclude, ma anche qui senza ombra alcuna Pirandello ha lanciato il suo messaggio:

> "Ecco tutto. I sogni, la musica, la preghiera, l'amore [...] tutto l'infinito ch'è negli uomini; lei lo troverà dentro e intorno a questa villa." (10)

Al che Pulcinella potrebbe ripetere le stesse parole: "Ecco tutto. I sogni, la musica, la preghiera, l'amore [...] tutto l'infinito ch'è negli uomini, lei lo troverà dentro e intorno a questo teatro." E aggiungo io di rimando lo troverete dentro di voi, perché l'uomo non è fatto per vivere come bruto ma per seguir virtute e conoscenza.

OPERE CITATE

Maurizio Scaparro, *L'ultimo Pulcinella*. Rai Cinema, 2008.
Luigi Pirandello, *Maschere Nude*. Vol. II. Milano: Mondadori, 1949.

LA PRIMAVERA ARABA E IL DIALOGO
EUROMEDITERRANEO

Salvo Andò
Università degli Studi di Enna, Kore

1. *Premessa*

Sono stati molti in questi mesi—di fronte al caos prodotto in Libia da un vuoto di potere che dura ormai da troppo tempo, in una guerra civile senza fine che sta distruggendo la Siria, teatro di un conflitto che ha come ispiratori politici e finanziatori delle truppe mercenarie alcune monarchie del petrolio; alla guerra dichiarata dal sedicente califfo dello Stato islamico, Al Baghdadi, al mondo intero il cui obiettivo immediato è quello di travolgere gli stati nazionali nella regione del Golfo—a chiedersi se la Primavera araba non debba essere considerata una rivoluzione fallita.

Coloro i quali ritengono che la Primavera araba sia fallita si chiedono, altresì, se questo fallimento non sia una conferma dell'incapacità del mondo islamico di padroneggiare gli strumenti della democrazia e di avere un approccio al tema dei diritti umani che sia in grado di vincere la tradizionale resistenza del mondo islamico ad accettare il principio del potere limitato. In altre parole, un esercizio dell'autorità che riesca a rifiutare quell'impronta autoritaria che caratterizza non solo il rapporto tra potere e società, ma anche le relazioni personali all'interno delle comunità intermedie, in primo luogo la famiglia.

Si potrebbe obiettare, di fronte a questi giudizi, che se vi sono certamente delle transizioni democratiche difficili come quella egiziana—che nel corso di pochi anni ha registrato ripetuti cambiamenti della Costituzione e un tentativo di colpo di Stato nel momento in cui il primo Presidente nella storia della Repubblica liberamente eletto, Morsi, è stato rifiutato, non solo agli apparati dello Stato che gli erano ostili, ma anche dall'opinione pubblica in quanto rivelatosi incapace di governare una difficile crisi economica ma soprattutto di resistere alle pressioni che provenivano dai settori integralisti dei partiti religiosi—c'è, invece, il caso della Tunisia ove la transizione democratica si è compiuta attraverso il passaggio del potere in modo assolutamente pacifico da uno schieramento fatto prevalentemente dai partiti religiosi a uno schieramento di partiti laici.

2. *La Primavera araba è stata una vera rivoluzione che ha facilitato il dialogo tra i paesi islamici e l'Europa*

C'è da chiedersi di fronte alle guerre, alle violenze, ai conflitti tra popolazioni islamiche di diverso orientamento religioso ed alle emergenze umanitarie da essi prodotti—ed una delle più serie è costituita dai massicci esodi migratori che vedono centinaia di migliaia di uomini, di donne, di bambini, fuggire dai territori nei quali hanno da sempre vissuto—se l'UE saprà assegnarsi un ruolo politico rilevante nel contesto di una strategia di pacificazione della regione. L'Europa pare a tutt'oggi indecisa sul da farsi. Essa è alle prese con un sentimento di ostilità verso gli immigrati prodotto anche da una predicazione razzista che tende a diffondersi e addirittura a dare vita a veri e propri partiti politici.

I cambiamenti prodotti dalla Primavera araba e quelli in corso in Europa suscitano diffidenza, scetticismo,disinteresse come se essi incidessero in modo marginale sulla tranquillità sociale dei paesi della sponda nord.

Sarebbe auspicabile che la politica europea si occupi con più convinzione di queste vicende, e soprattutto, che rifletta su quanto sta accadendo nella regione meridionale del Mediterraneo, non considerando, tuttavia l'idea che quella della Primavera araba sia una rivoluzione fallita.

Nelle piazze dei paesi, teatro delle rivolte, si è discusso e si continua a discutere di questioni che hanno una grande rilevanza per lo sviluppo dell'intera regione mediterranea, per rendere il Mediterraneo un mare di pace. Le discussioni sul tema dei diritti umani, della loro costituzionalizzazione, dal rapporto che deve stabilirsi tra uno Stato sovrano e le confessioni religiose nel rispetto del principio di eguaglianza tra tutti cittadini, sono temi che non riguardano soltanto l'area meridionale della regione, ma anche i paesi dell'area settentrionale, che saranno sempre più coinvolti a mano a mano che Diventeranno sempre più numerose le comunità islamiche presenti nelle società europee, che sono società multietniche ove è sempre più radicato l'Islam d'Occidente.

Bisogna parlare di tutto ciò, abbandonando un retaggio di pregiudizi o di vera e propria ostilità culturale nei confronti del mondo islamico, spesso interpretato come un monolite immutabile incapace di accettare la secolarizzazione della società, intransigente nel mantenere in vita pesanti discriminazioni nei confronti delle donne che subiscono i vincoli prodotti da una società patriarcale,ostile all'idea che le minoranze religiose possano godere degli stessi diritti di cui gode l'Islam.

È giusto dire, nel momento in cui si cerca di capire ciò che manca alla cultura islamica per potere padroneggiare efficacemente i meccanismi della democrazia, che anche l'Occidente oggi è alle prese con una profonda crisi della democrazia e si interroga su come uscire dall'*impasse*.

Sono molte le ragioni che hanno prodotto uno stato di sofferenza delle istituzioni nei paesi europei a partire da quelle rappresentative, e non tutte sono dipendenti dai processi di globalizzazione che non riescono a coinvolgere nella stessa misura tutte le regioni europee nella competizione internazionale. C'è una spoliticizzazione delle società occidentali che non si può fronteggiare solo attraverso modifiche da apportare all'architettura istituzionale.

Osserva giustamente Danilo Zolo, tenuto conto di ciò, che non è agevole precisare che cosa vogliono gli occidentali dagli islamici quando sollecitano una professione di fede nel valore della democrazia. Non si comprende soprattutto se ad essi si chiede di condividere un nucleo di principi, in base al quale l'esercizio di ogni forma di potere pubblico non può che essere limitato sulla base di una separazione dei poteri che precluda, quindi, ogni forma di autoritarismo, o viceversa: di recepire in modo pedissequo il sistema istituzionale attraverso cui si sono organizzate le liberal-democrazie occidentali e addirittura lo stesso modello sociale prodotto da un sistema dei diritti che privilegia l'individualismo e rifiuta la dimensione comunitaria ritenendo che essa non si addica alla modernità.

È noto che l'ideologia liberale è entrata nel fatto comunitario ponendolo in stretta relazione con l'emergere della modernità, nel senso che più il moderno si costituisce in quanto tale, più appare chiaro che i legami comunitari via via si rimodellano a favore di modalità di associazioni che hanno carattere volontario, contrattuale. Da ciò, quindi, si determina il prevalere di modalità di comportamento individualistiche e più razionali.

E, tuttavia, interpretare le difficoltà prodotte dal fatto comunitario come insuperabili ai fini di un radicamento delle abitudini tipiche della democrazia pare essere il frutto di un pregiudizio, secondo cui, le società di cui ci si occupa sono destinate a essere immutabili quanto a stili di vita come se esse non fossero influenzate dall'evolversi dei modelli economici. Ed,invece, anche nel mondo islamico la comunità appare come un fenomeno residuale destinato a incidere sempre meno sulle abitudini di vita. Ciò è soprattutto visibile in presenza di un radicamento del processo democratico perché i mercati globali con le istituzioni che creano e le regole a cui danno vita e con le trasformazioni degli assetti istituzionali esistenti, che promuovono e rendono sempre meno rilevante il valore della comunità protesa sempre più ad esprimere o una nostalgia utopica che poco incide sulle dinamiche sociali o un atteggiamento funzionale alla difesa di posizioni politiche conservatrici, e quindi al mantenimento in vita di regimi dalla forte impronta autoritaria.

È difficile conservare le abitudini che la dimensione comunitaria ha creato in una situazione nella quale la famiglia viene a rompersi a causa di processi di urbanizzazione inarrestabili che portano all'abbandono delle zone rurali e al trasferimento di individui alla ricerca di migliori condizioni di vita nella città. La dimensione comunitaria, quindi, viene inevitabilmente vissuta come un disvalore, perché alla base dello sradicamento e dell'abbandono delle antiche comunità c'è la convinzione che le famiglie e le singole persone, trasferendosi nelle grandi aree urbane, possano godere di maggiore libertà e benessere.Mentre le vecchie generazioni vivevano il progresso come una minaccia e la cultura comunitaria come una garanzia di vita migliore, le giovani generazioni la vivono come un disvalore perché impedisce ad esse di poter avere delle opportunità ai fini di un significativo miglioramento della loro esistenza.

Ciò che è destinato a restare della dimensione comunitaria è l'idea che l'unità della comunità dei fedeli costituisca un valore, trattandosi di un elemento che connota l'identità islamica ma non preclude processi di cambiamento che riguardano il rapporto tra autorità e libertà e le forme nelle quali questo rapporto via via viene ad assumere all'interno di un processo democratico che si sviluppa in modo originale, tenuto conto, della presa che la religione esercita sui comportamenti individuali e collettivi. È, del resto, significativo che paesi islamici come l'Indonesia assai popolosi o paesi come l'India con quasi 200 milioni di islamici siano riusciti a conciliare religione e processo democratico considerando la democrazia non come una pretesa "indecente" dell'uomo che vuole attraverso di essa sfidare Dio, concepito come potenza assoluta, bensì come strumento fondamentale per garantire insieme il principio di maggioranza e la tutela dei diritti delle minoranze.

La verità è che non è l'Islam, con i suoi ideali di giustizia e di eguaglianza, ad infondere diffidenza verso la democrazia, bensì una particolare cultura del mondo arabo che ritiene pericoloso creare istituzioni democratiche, tanto che nel secolo scorso ha simpatizzato con diversi regimi autoritari europei, sia che si trattasse dei regimi nazifascisti che di quelli comunisti, ritenendo che solo il potere esercitato da un capo indiscusso, senza limiti e regole, potesse garantire l'ordine sociale. L'emancipazione sociale che un assetto democratico persegue inevitabilmente creerebbe le condizioni per destabilizzare i regimi esistenti.

Da questo punto di vista, la lezione della Primavera araba deve fare riflettere gli occidentali che guardano con scetticismo a quanto sta avvenendo nei paesi della sponda sud sulle dimensioni del disagio sociale dei processi di globalizzazione,considerato che il tipo di domande che sono venute dal popolo delle rivolte erano domande assolutamente in linea con il cambiamento rivendicato anche dalle classi sociali emarginate in Europa e in tutto l'Occidente. E non solo. La rivolta deve fare riflettere anche sulle prospettive che, con riferimento ad un prevedibile futuro assetto democratico, si aprono in paesi dove la società civile è destinata a conquistare sempre più larghi spazi pubblici, a far sentire la propria voce e a pretendere un controllo sull'esercizio del potere pubblico, e quindi l'adozione di regole che garantiscano la trasparenza dei processi decisionali ed un'organizzazione del potere giudiziario che assicuri una magistratura realmente indipendente.

È questo l'ambiente all'interno del quale si stanno sviluppando gli impulsi positivi e anche le tensioni prodotte dalla domanda di più democrazia. E, trattandosi di una rivoluzione che sta cambiando la cultura delle società, non pare dubbio che le energie che le rivolte fanno emergere sono destinate a produrre nuove opportunità, sul piano della cultura sociale, al fine di consolidare il processo democratico.

Si tratta di prendere atto del fatto che esiste ormai una distanza sempre più grande tra la società civile, che ha occupato le piazze della primavera araba (dando vita a forme di contropoteri di cui si avverte il peso in un grande paese come l'Egitto, dove i regimi succeduti alla dittatura di Mubarak con queste piazze hanno dovuto fare i conti tutte le volte in cui si volevano limitare gli spazi di libertà che attraverso i movimenti di piazza si erano aperti) e le zone interne ove l'arretratezza culturale favorisce il conservatorismo politico e porta consensi ai settori più reazionari dello schieramento partitico.

Una riflessione merita, da questo punto di vista, la rapidità con cui soprattutto nelle realtà dell'Africa in cui non c'è una società civile particolarmente vivace (non ci sono gli studenti e le donne che sono scesi in piazza come in Egitto e Tunisia) si è avuta un'espansione degli insediamenti cinesi. Si tratta di quella parte dell'Africa in cui è difficile creare istituzioni democratiche perché c'è meno fiducia nella democrazia e più fiducia invece in un'organizzazione del potere attraverso clan e tribù. È un dato di fatto che i cinesi in queste realtà siano visti con favore proprio perché poco interessati a promuovere istituzioni democratiche o ad intervenire nelle situazioni interne dei diversi paesi con l'obiettivo di migliorare le condizioni di vita sociale e politica di quelle popolazioni attraverso azioni positive che possano allargare l'area sociale di fruizione dei diritti, a cominciare dai diritti connessi all'organizzazione del lavoro.

3. *La rivolta delle donne per i diritti*

Per capire cosa sta cambiando nei paesi coinvolti nelle rivolte della Primavera Araba bisogna seguire con la giusta attenzione le battaglie condotte dalle donne che sono state protagoniste delle vicende delle rivoluzioni e che in diversi contesti sociali e politici hanno avuto il coraggio di organizzare un dissenso che ha contagiato l'intera società. Le donne mobilitandosi per conquistare per i diritti, nelle diverse realtà nazionali, sono riuscite ad ottenere un forte sostegno da parte della comunità internazionale.

Si tratta di un processo che in alcune realtà nazionali ha subito delle battute d'arresto, ad esempio in Algeria ove soltanto il personale autorizzato dal governo può avere responsabilità religiose a differenza di quando invece accade in Marocco, ove addirittura le donne sono state autorizzate a guidare la preghiera (A. Pacini, *L'Islam ed il dibattito sui diritti dell'uomo*, Edizione Fondazione Giovanni Agnelli, Torino, 1998). Si può comunque affermare che oggi l'universo femminile costituisce un fondamentale punto di osservazione per valutare la portata dei cambiamenti sociali in corso. E, se passerà fino in fondo il principio dell'eguaglianza di genere, cadranno molte discriminazioni che riguardano le minoranze etniche, religiose, pertanto, il processo di democratizzazione produrrà dei risultati irreversibili. Ci sono nel mondo arabo dei fermenti che non vanno sottovalutati anche perché viene finalmente posta la questione dell'interpretazione dei precetti coranici e della libertà religiosa per tutti. Era questa una delle richieste che i giovani studenti e le donne facevano attraverso le discussioni pubbliche organizzate nelle piazze della Primavera araba.

Essi vogliono che venga accettato il principio di un'interpretazione evolutiva della legge coranica, cioè di una storicizzazione della Sharia. La legge coranica per il popolo delle rivolte non può essere considerata, secondo quanto afferma una teologia ortodossa, come scritta sulla pietra, immutabile, di fronte a un mondo percorso da grandi cambiamenti. Nelle piazze si invocava un reale primato della Costituzione e si spiegava che il richiamo alla Sharia come fonte suprema del diritto era da considerare non un vincolo giuridico bensì un riferimento da intendere come orientamento culturale che impegna a difendere l'identità e di cui le istituzioni e sopratutto le corti di giustizia non possono non tenere conto.

Non si chiede che la religione sia estromessa dallo spazio pubblico, ma non si accetta che essa possa costituire il fondamento di un atteggiamento di chiusura verso la modernità così come vorrebbero alcuni regimi autoritari i quali confidano in una concezione fortemente autoritaria della sfera religiosa per dare legittimazione ad un potere senza limiti e senza controlli, corrotto e ingiusto,che si appoggia alla religione per catturare il consenso sociale violando anche i principi fondamentali della legge coranica.

4. *Islam e Democrazia*

La cultura occidentale si è confrontata a lungo sul tema della difficile affermazione dei diritti umani nelle società islamiche ritenendo prevalentemente che la mancata secolarizzazione di esse comporti pesanti discriminazioni a carico delle minoranze religiose e delle donne che subiscono i vincoli prodotti da una società patriarcale. Su questi temi, dalle rivolte della Primavera araba sono venuti segnali incoraggianti che non possono essere sottovalutati. Non ha, quindi, ragion d'essere lo scetticismo, basato su pregiudizi difficili da vincere, del mondo occidentale secondo cui è irrealistico pensare che un vero processo democratico possa affermarsi nel mondo arabo islamico, sia pure secondo modalità e tempistiche che si addicono ad un mondo in cui il peso della tradizione è molto forte allorché si tratta di affrontare processi che comportano radicali cambiamenti sociali. Del resto, queste difficoltà non possono scandalizzare più di tanto l'Occidente se si considera che spesso anche nelle democrazie mature si registrano preoccupanti regressi nelle abitudini democratiche che si esprimono nella forma di un'inaccettabile asimmetria democratica, tra dirigenti sprovvisti di qualunque legittimazione data dal popolo, e quindi sottratti ad ogni responsabilità politica, e destinatari delle decisioni impotenti, in quanto esclusi da ogni forma di controllo sulle decisioni prese "in alto".

Osserva giustamente in questo senso Danilo Zolo che non è agevole precisare "che cosa vogliono gli occidentali dagli islamici quando sollecitano una più convinta professione di fede nel valore della democrazia." Oggi, osserva Zolo, per democrazia si possono intendere cose molto diverse, come già hanno spiegato Max Weber e Joseph Schumpeter. Si può intendere la democrazia partecipativa, secondo il paradigma dell'agorà ateniese oppure la democrazia rappresentativa nella quale il Parlamento esegue la volontà del popolo e dal popolo viene efficacemente controllato. Ancora, alla luce del realismo politico shumpeteriano, si può ritenere che le forme classiche della democrazia siano ormai tramontate nel quadro di società sempre più differenziate, complesse, come sono le società industriali avanzate.

In queste società la gestione del potere politico deve essere affidata è *elites* di specialisti, mentre al pubblico generico dei cittadini, privo di competenze specifiche, si può riservare il compito di scegliere, attraverso libere consultazioni elettorali le *elites* a cui affidare il potere di comando e alle quali sottomettersi".

Se le cose stanno così a poco vale dettare delle ricette che i paesi arabi del Mediterraneo dovrebbero seguire anche nei dettagli per portare la democrazia occidentale a casa loro. Il problema dei possibili sviluppi del processo democratico nel contesto dei processi di globalizzazione riguarda entrambe le sponde del Mediterraneo e le soluzioni che possono risultare più efficaci dovrebbero scaturire da un confronto multilaterale che non si basi su alcuni assunti iniziali che si assumono come indiscutibili.

Non ha senso il tentativo di esportare le esperienze che sono state fatte in Occidente nei paesi della sponda sud, ritenendo che in questo modo il Mediterraneo possa essere definitivamente pacificato.

Insomma, la democrazia è un regime politico molto delicato, e non dipende soltanto da un particolare modello istituzionale destinato a produrre gli stessi risultati positivi in tutti i contesti sociali economici, ma da un'esperienza storica normalmente lunga attraverso la quale i cittadini liberamente manifestano lealtà verso il sistema politico, nonché un forte senso di appartenenza e solidarietà alla comunità di cui fanno parte. Si tratta di condizioni che, per esempio, nei territori europei si sono create lentamente, se si pensa che nell'Europa del secolo scorso tra la prima e la seconda guerra mondiale la gran parte degli Stati era retta da regimi dittatoriali,che sono crollati a seguito della guerra, o che sono implosi nell'est europeo per i risultati catastrofici prodotti, avendo tolto alle popolazioni la libertà senza dare ad esse il benessere che avevano promesso.

I territori dei paesi arabi sono stati occupati per tanti anni dalle potenze coloniali; si è così imposta una cartografia imperiale all'intero Medioriente. La fine del colonialismo non ha prodotto rivoluzioni liberali, bensì nazionalismi su base statale e regionale che sono falliti perché tutti molto lontani dal sentimento di appartenenza religiosa prevalente nelle popolazioni, all'ombra nonché perché incapaci di venire a capo delle divisioni etniche, tribali,e familiari che caratterizzavano buona parte dei paesi arabi.

5. *Un pregiudizio antislamico: non c'è una società civile in islam*

Un dialogo tra Islam ed Occidente sui temi che sono stati al centro della discussione pubblica nelle piazze della Primavera araba richiede che gli interlocutori si riconoscano vicendevolmente una pari dignità culturale. Non sempre ciò è avvenuto da parte degli occidentali verso il mondo islamico.

Quando parliamo del rapporto tra Islam e democrazia spesso siamo eccessivamente severi nel giudicare i processi di democratizzazione in corso avviatisi in paesi che non hanno mai conosciuto esperienze democratiche. Si tratta di processi tutt'altro che lineari e rapidi. E tuttavia, è sbagliato assumere posizione di scetticismo, muovendo dal preconcetto che nell'Islam nulla si muove.

È, invece, prevedibile che, nelle dovute forme e tempi, si realizzi nei paesi, teatro delle Primavere arabe, o almeno alcuni di essi, una organizzazione del sistema politico basato sul principio del potere limitato attraverso una efficace separazione dei poteri.

Non c'è dubbio che sono numerosi coloro i quali, in quel mondo—e si tratta anche di studiosi di prestigio e che godono anche di ampia udienza sociale-temono il contagio culturale dell'Occidente e vedono nel processo democratico una sorta di minaccia alla tenuta di un modello sociale, di abitudini di vita che si ritengono essenziali per garantire l'unità della comunità dei credenti. Costoro spiegano che la democrazia consentirebbe all'uomo di sfidare Dio,che essa costituisce uno stimolo alla conquista di un potere assoluto che può mettere in discussione il primato della legge coranica.

Posizioni non dissimili da questa sono emerse all'interno dell'evoluzione del pensiero politico dell'Occidente. Si pensi al conflitto tra diritto positivo e legge naturale, che tuttavia non ha impedito che la legge naturale venisse accettata come limite ineludibile all'esercizio del potere, che lo *ius gentium* che ne recepiva i principi fosse considerato il fondamento di comunità sociali ben ordinate, e della stessa comunità internazionale,e che le costituzioni dovessero avere un impianto valoriale che si informava a quei principi ritenuti giustamente universali.Si trattava di un universalismo dei valori che si poneva come limite alle decisioni contingenti assunte dai governanti.

Non ci si deve scandalizzare se analoga pretesa venga dal mondo islamico con riferimento alla legge coranica, i cui principi ritenuti universali hanno come destinatari non i regimi ma i membri della comunità "che è la migliore delle comunità mai creata da Dio".

Su questo tema dei rapporti tra religione e storia si discute da sempre e si continuerà a discutere a lungo.

Ciò che non si può,non si deve ignorare è che all'interno della società civile nel mondo arabo,come si diceva, operano movimenti culturali guidati da personalità che sono ben note anche nel mondo occidentale per i loro libri che sono letti da un vasto pubblico nei paesi europei. Si tratta di uomini di cultura che partecipano alla vita politica e che hanno anche avuto importanti responsabilità di governo. Costoro in questi anni si sono battuti contro i regimi e in occasione delle rivolte della Primavera araba hanno parlato di diritti e di un nuovo Islam immerso nella modernità non soltanto nei salotti letterari, ma rivolgendosi alle masse che si raccoglievano nelle piazze.Le loro posizioni hanno influito molto sugli atteggiamenti del mondo giovanile.

I regimi autocratici hanno trovato, invece, delle forti resistenze nel mondo del libero pensiero, che reclamava le riforme,ma hanno trovato delle resistenze anche in alcuni settori religiosi che denunciavano le pratiche corruttive accettate dai regimi, il clima di ingiustizia che regnava in quei paesi, e che ritenevano questi regimi colpevoli di clamorose violazioni della legge sciaraitica. Basti pensare ai conflitti tra Mubarak ed i Fratelli musulmani, ma anche alle contestazioni subite da Ben Alì in Tunisia per gli arricchimenti illeciti consentiti ai membri della propria famiglia e del proprio clan.

Le novità emerse in occasione delle rivolte della Primavera araba, che sono state delle rivolte assolutamente impreviste anche perché erano rivolte di popolo e non di pezzi di apparato che insorgevano contro un dittatore per sostituirlo con un altro, dimostrano che c'erano fermenti di libertà molto forti nel corpo delle popolazioni di questi paesi.

Di fronte a quanto è avvenuto a partire dal 2010 nei paesi teatro delle rivolte c'è da chiedersi se il dispotismo sia un connotato dell'Islam o invece il connotato della struttura sociale del mondo arabo organizzato attraverso clan, tribù, o famiglie patriarcali.Non è un caso che la rivolta si sia scagliata contro le classi dirigenti e gli apparati pubblici al loro servizio che con le loro ruberie avevano impoverito ulteriormente le popolazioni, e non invece contro la tradizione islamica.I ragazzi dalle rivolte spiegavano che la loro non era una rivoluzione contro l'Islam ma una rivoluzione nell'Islam.

Questa spiegazione è avvalorato dal fatto che la rivoluzione ha rafforzato i movimenti religiosi consentendo il successo elettorale di essi, almeno in una prima fase del dopo rivoluzione.Si è trattato del successo di un'Islam popolare,molto forte nelle zone interne, che però non comportava una deriva autoritaria.

L'autoritarismo non è connaturato alla religione islamica.Per convincersene basta riflettere sull'esperienza di grandi paesi islamici come l'Indonesia o l'India che ha una comunità islamica assai numerosa, circa duecento milioni di persone.

Non pare che gli islamici abbiano dimostrato in queste realtà insofferenza o difficoltà nel padroneggiare gli strumenti della democrazia.

L'organizzazione delle comunità islamiche peraltro non è fondata su un principio autocratico. L'interpretazione della legge coranica può comportare anche una lettura evolutiva dei principi che sono in essa contenuti.E ciò è avvenuto nel corso dei secoli anche se molti contestano questa possibilità. Si è infatti avuta in quasi tutti i paesi del mondo arabo islamico a livello applicativo una evoluzione della legge islamica, sostenuta dal consenso della comunità, considerato che il consensus costituisce un elemento che non snatura il principio della piena osservanza della legge divina.

L'esperienza di questi anni dimostra che di fronte ai tentativi che ci sono stati di costruire sistemi costituzionali che potessero portare alla transizione verso uno Stato islamico si sono avute delle reazioni molto forti da parte dell'opinione pubblica, che hanno prodotto anche il collasso di regimi che pure erano stati espressi da un voto popolare finalmente libero. Si veda il crollo del regime di Morsi in Egitto.

C'è da dire che i sistemi politici che stanno via via emergendo non costituiscono delle copie della liberal-democrazia europea. È innegabile che ci sia una forte influenza della cultura islamica nella disciplina degli istituti attraverso i quali dovrebbero prendere forma uno Stato di diritto in versione islamica.

E, tuttavia, comprensibile che in questa fase del processo costituzionale non si può non tener conto delle forti resistenze che si frappongono ai progetti di cambiamento dalla parte meno acculturata della società legata ai valori della tradizione e decisa a respingere tutto ciò che viene giudicato come una minaccia per l'identità islamica.Si tratta di resistenze di tipo culturale che non possono essere considerate come il risultato di un'ingerenza della religione negli affari dello Stato.

Nasce, insomma, in questa realtà uno Stato che via via può diventare un vero Stato di diritto, che tuttavia deve avere dei caratteri peculiari.

L'idea di democrazia, del resto, è oggetto di discussione assai vivaci anche nei paesi di sicure tradizioni democratiche. Basti pensare alle polemiche quasi quotidiane in tutti i paesi europei sul tema della crisi della rappresentanza politica. È opinione corrente che siano ormai obsolete le tradizionali categorie della politica e del costituzionalismo, messe come sono a dura prova da una crisi economica che si configura sempre più con una crisi di struttura e non congiunturale del capitalismo che rende inefficace le tradizionali funzioni di mediazione svolte dai partiti politici.

La convinzione che Islam e democrazia siano incompatibili e che su questo tema il dialogo tra i paesi delle due sponde del Mediterraneo sia un dialogo tra sordi pare,quindi, destituita di fondamento.

I ragazzi che protestano nelle grandi metropoli europee nei confronti delle banche e dell'incapacità dei governi di garantire il funzionamento di uno Stato che, via via nel corso del Novecento, si è strutturato come "Stato compassionevole", non sono poi tanto diversi dai ragazzi che hanno fatto la Primavera araba e che chiedono regimi politici più giusti e meno corrotti.

L'idea che per sua natura l'Islam sia incompatibile con la democrazia discende anche dalla scarsa conoscenza che abbiamo della storia dell'Islam e del dibattito che si è svolto tra i teologi nel

corso dei secoli, nonché del travaglio subito dal mondo arabo dopo la fine dell'impero Ottomano.

Quando si spiega che la costituzione di una sfera pubblica
nell'Islam—e l'esistenza di una sfera pubblica è essenziale per la
realizzazione di un regime costituzionale che garantisca una transizione democratica—rappresenta un obiettivo impossibile, si usa
di solito l'argomento secondo cui l'ideale dell'Ummah, cioè della
comunità di tutti i credenti, comporta l'accettazione di questa comunità come l'arena più importante per l'implementazione della
visione morale e trascendentale dell'Islam. Da ciò discenderebbe
l'inevitabile sovrapposizione della religione allo Stato, in forme
tali da non consentire l'emergere di una società civile forte e auto-
nomo.

Pare essere solo un pregiudizio dell'idea secondo cui l'esistenza
stessa dell'Ummah fa dei regimi politici che si affermano nel
mondo islamico dei regimi inevitabilmente candidati ad assumere
le forme tipiche del dispotismo orientale, con il potere quindi con-
centrato nelle mani di pochi governanti e con una società civile a
cui non viene riconosciuta alcuna autonomia. Insomma, la debolezza della sfera pubblica della società civile sarebbe la causa delle
difficoltà che si incontrano nell'instaurare dei veri sistemi democratici. Pare che l'errore di questa rappresentazione del mondo
islamico scaturisca dalla confusione che si fa tra sfera pubblica e
società civile. Come ha avuto modo di osservare Eisenstadt, sfere
pubbliche e società civile sono realtà diverse. Non ogni sfera pubblica implica una società civile (sia di tipo economico che politico),
così com'è concepita almeno la sfera pubblica in Occidente attraverso una partecipazione diretta nel processo politico dei diversi
rappresentanti di interessi più o meno organizzati. La sfera pubblica deve essere considerata "una sfera a metà strada tra ciò che è
privato ciò che è ufficiale. Si può quindi parlare di società civile,
spazio pubblico dove sia possibile l'instaurarsi di una dialettica
vera autorità-libertà, e quindi la contestazione del potere da parte

dei cittadini titolari di diritti, dove cioè è consentita la negoziazione ed il conflitto tra istituzioni pubbliche e società. Non importa come il conflitto si svolga, quale dinamica esso assuma. L'importante è che in via di principio non sia precluso. Ora non pare dubbio che nelle società musulmane la sfera pubblica registri una varietà di gruppi autonomi che consentono o dissentono da chi esercita il potere pur riconoscendosi tutti nell'unica comunità dei credenti.

La condivisione della Sharia e l'assolvimento dei doveri che essa comporta non creano una sovrapposizione tra autorità politiche autorità e autorità religiosa (ulama). Anzi, tale condivisione pone oggettivamente dei limiti all'esercizio del potere da parte del sovrano[1].

Dentro la sfera pubblica dell'Ummah si svolge una discussione; vi sono delle tensioni che riguardano il modo come rapportarsi alla concezione islamica, proprio al fine di garantire l'eguaglianza di tutti i credenti. Esiste, quindi, un diritto a partecipare nell'arena religiosa che il regime politico non può negare. Gli ulama, tradizionalmente, hanno interpretato la legge dialogando con i governanti come anche con gli attori sociali. Nella sfera pubblica operano scuole di diritto di diverse tendenze, talvolta hanno prevalso le une, talvolta le altre.

L'originaria visione della funzione dell'Ummah nell'Islam ha consentito per secoli una totale fusione delle collettività politiche e religiose, non sempre facile perché vi sono state anche contrasti molto forti all'interno delle comunità dei fedeli. E tuttavia, ciò ha consentito l'affermarsi di una concezione universale della visione islamica che presuppone la separazione tra comunità religiosa e governanti. Una separazione sancita dalle diverse funzioni a cui assolvevano rispettivamente il califfo ed il sultano essendo il primo simbolo dell'unità della comunità dei credenti, mentre il secondo era il reale governante che veniva legittimato dal consenso

---

[1] *Public sphere in Islam*, a cura di (M. Hoexter, N. Levtzion, S. N. Eisenstadt (Albany: SUNY Press, 2001).

che gli tributavano gli ulama. E ciò è vero soprattutto nell'Islam sunnita.Autorità religiose ed autorità politica erano separate e ciò comportava una tensione tra l'ideale dell'Ummah e le realtà socio politiche. Si può ritenere che, via via, questa sfera pubblica si sia rafforzata con l'emergere di un Islam popolare, un Islam politicizzato, dovuto soprattutto al lavoro svolto dalla Fratellanza musulmana.I Fratelli musulmani sono stati autonomi nei confronti degli apparati del potere, così come autonomi erano gli ulama. Ciò ha consentito il formarsi di reti e di tendenze interpretative della Sharia sulla base anche di appartenenze etniche.

Insomma, è una tensione antica quella che si registra dentro una sfera pubblica vitale anche se non organizzata nelle forme attraverso cui si declina il principio pluralista in Occidente, considerata l'egemonia indiscussa della Sharia e la reale natura dei regimi politici.Nella sfera pubblica non prendono forma gruppi che si candidano a conquistare il governo—ciò non è accaduto neanche dopo i fatti della Primavera araba considerato che i poteri costituiti, per esempio i militari, hanno continuato a pesare di più rispetto al potere costituente e la legittimazione dei governanti non è stata messa in discussione mediante il dissenso sociale in via di principio. Qualcosa però in questo senso comincia a cambiare. Stavolta i *rais* non sono stati deposti da un pronunciamento venuto da apparati dello Stato, ma da una rivolta popolare.

La sfera pubblica, come è emerso dalle rivolte e dal dopo rivoluzione, è popolata da attori, non sempre stabili, che contestano, scrivono, occupano le piazze, minacciano la ripresa delle rivolte, chiedono di esercitare i diritti politici più che per ottenere un dittatore giusto e generoso, per avere piuttosto più democrazia e più sviluppo, nonché una protezione dei diritti umani che non distingua tra la visione universalistica islamica e quella occidentale.

Le Costituzioni che sono state approvate sono delle buone Costituzioni, nelle quali sono sancite delle libertà per le minoranze anche per quelle religiose (per esempio per i copti che sono stati attaccati dall'ala integralista dei fratelli musulmani) e la parità di genere e non la semplice complementarietà tra uomo e donna.

Si tratta di affermazioni di principio di straordinaria importanza. Finché la differenza tra uomini e donne non scomparirà del tutto, e questo è un problema che non riguarda soltanto i paesi islamici ma riguarda anche i nostri paesi, occorre che siano le leggi ad assicurare un tipo di protezione che sia in grado di superare anche le resistenze che spesso si frappongono dentro la famiglia, all'interno di una società sessista che non consente di realizzare l'eguaglianza imposta da importanti riforme.

Impossibile pensare che di fronte a tali minacce si può fare a meno della tutela prevista dalla legge, soprattutto allorché vengono contemplate forme di protezione economica che rendono le donne meno dipendenti dei maschi della famiglia, si tratti del padre o dei figli.

È il giorno in cui la storica battaglia per i diritti delle donne sarà vinta, si registrerà una grande svolta per la difesa dei diritti di tutti.

Se vincono le donne, la battaglia per i diritti delle minoranze sarà vinta definitivamente, e sarà vinta anche la battaglia per dare una diversa legittimazione al potere di chi governa, al quale non si chiede soltanto di assicurare il mantenimento della Sharia ma anche di consentirne l'interpretazione. Ai governanti infatti non si chiederebbe soltanto di mantenere l'ordine sociale garantendo l'unità dell'Ummah, ma di realizzare la democrazia attraverso il perseguimento della giustizia sulla base dei principi della legge coranica.

Paradossalmente, per secoli, è stata accettata la distanza che esisteva tra l'ideale del governante islamico come custode di una visione dell'Islam immutabile e la realtà di un governo spesso dispotico e tutt'altro che giusto. Oggi ciò non viene tollerato. Non si tratta di pretendere una reislamizzazione di stampo oscurantista, cioè di islamizzare la modernità, ma di modernizzare l'Islam.

Anche i settori della società che paiono più intransigenti nel pretendere il rispetto dell'identità islamica, non sono disposti a rinunciare al diritto di partecipare ai processi di decisione politica.La vicenda del declino di Morsi, in Egitto, da questo punto di vista è una vicenda assolutamente emblematica.

Con riferimento ai problemi di cui si tratta, il Marocco pare essere un modello di transizione democratica ben riuscita, anche perché qui il processo riformatore ha avuto come punto fermo la Corona e quindi non c'è stato alcun vuoto di potere.Coniugare il mantenimento dell'ordine sociale da parte di chi governa con la raccolta di un libero e democratico consenso costituiscono l'oggetto di una sfida che pare possibile vincere. Essa ha bisogno di nuovi concetti giuridici e di attori sociali realmente liberi.

Il malcontento sociale che emerge nella sfera pubblica è destinato insomma ad essere interpretato non da un "dittatore" illuminato, giusto e generoso, ma da soggetti che hanno il compito di rappresentare il malcontento nelle istituzioni.

Da questo punto di vista, un fatto nuovo di straordinaria importanza è costituito dalle recenti elezioni tunisine dove si è avuta l'alternanza al potere passato dai partiti religiosi allo schieramento laico.Tutto ciò è avvenuto in un clima di tranquillità sociale.Si riteneva che una volta battuti i dittatori e registrato il successo dei partiti religiosi, questi avrebbero prodotto un giro di vite tale da favorire l'emergere di un blocco di potere destinato a bloccare il sistema politico e a vanificare i diritti del pluralismo riconosciuti dalla Costituzione.In Tunisia non è stato così.Si tratta di un grande successo conseguito dal movimento democratico che lascia ben sperare per il futuro politico di questo paese. Le elezioni sono riuscite perché tutti hanno accettato il risultato elettorale, riconoscendo che il vero successo era proprio questo:il passaggio del potere da uno schieramento all'altro senza che vi fossero atti di forza destinati a capovolgere l'esito del voto.

In campagna elettorale, i diversi contendenti hanno detto

all'unisono che tutti i musulmani sono eguali, che ogni musulmano ha il suo rapporto con Dio di cui si assume la responsabilità, che l'Islam e la democrazia possono andare d'accordo perché il Corano impone l'uguaglianza fra gli esseri umani, fra uomini e donne. Anche se vi sono dei partiti religiosi fondamentalisti che non credono nella democrazia, che la considerano un peccato, occorre che i partiti che si candidano al governo sappiano difendere il primato della Costituzione riuscendo a esprimere "delle ideologie che costituiscono un ponte in questo senso fra la storia e la realtà, fra la terra e il cielo", come ha affermato il leader di Ennhada Rachid Gannouchi in campagna elettorale. Questo concetto è stato poi ribadito nel momento in cui ha restituito il potere ottenuto col voto in nome della transizione alla democrazia.

Occorre che la lezione tunisina venga meditata anche dagli occidentali.

L'Occidente deve sapere accettare la vittoria elettorale anche di quegli schieramenti che si segnalano per una scarsa apertura nei confronti del dialogo con l'Occidente. Chi vince le elezioni insomma ha il diritto di governare e non bisogna ripetere da questo punto di vista l'errore fatto qualche anno fa quando le elezioni nei territori palestinesi sono state vinte da Hamas. Con i governanti legittimi bisogna dialogare fino a che essi non attentano ai diritti umani o minacciano il buon funzionamento delle istituzioni democratiche.

6. *Due errori da evitare: la pretesa superiorità dell'occidente e la considerazione dell'islam come un monolite*

Oggi pare prevalere, sia nel mondo scientifico che nel mondo politico arabo islamico, una volontà di cambiamento che non mette in discussione la fedeltà all'Islam ma propone una diversa lettura del vincolo della tradizione. Riteniamo che debbano essere incoraggiate (anche sul piano del sostegno che deve venire dalla comunità internazionale a questi paesi alle prese con difficili processi di transizione democratica) le posizioni di quanti cercano di rendere compatibile il processo democratico e la secolarizzazione della società islamica con la legge coranica,evitando lo stravolgimento del Corano, e quindi una sorta di apostasia liberale.

Oggi, il dovere degli occidentali dev'essere quello di dare concreto sostegno alle forze del cambiamento valorizzando i segnali di cambiamento che vengono da quel mondo e non manifestandone scetticismo, indifferenza verso i risultati che via via emergono da un lento processo di democratizzazione.

È stato un fatto di straordinaria importanza in questo senso che negli anni passati il premio Nobel per la pace sia andato a tre donne africane che provengono da paesi diversi, che appartenevano a religioni diverse e che avevano dei meriti diversi ma che convergevano tutte nello sforzo di liberare le donne, l'antica schiavitù prodotta da società patriarcali e dalle nuove schiavitù prodotto dalla guerra, soprattutto dalla guerre dimenticate. Esse hanno cercato in primo luogo di salvare i bambini-soldato da un atroce destino. La comunità internazionale le ha riconosciute come le nuove eroine della nonviolenza perché hanno lottato a mani nude per la libertà subendo in alcuni casi l'ostracismo delle classi dirigenti e anche processi penali dagli esiti scontati perché responsabili della diffusione di una cultura dei diritti umani che contrastava con abitudini secolari, quale quelle che impongono le mutilazioni genitali.

Le scelte che dovranno essere compiute dai paesi, che dopo le rivolte della Primavera araba sono impegnati a costruire un nuovo sistema costituzionale, non possono essere condizionati dei suggerimenti che vengono dal mondo occidentale.

Se esistono oggettive contraddizioni tra Islam e democrazia è giusto che queste contraddizioni vengano superate attraverso una discussione pubblica che interessa le società che sono alle prese con importanti processi di transizione democratica. È giusto ricordare che vi sono state delle stagioni, anche molto lunghe, nel corso della storia dell'Islam in cui il mondo islamico si è aperto alla modernità, ha registrato al proprio interno un vivace dibattito culturale, ha manifestato grande attenzione verso l'arte e la ricerca scientifica producendo risultati di straordinaria importanza, a cui guardava con ammirazione anche l'Europa.

L'atteggiamento di quanti guardano all'esito delle rivolte come ad un fallimento e parlano di *requiem* della Primavera costituisce un atto di superbia assolutamente ingiustificato. Si tratta di una forma di chiusura al confronto tra le culture che va bene al di là delle alterne vicende che riguardano le relazioni tra i paesi delle due sponde.

C'è alla base di questa difficoltà a capire il senso delle rivoluzioni che stanno cambiando, la storia del Mediterraneo, l'idea che i paesi del nord, forti di una indiscutibile superiorità economica e militare debbano valutare l'attendibilità delle trasformazioni che avvengono nelle società della sponda rilasciando poi ad esse una sorta di passaporto di ingresso nella modernità.

Si tratta di un atteggiamento di superiorità degli europei nei confronti del mondo arabo anacronistico, che, come è stato giustamente detto, trova il suo momento emblematico nella spedizione napoleonica in Egitto (Luigi Alfieri). Da quel momento, l'Europa ritiene di potere vantare nei confronti del mondo arabo una superiorità che non è soltanto politica e militare, ma anche culturale, Insomma di civiltà.

"Da allora trae origine quella serie di stereotipi che possono essere tutti ascritti alla categoria dell'orientalismo (per come esso è definito da Edward Said)". E sotto la categoria di "oriente" verranno classificate tante cose, come esotismo, fascinosa decadenza, corruzione e violenza, rese interessanti da un'estrema,estenuata sensualità, insomma l'idea di una rovina e di una crisi di civiltà orai irrimediabile, l'idea di un mondo immerso in una sorte di lussureggiante putrefazione. Un mondo, insomma, cadaverico,mummificato,chiuso in una sorta di medioevo irrigidito, fascinoso e pittoresco, ma tagliato completamente fuori dalla storia".

Osserva in questo senso Alfieri che è singolare che il mondo arabo venga definito come orientale, "se consideriamo che il Marocco è più occidentale di qualunque paese europeo"[2].

È chiaro che, evocando la categoria dell'orientalismo non si fa riferimento ad una dimensione geopolitica, bensì ad un mondo condannato a sparire, a meno che non decida di essere diverso da sé, di rifiutare la propria identità per diventare una copia, peraltro brutta, del mondo occidentale omologandosi agli stili di vita di questo ed anche ai suoi modelli costituzionali.

Il colonialismo ha, in un certo senso, legittimato questa chiave di lettura della crisi irreversibile del mondo arabo,dopo la spartizione dell'impero ottomano tra francesi ed inglesi.

Occorre, nel giudicare i cambiamenti che si stanno verificando nei paesi della sponda sud, abbandonare questo pregiudizio antislamico, che porta tanti a ritenere che il risveglio del mondo islamico sia null'altro che un tentativo di islamizzare la modernità.

E per avviare una riflessione in questo senso occorre accettare l'idea che l'Islam costituisce una realtà assai variegata al proprio interno.

In questi ultimi anni si è aperto un conflitto all'interno modo arabo tra forze della conservazione e forze del cambiamento che è destinato, comunque vadano le cose, a far emergere un'Islam impegnato nel dialogo o in un confronto-competizione con l'Occidente su temi di straordinario interesse che riguardano anche i modelli di convivenza occidentali—all'interno di società sempre più multietniche—in un tempo in cui la crisi economica ha messo in discussione la capacità del capitalismo di produrre forme di accumulazione, che, nonostante le crisi cicliche, sono destinate comunque a garantire un'espansione economica senza fine.

---

[2] Luigi Alfieri, "Primavere, inverno: semplicemente storia", in *Dove vanno le primavere arabe*, a c. di Antonio Cantaro (Ediesse, 2013) 141 ss.

Oggi i ragazzi che hanno fatto la rivoluzione contestano questa idea delle virtù del capitalismo. Non si tratta di una visione reazionaria dei pericoli insiti nel cambiamento, bensì di un atteggiamento di prudenza verso cambiamenti che possono mettere a rischio l'identità di una civiltà. L'Islam popolare in una fase di avvio del processo democratico inevitabilmente sarà sempre più forte a seguito delle garanzie delle libertà politiche riconosciute dalle nuove Costituzioni e dall'opera svolta da istituzioni che vigilano su un voto realmente segreto e libero che rispecchia le divisioni politiche e culturali esistenti nella società. Infatti, più il voto è libero e più nella fase di consolidamento del processo democratico peseranno le classi popolari politicamente non acculturate, che tradizionalmente hanno un rapporto molto intenso con i partiti e movimenti religiosi e che vedono nella democrazia un fattore di cambiamento che destabilizza le loro certezze. E, però a mano a mano, che il processo democratico va avanti, che si creano abitudini sociali che incoraggiano la discussione libera e via via che lo schieramento laico si organizza e si articola conseguendo un apprezzabile radicamento sociale anche nelle realtà rurali si creano le condizioni per guardare con fiducia al pluralismo politico che non può che giovare allo schieramento favorevole al cambiamento.

La lezione tunisina deve fare in questo senso riflettere anche se, nel contesto del mondo arabo, la Tunisia è un caso a se, considerato che sin dal '56 si è avviato un processo di rinnovamento della società attraverso riforme che recepiscono un nucleo di principi caratterizzanti lo Stato di diritto. È stata questa il risultato della rivoluzione promossa da Bourghiba, considerato il "piccolo padre "della nuova Tunisia, che tra l'altro ha fatto, 60 anni fa una "legge sullo statuto personale" che sanciva principi assolutamente sconosciuti nel mondo arabo islamico—emblematica in questo senso l'abolizione della poligamia—tant'è che i tunisini dicevano della loro patria, che come luogo dell'innovazione politica che non aveva uguali nel contesto del mondo arabo islamico: "nessuno è come la Tunisia ". Oggi la Tunisia presenta una situazione politica stabilizzata nel contesto dei paesi che sono stati coinvolti nelle rivolte della Primavera araba. Si è avuta nei mesi scorsi l'alternanza al potere tra partiti religiosi e schieramento laico e si va delineando adesso un assetto politico basato sulle grandi intese tra i maggiori partiti dal paese. Sembrano fugati i pericoli di una vita politica attraversata da fatti di violenza, così come si è temuto dopo gli attentati politici che negli anni passati sono costati la vita a due leader dell'opposizione.

Si è trattato di delitti politici commissionati o eseguiti da ambienti dell'integralismo islamico.Il paese non è però precipitato nella violenza, i partiti di governo e quelli dell'opposizione hanno deciso di difendere le giovani e ancora gracili istituzioni della Tunisia democratica. Si è andati alle elezioni in un clima pacifico. Si è registrata la vittoria dello schieramento d'opposizione, lo schieramento laico. Il risultato è stato accettato da tutti, è stata riconosciuta la legittimità della vittoria dei laici, si è subito formato nuovo governo. Non c'è stato alcun tentativo di rovesciare nelle piazze il risultato venuto dalle urne. Ci troviamo, insomma, di fronte ad un paese in cui il meccanismo dell'alternanza al potere funziona ed in cui il ruolo degli apparati militari e di polizia non sembra destinato a andare al di là di una posizione di doverosa neutralità, perché viene riconosciuto il primato della politica.

Il mondo arabo è percorso da forti tensioni se si considera che le rivolte della Primavera araba—anche se non hanno avuto origine da un conflitto religioso, non si è trattato di scontri tra diverse tendenze dell'Islam—ciò è avvenuto nei mesi successivi quando abbattuti vecchi regimi, si è prodotto in alcune realtà un pericoloso vuoto di potere che ha riaperto antichi conflitti tra sunniti e sciiti, in quasi tutti i territori, tranne che nell'Iran sciita e nell'Arabia Saudita sunnita dove dal punto di vista religioso si registra una grande unità culturale—ma di lotte per la libertà e contro povertà che hanno visto da una parte il popolo che chiedeva una nuova Costituzione e, dall'altra, esponenti dei poteri costituiti che difendevano i vecchi regimi.

Il conflitto tra riformismo e fondamentalismo segnerà nei prossimi anni la vita del mondo arabo islamico. Il processo democratico avviato deve andare avanti potendo contare anche sul disinteressato sostegno della comunità internazionale.Sarebbe incomprensibile atto di miopia politica, da parte dell'Occidente, accettare l'idea che le rivoluzioni politiche e sociali in corso possano naufragare a causa delle difficoltà economiche con le quali i nuovi regimi devono fare i conti.

Costituisce un fatto di straordinaria importanza che anche i regimi più reazionari—è l'esempio d'obbligo in questo campo è costituito dal regime dell'Arabia Saudita—siano costretti a fare delle aperture ad un'opinione pubblica che vuole riforme destinate a porre limiti all'arbitrio esercitato da chi gestisce il potere. Non sarà facile creare nuovi assetti democratici, che in ogni caso non avranno le forme delle nostre liberal-democrazie, ma è inevitabile che le posizioni di coloro che si erigono a strenui difensori della tradizione per creare barriere attraverso il Mediterraneo tra i paesi della sponda nord e quelli della sponda sud—sia che si tratti di partiti razzisti purtroppo sempre più numerosi in Europa, sia che si tratti di fondamentalisti intenti a fare degli attentati, forti delle coperture fornite da organizzazioni sub statuali—alla distanza saranno sconfitte.

7. L'attacco dello stato islamico all'islam moderato e la prospettiva di una risposta congiunta tra paesi islamici ed occidente

La guerra globale dichiarata dallo Stato islamico che registra un numero crescente di proseliti non solo all'interno del mondo arabo ma anche in Occidente deve fare riflettere sulla situazione di crisi che colpisce il mondo occidentale ove il numero degli esclusi tende a crescere.

Si tratta di un'emergenza sociale che può produrre esiti imprevedibili.E questa emergenza va affrontata ripensando lo Stato in Occidente e soprattutto le politiche sociali finalizzate a creare coesione.

La globalizzazione che non è in grado di garantire i diritti, e non sa esprimere un'autorità capace di governare le contraddizioni che essa sprigiona all'interno delle società occidentali-si pensi anche alle questioni ambientali—e nei rapporti tra il mondo della ricchezza ed il mondo della povertà,non viene più comprensibilmente vissuta da tanti come la più avanzata delle frontiere possibili su cui si attesta il progresso umano.

Se non si riuscirà a garantire un governo, anche parziale, attraverso nuove forme di *governance,* della globalizzazione in grado di promuovere una cooperazione efficace tra il nord ed il sud del mondo, è inevitabile che gli Stati saranno sempre più in difficoltà allorché si tratta di affrontare nuove diseguaglianze che produrranno nuove guerre o esodi massicci di popolazioni, nonché le contraddizioni di un modello di sviluppo che impone costi umani insostenibili anche perché distrugge l'ambiente. Se queste contraddizioni continueranno ad aggravarsi la globalizzazione in grandi regioni del pianeta verrà vissuta come il male assoluto e i predicatori di violenza da qualunque parte del mondo provengono troveranno udienza presso la società occidentale.Questo è il rischio molto concreto che oggi l'Occidente corre se non si troverà un giusto equilibrio tra rivoluzione, tecnologia e democrazia per rendere sempre meglio garantita la condizione umana.

Su questo tema i giovani in tutto il mondo sono tormentati dalle stesse paure e parlano lo stesso linguaggio. Essi sono disposti a combattere, a invadere le piazze, a travolgere tutti gli ostacoli che si frappongono al disegno di riprendere in mano il futuro nel nome dei diritti umani e di una democrazia che sia emancipante, fatta, cioè, non tanto di vuote liturgie quanto di azioni positive che consentono alle persone di realizzarsi. Tanto disagio non può essere affrontato soltanto attraverso le garanzie contenute nelle carte costituzionali, bensì attraverso l'impegno convinto di società ed istituzioni a conferire poteri, capacità,agli esclusi, cioè a prendere sul serio i diritti nel senso in cui di ciò parla Dworkin.

Le rivolte negli ultimi quattro anni che hanno avuto luogo nei paesi delle due sponde del Mediterraneo sono state percepite dall'opinione pubblica internazionale come rivolte atte soltanto a promuovere lo sviluppo per sconfiggere la povertà. Esse, tuttavia, non sono state solo questo; sono state rivolte per la democrazia. È stata questa la parola d'ordine sulla base della quale le proteste si sono diffuse un po' ovunque, nelle grandi aree metropolitane come nelle zone interne dei paesi coinvolti dalle rivolte.

Si è trattato di rivolte di popolo, esplose in modo spontaneo senza che vi fosse una regia politica.Più sviluppo e più democrazia emancipante sono state chiesti, però, nel rispetto dell'identità. Si è discusso,infatti, nelle piazze dalla rivolta del rapporto che deve esistere tra sviluppo e moralità e si è discusso soprattutto di un rinnovamento della società e delle istituzioni che non comporti forme di occidentalizzazione selvaggia, non idonee a garantire quei principi fondativi di un ordine sociale giusto e che riesce a garantire l'unità della comunità islamica.

Al centro della discussione sul modello democratico che maggiormente si adatta ad una società che vuole un forte cambiamento nell'Islam e non contro l'Islam si poneva un problema antico, quello del nesso che deve esistere tra sviluppo e democrazia.Un problema questo che sembrava essersi eclissato ovunque insieme alla contrapposizione ideologica tra capitalismo e comunismo che ha caratterizzato gli anni della guerra fredda, ma è prepotentemente tornato d'attualità con il materializzarsi della sfida dei fondamentalisti islamici all'Occidente.

E, del resto, nel giro di pochi anni sono stati sconfitti sul piano militare organizzazioni che sembravano invincibili, tenuto conto delle imprese clamorose che esse riuscivano a portare a termine, e che avevano seminato il terrore in Occidente.Basti pensare a come è stata vissuta la minaccia costituita da Al Qaeda da questo punto di vista, al terrore che essa ha seminato in tutte le società occidentali quando sembrava in grado di potere colpire ovunque sotto la guida di vertici che rimanevano inafferrabili. E la stessa fine faranno le milizie che oggi si battono per ripristinare il califfato, per distruggere i regimi tendenzialmente progressisti che governano alcuni paesi arabi,e poi per aggredire l'Occidente.

8. *Fondamentalismo e sottosviluppo*

La democrazie sono contagiose e tendono ad estendersi tanto più rapidamente quanto più veloci ed univoci saranno i processi di sviluppo, considerato che c'è un preciso rapporto fra sottosviluppo e fondamentalismo.

Sul piano militare il fondamentalismo terroristico è stato,come si è detto, finora battuto e lo sarà anche in futuro. Non era mai accaduto che tutto il mondo arabo si ritrovasse unito nel combattere la minaccia terroristica costituita dallo Stato islamico.E non era mai accaduto che esso si muovesse a questo scopo in sintonia con l'Occidente. Stavolta i fondamentalisti non possono contare su nessuna copertura a livello internazionale né implicita, né esplicita. Il sostegno dato dalla Lega araba alla coalizione di Stati schierata contro Al Baghdadi è una clamorosa novità. L'alleanza tra occidente e mondo arabo sarà scuramente vincente sul piano militare.

E tuttavia, la vittoria più difficile da ottenere non è quella militare, ma quella politica. Bisogna essere convinti del fatto che anche se il fondamentalismo islamico subirà un'altra sconfitta dopo quella subita da Osama Bin Laden, in paesi come l'Egitto, l'Algeria, lo Yemen con essi dovremo convivere a lungo fino a quando non saremo in grado di prosciugare le paludi all'interno delle quali i pesci del terrorismo riescono a nuotare facendo attentati e conquistando proseliti. E ciò perché la rivoluzione promessa dai fondamentalisti dopo la sconfitta del comunismo in Europa e la conversione della Cina al credo capitalista è l'unica rivoluzione, che pur avendo un prevalente tratto conservatore, si propone di abbattere il modello di sviluppo occidentale facendone venire a galla le contraddizioni. Insomma, essa è l'unica sfida rivoluzionaria che oggi pare esercitare un certo appeal anche tra i giovani dell'occidente non solo promuovendo conversioni religiose, ma registrando arruolamenti nelle milizie del califfo. Sono molti i ragazzi che decidono di schierarsi contro l'Occidente portando la guerra nelle città dove continuano a vivere le famiglie di provenienza. È difficile vincere queste guerre con una vittoria soltanto militare o riuscendo ad uccidere il sedicente califfo.

Sembrava che l'uccisione di Osama Bin Laden fosse il preludio del crollo della rete terroristica che egli aveva creato. E, invece, quella rete si è riconvertita, nel senso che i suoi militanti sono passati sotto le insegne di un'altra organizzazione terroristica diversamente organizzata e con altri obiettivi immediati. Nonostante le sconfitte militari subite, lo jihadismo è fermamente convinto che alla fine risulterà vittorioso. Si tratta di una certezza che è rivelatrice dalla natura ideologica di questi movimenti.E proprio questa forte caratterizzazione ideologica richiede, per venire sconfitta, un'offensiva culturale oltre che militare.

Occorre che il fondamentalismo riesca a essere definitivamente isolato nei territori islamici. E ciò dipende da una politica occidentale più lungimirante che deve riuscire a combattere il fondamentalismo attraverso lo sviluppo per guadagnare consenso nell'unico modo possibile, e cioè sconfiggendo il malessere sociale del mondo islamico. E occorre fare ciò senza violare le identità nazionali, senza imporre modelli di società e istituzioni occidentalizzanti.

Le rivendicazioni di tipo identitario che si registrano di fronte all'invadenza anche culturale dell'Occidente, presentata dai terroristi come il segno di una volontà di sottomettere e umiliare l'Islam da parte del mondo della ricchezza e dell'opulenza che governa i processi di globalizzazione, vanno affrontati alla radice, manifestando comprensione verso il risentimento islamico nei confronti dell'Occidente, che ieri colonizzava attraverso il potere delle armi ed oggi lo fa attraverso il potere economico. Ed è la predicazione antioccidentale dei fondamentalisti basata sui torti subiti nell'età del colonialismo e del post colonialismo che riesce a convincere tanti cittadini che provengono dai territori dell'Occidente della necessità di reagire alle ingiustizie che affliggono il mondo in cui sono nati e cresciuti nell'unico modo possibile dopo il tramonto dalla politica, cioè condividendo le ragioni della guerra santa e combattendo sotto le insegne del califfo.

Solo un diverso modello di sviluppo, solo un'alternativa mediterranea, nella misura in cui lega in un progetto di crescita condivisa Europa e Africa attraverso un ordine che umanizzi la globalizzazione può fermare la propensione che si manifesta nei più diversi punti del mondo verso una "rivoluzione comunque".

Solo l'alternativa mediterranea può rendere meno disumanizzante la globalizzazione, riproponendo la liberazione della persona umana dai condizionamenti culturali e materiali che ne limitano la realizzazione come obbiettivo di uno sviluppo sostenibile. Occorre riconoscere la centralità della persona anzitutto facendo del lavoro non una merce da valutare con lo stesso metro economico con cui si pesano gli altri fattori che formano il costo di un prodotto, ma come conquista.

La guerra globale dichiarata da uno Stato islamico che registra un numero crescente di proseliti non solo all'interno del mondo arabo ma anche in Occidente deve fare riflettere sulla situazione di crisi che colpisce il mondo occidentale ove il numero degli esclusi tende a crescere.

Si tratta di un'emergenza sociale che può produrre esiti imprevedibili. E questa emergenza va affrontata ripensando lo Stato in Occidente e soprattutto le politiche sociali finalizzate a creare coesione.

Oggi ad affrontare tale questione è chiamata anche l'Europa, soprattutto l'Europa.

La società europea tende, infatti, a essere una società sicura, dove lo Stato si schiera con i più deboli sulla base dell'idea, radicata nella cultura euro mediterranea, che la povertà non è una colpa e che gli ultimi non possono risollevarsi dalla loro condizione da soli.Per queste caratteristiche, la civiltà europea dovrebbe essere più aperta, di quanto non lo sia quella statunitense, verso la sensibilità sociale islamica, spiccatamente comunitaristica ed antindividualistica.

Di ciò bisogna discutere soprattutto oggi. Occorre progettare un nuovo modello di sviluppo che si proponga come alternativa mediterranea al modello di sviluppo euroatlantico. Solo se riusciremo come europei ad essere convincenti nel progettare un modello di sviluppo bi-continentale, che valga per l'Europa e per l'Africa, ed a promuovere un dialogo a cominciare dai paesi delle due sponde del Mediterraneo, sul tema dei diritti umani, della loro costituzionalizzazione, e del rapporto che deve stabilirsi tra uno Stato sovrano e le confessioni religiose nel rispetto del principio di eguaglianza di tutti i cittadini riusciremo ad isolare il fondamentalismo. E, però, su questo terreno dobbiamo dare un esempio convincente nel momento in cui riusciremo nelle nostre società a stabilire rapporti con l'Islam di Occidente manifestando con chiarezza questa volontà di dialogo finalizzato all'integrazione sociale di quanti vengono da noi per rimanere e chiedono di poter essere trattati da nuovi cittadini,decisi a conciliare la loro cultura di provenienza, la cultura islamica, con quella dello Stato di diritto fondato sul binomio libertà individuale e pluralismo.

9. *Conclusione. Le percezioni sbagliate dell'Occidente e l'assenza dell'Europa nel mediterraneo*

Molti errori compiuti dall'Occidente nel Mediterraneo soprattutto dopo la fine della guerra fredda dipendono dal fatto che le percezioni dei possibili sviluppi delle situazioni di crisi che esplodevano nell'area si sono rivelate del tutto sbagliate.

Coloro i quali ipotizzavano all'indomani del crollo del comunismo il trionfo nel mondo di un unico pensiero liberaldemocratico, e quindi un modello di sicurezza unipolare, spiegavano che il nuovo conflitto planetario sarebbe stato un conflitto di civiltà,cioè un conflitto tra il nord e sud del mondo, ed in particolare un conflitto tra l'Islam e l'Occidente. I fatti hanno dimostrato che il mondo arabo è molto diviso al proprio interno sul piano delle tendenze religiose ma anche sull'atteggiamento da tenere verso l'Occidente, e verso gli Stati Uniti in particolare.Ma anche il mondo occidentale pareva diviso in ordine al tipo di rapporto da avere con gli islamici.Dopo l'11 settembre, però, non si riuscirono a distinguere gli Stati canaglia dagli Stati prima ritenuti i affidabili dal punto di vista occidentale.Si considerava l'Islam un monolite.

Oggi si compie lo stesso errore quando si parla di una guerra del fondamentalismo islamico contro l'Occidente, quasi che si sia realizzata l'unità del mondo arabo islamico impegnato a portare avanti una nuova guerra santa.

Le cose non stanno così, perché mai come adesso il mondo arabo islamico pare essere realmente unito nella lotta contro il fondamentalismo islamico. E poi bisogna tener conto che oggi all'interno delle milizie che si battono per il califfato militano molti figli dell'Occidente che scelgono la bandiera del califfo non solo per una convinzione religiosa, ma solo perché ritengono che solo attraverso la lotta armata, da chiunque promossa,essi possano esprimere la loro grande rabbia.

I segni di questa dissociazione dei figli dell'Occidente verso l'Occidente dei padri erano chiari quando gli *indignados* negli anni passati marciavano contro le banche, si proponevano di occupare Wall Street, volevano impedire i summit tra i grandi della terra perché convinti che in queste occasioni venivano prese decisioni che erano contro di loro.

Insomma oggi è l'Occidente che soffre una crisi valoriale che lo porta a regredire rispetto alle grandi conquiste del secolo scorso, come la democrazia rappresentativa ed il modello di Stato sociale o compassionevole verso i più deboli che ha fatto di esso di esso,e soprattutto dall'Europa, la patria dei diritti.

Un riorientamento dell'Europa verso sud, verso il Mediterraneo, deve essere tale da consentire l'emergere di una alternativa mediterranea ad un modello di sviluppo che fa della tirannia dei mercati e della competizione senza regole i valori fondamentali a cui si deve adeguare la persona umana la quale rischia di divenire, con i suoi bisogni, una variabile sempre più condizionata dalle ragioni dello scambio economico. Questa alternativa all'inferno, serve non solo ai paesi della sponda sud ma anche all'Europa ove ormai sono sempre più coloro,cittadini europei, che non si riconoscono più.

PIRANDELLO E IL MEDITERRANEO:
I MOLTEPLICI ASPETTI DEL PAESAGGIO

Assunta De Crescenzo
Università Federico II—Napoli

«In Luigi Pirandello, siciliano», scriveva Margherita G. Sarfatti nel 1938, «io vedo il tipico figlio della Magna Grecia. Non invano, non a caso, nel suo testamento si mostrò staccato da tutto, con una sincerità straziante, con una ricerca dell'annientamento, così assoluta da giungere allo spasimo, ma alla quale, suo malgrado, sopravvive il legame con il paese nativo» («Almanacco Letterario Bompiani» 72).[1] E con il suo mare, aggiungiamo noi. Avrebbe desiderato che le sue ceneri fossero disperse tra le onde del suo Mediterraneo; ma questo non fu possibile. «Ora», come ricordava Leonardo Sciascia, «chiuse in un vaso greco, le ceneri stanno su una *console* nella casa di 'lu Causu' divenuta monumento nazionale» (Sciascia 90)[2] Il suo «vero lusso», leggiamo nel commovente

---

[1] M. G. Sarfatti, *L'amore, unica evasione*, «Almanacco Letterario Bompiani» del 1938, numero interamente dedicato a Pirandello. Le volontà testamentarie dello scrittore—*Mie ultime volontà da rispettare*—rispondono, nella loro secchezza e perentorietà, ad un principio-guida che si radica nella sua libertà interiore: «I. Sia lasciata passare in silenzio la mia morte. Agli amici, ai nemici preghiera, non che di parlarne sui giornali, ma di non farne pur cenno. Né annunzii né partecipazioni. | | II. Morto, non mi si vesta. Mi s'avvolga, nudo, in un lenzuolo. E niente fiori sul letto e nessun cero acceso. | | III. Carro d'infima classe, quello dei poveri. Nudo. E nessuno m'accompagni, né parenti né amici. Il carro, il cavallo, il cocchiere e basta. | | IV. Bruciatemi. E il mio corpo, appena arso, sia lasciato disperdere; perché niente, neppure la cenere, vorrei avanzasse di me. Ma se questo non si può fare sia l'urna cineraria portata in Sicilia e murata in qualche rozza pietra nella campagna di Girgenti, dove nacqui» (SPSV 1289).

[2] Per una storia più dettagliata (nonché "umoristica", alla maniera del Maestro) delle vicende toccate in sorte alle spoglie del Nobel siciliano, si veda il libro di R. Alajmo, *Le ceneri di Pirandello* (2008), con le illustrazioni di M. Paladino.

omaggio che Alvaro dedicò al suo amico e collega scomparso, era il vaso greco trovato in un campo di Agrigento, quello dove sono ora raccolte le sue ceneri, e che dopo essere rimasto intatto centinaia d'anni nel sodo della terra, si sciupava ora all'azione dell'aria. Egli ne parlava spesso, gli dispiaceva di vederlo deperire. Ne parlava come del suo paese, il solo di cui gli abbia sentito rammentare luoghi, aspetti, ore, e sì che aveva viaggiato parecchio mondo. Il suo patriottismo era proprio da greco, o direi da meridionale. Quella balza, quel colle, quei templi, quella campagna, quel mare. [...] Aveva a volte, come nella sua opera, un certo tenebrore proprio del sud, ma molte volte egli ha cantato come la cicala greca. Era greco, o meridionale, o mediterraneo, il suo modo di atteggiare a mimi assai spesso i fatti umani [...]. Greco o mediterraneo il senso del destino, e il modo tutto suo di scovare appetiti e passioni dominanti d'un personaggio.

Raccontava come un antico, e ancor oggi non so per quale operazione della fantasia egli poteva affrontare un tema che noi considereremmo inattuale [...] e renderlo vivissimo [...]; era una continuità compatta, solidale, un'attenzione mai esaurita; come metter mano a una vecchissima scienza e sul punto in cui antiche e vecchie mani esercitarono un perpetuo sforzo nella medesima direzione [...] (NpA, vol. I, t. I, 1084-1086).[3]

La scelta di Pirandello, uomo "antico" anche per questo aspetto, testimonia, così, quella sobrietà di vita che è propria di chi ricerca l'essenza delle cose; ad essa lo scrittore volle essere fedele sempre, in morte come in vita.

Nella rivisitazione del passato compiuta nei suoi ultimi anni, con un'immagine di suggestivo lirismo, Pirandello rievocava la propria nascita nello scenario campestre di Girgenti che fronteggia il mare: «[...] una notte di giugno caddi come una lucciola sotto

---

[3] Lo scritto di Alvaro fu anteposto alle *Novelle per un anno* nell'edizione mondadoriana, a cura di M. Lo Vecchio Musti, del 1957; venne poi riproposta nella collana de «I Meridiani», da cui citiamo.

un gran pino solitario in una campagna d'olivi saraceni affacciata agli orli d'un altipiano d'argille azzurre sul mare africano».[4] Sul mare «africano» si affaccia infatti l'altopiano del Caos («u vuscu du Causu),[5] luogo di incantevole bellezza, sempre presente nel ricordo dell'Autore che ad esso, sin dall'adolescenza, avrebbe dedicato poesie e dipinti.[6] Come osserva Renata Marsili Antonetti, Mare, vecchie barche e pescatori: abbiamo scoperto essere questi gli argomenti più affascinanti per la fantasia del giovane Pirandello che si cimenta nei suoi primissimi esperimenti artistici, coinvolgendo in questa passione anche la sorella maggiore Lina, la quale nello stesso tempo dipingerà barche e pescatori sul mare di Porto

---

[4] *Informazioni sul mio involontario soggiorno sulla Terra* [Prima stesura dell'esordio, s.d.] (SPSV 1105).

[5] [*Frammento d'autobiografia*], 1933, SPSV 611-612; vedi anche Nardelli 2.

[6] Vedi, ad esempio, il sonetto *Ritorno*, inserito nella raccolta *Zampogna* (1901), di cui riportiamo le prime due quartine: «Casa romita in mezzo a la natìa / campagna, aerea qui, su l'altipiano / d'azzurre argille, a cui sommesso invia / fervor di spume il mare aspro africano, // te sempre vedo, sempre, da lontano, / se penso al punto in cui la vita mia / s'aprì piccola al mondo immenso e vano: / da qui—dico—da qui presi la via. [...]» (SPSV 611-612). Circa l'attività pittorica dell'Autore, vedi i dipinti, suoi e della sorella Lina, del Casale sull'altopiano del Caos (*Pirandello intimo*, tavole 59-70). Di questo suo poco noto talento, Emilio Cecchi scrisse per primo nell'Almanacco Letterario Bompiani del 1938: «[...] in uno spirito vigile e severo come in qualsiasi manifestazione fu quello di Luigi Pirandello, non può affatto supporsi che la pittura si producesse per mero capriccio. [...] Viene da credere che questo modesto ed attento dipingere gli servisse sopratutto come una specie di meditazione, per sciogliere da qualunque residuo e riferimento pittorico gli effetti figurativi che, nella sua vera arte, gli erano necessari, e renderli negli specifici modi della letteratura e della poesia. | Seduto davanti al vero, egli analizzava col pennello, per non trovarsi poi a mescolare inconsciamente, quando scriveva, i due processi: della pittura e della letteratura. Forse si trattava, principalmente, d'un metodo d'integrità letteraria. | Nel quale metodo sono, frattanto, chiarissimi l'evolversi del suo gusto e della sua cultura, e la conquista d'un accento di modernità più libero ed intenso. [...] I dipinti di Luigi Pirandello rivelano un altro dei tanti aspetti nei quali egli cercò di sorprendere e sviscerare il senso della vita. Dovrà tenerne conto chi si accinga a riprendere, com'è necessario, lo studio di questo spirito instancabile e coraggioso» (*Luigi Pirandello, pittore*, «Almanacco Letterario Bompiani» 92).

Empedocle in vari quadretti, dietro le ripetute sollecitazioni del fratello (*Pirandello intimo* 46).[7]

Nel 1884 Pirandello frequentava il liceo Vittorio Emanuele di Palermo e sul retro del quaderno d'italiano e storia compose alcuni poemetti, tra i quali un canzoniere, dal titolo per noi emblematico, *Conchiglie ed Alghe*; l'operetta, come appare anche dal sottotitolo, è suddivisa in quattro sezioni, una per ogni elemento della natura: *Mare, Terra, Fuoco, Cielo*.[8] Le poesie che si ispirano al mare—*La canzone del vecchio marinaio* (forse una reminiscenza della ballata di Coleridge), *Vita di mare, Tempesta vicina, Ad una vela, Felicità*—derivano dall'osservazione attenta del paesaggio e da una notevolissima capacità introspettiva, come si evince dai versi di *Due pescatori*, già connotati dalla "pena di vivere". L'io poetico si propone in maniera dichiarativa al lettore, paragonandosi a un pescatore; con l'«umile» ma «gagliardo barchetto» del suo ingegno egli si avventura con entusiasmo nel mare dell'arte, per accorgersi tuttavia ben presto di quanta sofferenza sia già foriera l'impresa: «[...] Fratello pescator piena è la rete... / issa la vela e torna a la casetta, / torna a' figliuoli in seno a la quiete... // Oh! S'io tornare placido e contento / or come te potessi!... Altro

---

[7] La Marsili Antonetti, curatrice del volume e pronipote dello Scrittore, disponendo di «una cospicua ed importante documentazione, che fornisce altre tessere per completare il mosaico» dell'ambiente di formazione e della personalità del «grande Prozio», si è dedicata ad approfondire «la conoscenza delle sue vicende umane e familiari, nonché delle sue meno conosciute manifestazioni artistiche», per dare così «la possibilità di capire sempre meglio l'opera maggiore e la 'filosofia' di questa ricca e poliedrica personalità di artista» (*Pirandello intimo* 7). Si vedano anche, tra le le successive pubblicazioni della Marsili Antonetti, *Lina e Luigi Pirandello. Una vita per l'arte* (2007) e *Luigi Pirandello alla sorella Lina: "Su dunque, al sogno mio rendi il colore..."* (2010).

[8] Così ci informa la curatrice: «Risalgono a questo periodo quattro quaderni, rimasti poi nelle mani di Lina, contenenti alcune opere giovanili inedite fino ad oggi [cioè al 1998, anno di pubblicazione del volume]. In un momento di sconforto Luigi scriverà alla sorella: *'ho bruciato tutte le mie carte, la forza della mia giovinezza'* (Palermo, 25 marzo 1887). Gli erano sfuggiti però questi lavori», tra i quali «uno studio su Dante ed uno sugli ultimi Re Longobardi» (*Pirandello intimo* 45).

m'aspetta!... / Ho pescato un pensiero: il mio tormento» (*Pirandello intimo* 45).[9]

Nelle raccolte poetiche successive, a cominciare da *Mal giocondo* (1889) per finire a *Fuori di chiave* (1912) e alle "estravaganti", il mare ritorna con tutta la sua forza di *imago* archetipica. L'acqua è carica di un simbolismo che rimanda, com'è noto, ad un ambito di esistenza primordiale, e che, se riferito alle immense distese oceaniche, rievoca lo stato del caos primigenio o la dissoluzione che segue alla morte. Per questo aspetto, si veda ad esempio la novella *Il viaggio* (1910), in cui la protagonista, Adriana Braggi, vive la vita e l'amore per la prima volta—complice è lo scenario marino di Napoli e Venezia—proprio quando scopre di star "viaggiando" verso la propria fine (NpA, vol. III, t. I, 209-229). Per converso, l'acqua sta anche ad indicare la catarsi e la rigenerazione,[10] la tra-

---

[9] La poesia, dedicata a Pier Giacinto Giozza, reca la data dell'11 marzo 1884. Ci sembra che in questi versi affiori con perspicuità un percorso interiore già tracciato, nonostante la giovane età dello Scrittore. Circa la predilezione per il linguaggio e i canoni della tradizione poetica ottocentesca—la qual cosa, a nostro parere, incide esclusivamente sull'aspetto formale delle liriche e non sull'elaborazione, tutta personale, dei temi e dei motivi –, si veda la lettera che due anni dopo (7 febbraio 1886) Pirandello scriverà da Palermo alla madre, trasferitasi nel frattempo a Girgenti con gli altri familiari: «Da molto tempo non scrivo nulla: mi piace meglio studiar bene le cose scritte da altri, che non siano i miei contemporanei. Del resto, tanto di guadagnato: le mie sciocchezze, come brutti uccelli di passo, come nuvolacce nere frastagliate mostruosamente da' venti, passano per la mente mia e le lascio sfuggire, e mi piaccio quasi della mia noncuranza. Fui un tempo (ti rammenti?) un attento pescatore, e non sfuggiva alla mia rete il più piccolo pensieruzzo guizzante nella mia testa come un pesciolino malcapitato. E allora subito veniva ad annojarti per una buona mezz'ora, ti recitava i miei versi, ti mostrava il povero morticino ancora appeso all'amo!...» (*Pirandello intimo* 46).

[10] Le valenze proprie del simbolo operano segretamente anche nelle considerazioni "istantanee" dello Scrittore, come per esempio nella breve notazione (tra il lirico e il descrittivo) che segue, dove il «lavarsi d'alba» richiama a un tempo il chiarore del sole che sorge (il nuovo inizio) e l'azione purificatrice del mare (quasi un battesimo quotidiano): «Vietri sul Mare. Quelle casette sù in cima, tra il

sformazione incessante, che è una caratteristica della vita stessa: il rimando più immediato è a *Sole e ombra* (1896) e a Ciunna, il protagonista della novella, coi suoi repentini cambiamenti d'umore e d'intenti di fronte al tramonto sul mare che, «d'un verde vitreo presso la riva, s'indorava intensamente in tutta la vastità tremula dell'orizzonte» (NpA, vol. I, t. I, 502).

Benvenuto Terracini, a proposito delle *Novelle per un anno*, riscontrava come la descrizione del paesaggio sovente conducesse «l'animo di Pirandello a dissolvere ogni dramma umano nell'impassibile e perpetuo moto della natura; su questa via tutta sua egli ama*va* guidare [...] la contemplazione dei suoi personaggi» (Terracini 310).[11] In altre parole, il paesaggio «è per Pirandello un grande tema-mito: quando la sua funzione soggettiva non muove da un particolare contemplante, ma emana semplicemente dalla situazione, ne costituisce anzi il punto centrale» (Terracini 310).

Un assunto, questo del Terracini, che a nostro parere è valido anche per le poesie, benché in esse la soggettività della voce poetante (e, dunque, della percezione) abbia la preminenza. Si veda,

---

verde della collina, che sono le prime a lavarsi d'alba le facciate» (*Appunti* editi dall'Autore sul «Corriere della Sera», 7 aprile 1929, SPSV 1247).

[11] Un esempio emblematico a tal riguardo ci sembra la novella *Notte* (1912), nella quale, alle suggestioni del paesaggio marino, si aggiunge la connotazione notturna che altera e confonde i contorni delle cose come, allo stesso modo, i pensieri e i sentimenti dei personaggi. Ne riportiamo un passo esemplificativo: «Andarono, muti, fino alla spiaggia sabbiosa, e si appressarono al mare. | La notte era placidissima; la frescura della brezza marina, deliziosa. | Il mare, sterminato, non si vedeva, ma si sentiva vivo e palpitante nella nera, infinita, tranquilla voragine della notte. | Solo, da un lato, in fondo, s'intravedeva tra le brume sedenti su l'orizzonte alcunché di sanguigno e di torbo, tremolante su le acque. Era forse l'ultimo quarto della luna, che declinava, avviluppata nella caligine. | Sulla spiaggia le ondate si allungavano e si spandevano senza spuma, come lingue silenziose, lasciando qua e là su la rena liscia, lucida, tutta imbevuta d'acqua, qualche conchiglia, che subito, al ritrarsi dell'ondata, s'affondava. | In alto, tutto quel silenzio fascinoso era trafitto da uno sfavillio acuto, incessante di innumerevoli stelle, così vive, che parevano volessero dire qualcosa alla terra, nel mistero profondo della notte» (NpA, vol. I, t. I, 583-584).

ad esempio, in *Mal giocondo*, l'invocazione accorata del poeta al Mare, «inascoltato padre», detentore della verità e della saggezza antiche, ignorate nella civiltà del cosiddetto progresso tecnico e scientifico:

> Quando ella sola, o mar perfido e bello, / tranquilla siede, e di mille astri viva, / su te la Notte, e in te versa la Luna / il suo bel raggio; // allor l'immensità cerula tua, / da l'ampio lido a l'orizzonte estremo, / correr tutta vogl'io, come veloce / delfino, o Mare. // [...] Io voglio, io voglio in voi tutto, o vaste acque, / purificarmi. // Di tanta ignavia e dei lunghi ozî voglio / purificarmi. Inascoltato padre, / immenso Mar, ridammi tu le fiere / audacie prime; // i miei ritempra tu muscoli rosi / da i mal de la città, dove è menzogna / tutto, e per cui te, Padre, un dì lasciai [...]. (SPSV 456)[12]

L'immenso patrimonio archeologico e mitologico della Grecia antica, terra di dei e di eroi, rivive nei versi pirandelliani dedicati al Mediterraneo, padre di tutti i mari e custode della storia e dei valori autentici, morali e artistici, dell'umanità, purtroppo disconosciuti dal «volgo» trionfante: «[...] O conscio mar di tante egemonie, / conscio di tante lotte, o mar conteso, / Mediterraneo, dammi / dammi l'oblio, l'oblio [...]» (SPSV 441).[13] Di fronte alla vastità dello scenario marino, in preda a una struggente e malinconica nostalgia, si lascia scivolare in un placido abbandono, in una contemplazione serenatrice e paga, che sembra attutire il male di vivere: «[...] Me non achee fanciulle al sacro elette / uffizio dei lavacri accolgon baldo / su lo sciolto, treenne / poledro al mar veniente; // ma l'egra torma al desolato lido / de le memorie accoglie e dei rimpianti; / e solo ad oblïare / entro nell'onda fredda, / ad oblïare il mal triste di vivere, / mentre il volgo trïonfa e il culto muore / de la bellezza eterna, / divin nostro ideale [...]» (SPSV

---

[12] XV. [Quando ella sola, o mar perfido e bello], nella raccolta *Mal giocondo*.
[13] IV. [Quasi cristallo liquido, ondeggiante], nella raccolta *Mal giocondo*.

442). Tuttavia, l'incanto dura poco: il tramonto del sole nel «quasi cristallo liquido, ondeggiante» richiama l'illusorietà e la caducità di ogni culto e d'ogni ideale: «[...] O conscio mare, in te, cui la riviera / agrigentina in lieve seno abbraccia, / mar che mi desti primo / lo stupor de le grandi / visïoni serene, ecco, io mi caccio; / ma in te pur cala il sol flammeo, solenne, / come l'eroe morente / d'una tragedia greca» (SPSV 442-443).

Il flusso delle acque, apparentemente sempre uguale a se stesso ma in realtà sempre diverso, rievoca il continuo divenire della vita, il *pánta rhêi* eracliteo, secondo il quale la realtà è unità armonica di tensioni opposte. Abbracciando entrambi gli opposti con lo sguardo della mente si otterrà l'identità risanatrice tra l'unità e l'opposizione molteplice; l'armonia risiede appunto nella ciclità, sonora e visiva, delle onde marine e di tutti gli eventi naturali, come il movimento degli astri e il ritorno delle stagioni:

Un canto a l'Armonia; / e nasca l'imagin da 'l suono, / sì come da le spume / del mare, tra ninfe e tritoni, / Venere nacque, e lieta / la drèpana rise marina. // Onda più tersa e pura / sei tu veramente, Armonia: / In te sovrano il cigno / bianchissimo incede sognando, / in te le mie ferite / io lavo, oblïando, e risano. // [...]. (SPSV 444)[14]

Ci sembra quindi opportuno sottolineare, con Manlio Lo Vecchio Musti, come sia possibile riscontrare in queste poesie «una più immediata effusione dei sentimenti e dei pensieri espressi da Pirandello nella sua opera drammatica e narrativa» (*Avvertenza* [1939], SPSV 431). Si veda, per addurre un altro esempio, la VI poesia della sezione *Momentanee* di *Mal giocondo*, in cui l'Autore lascia trasparire un aspetto importante di quella che sarà la sua poetica "umoristica" — il saggio su *L'umorismo* è del 1908 — e dietro il quale si scorge l'antitesi Vita-Forma, a cui Adriano Tilgher avrebbe dato enfasi negli anni 1919-26, sulla scorta della *Lebensphi-*

---

[14] VI. [Un canto a l'Armonia], in *Mal giocondo*.

losophie di Simmel e Dilthey.[15] Infatti, lascia intendere Pirandello (e la comunanza con certi aspetti della sensibilità leopardiana qui è palese), è preferibile vivere alla continua ricerca dell'ideale, pur nella consapevolezza amara della sua irraggiungibilità, piuttosto che arrestarsi in una forma definita in cui il desiderio si acquieti e la noia prevalga: «Sento ne l'amarezza quanto la vita vale: / Ch'io non ti giunga mai, mio superbo ideale! / Soffrir, lottare io voglio: / Naufrago, in mezzo il mare, / veder lungi uno scoglio, / e nuotare... e nuotare... [...]» (SPSV 486).[16]

Un altro dei concetti espressi ne *L'umorismo* è anticipato in *Guardando il mare* (1905), poesia poi confluita in *Fuori di chiave*; si tratta della coscienza che di se stesso ha l'essere umano, a differenza delle altre creature, animali e vegetali che popolano la terra e degli elementi della natura; e tale consapevolezza è alla base delle sofferenze dell'uomo, dei suoi timori come delle sue speranze: «E sei vivo anche tu, come son io: / tu per molto, io per poco, e ne son lieto. / Ma ti vedo e ti penso, io: tu non vedi / e non pensi, beato! Fino ai piedi / vieni con un sommesso fragorìo / a stendermi le spume, mansueto [...]» (SPSV 669).[17] Sono evidenti, anche in que-

---

[15] Per approfondimenti, si veda Sciascia 91-114.

[16] VI. [Sento ne l'amarezza quanto la vita vale], in *Mal giocondo*. Cfr. *Tormenti* [«Nuova Antologia», 1/5/1902] della raccolta *Fuori di chiave* (1912), in cui, grazie a una sorta di "cortocircuito" storico-epocale, Tantalo—similmente a quanto fa Sisifo nella prima parte della poesia—si mostra grato al Signore per la condanna eterna che ha ricevuto e gli chiede la grazia di non farla cessare mai: «[...] Beato chi desia / e nulla ottiene mai! Grazia, Gesù! / Sia benedetta la condanna mia!» (SPSV 681-682). La realtà, avrebbe osservato Pirandello diversi anni dopo, «siamo noi che ce la creiamo: ed è indispensabile che sia così. Ma guai a fermarsi in una sola realtà! In essa si finisce per soffocare, per atrofizzarsi, per morire. Bisogna invece variarla, mutarla continuamente, continuamente mutare e variare la nostra illusione» (*Conversando con Luigi Pirandello*, Intervista rilasciata a Diego Manganella e uscita su «L'Epoca» il 5 luglio 1922; in *Interviste a Pirandello* 165).

[17] Si veda il noto passo de *L'umorismo*, Parte seconda, cap. V: «All'uomo [...] nascendo è toccato questo triste privilegio di sentirsi vivere, con la bella illusione che ne risulta: di prendere cioè come una realtà fuori di sé questo suo interno sentimento della vita, mutabile e vario» (SPSV 155).

sta poesia, alcune reminiscenze leopardiane: l'allusione, per esempio, al regno della natura nella sua apparente perennità rispetto all'uomo (ci riferiamo, in particolare, ai vv. 289-296 de *La ginestra, o il fiore del deserto* [Leopardi 271-272]) e a «quel punto acerbo / Che di vita ebbe nome», come recita il coro dei morti nello studio di Federico Ruysch (Leopardi 713). Di qui il suggerimento che Pirandello, tra il tragico e il grottesco, dà al mare, appellandosi non alla sua mansuetudine e alla grazia del disegno dei merletti di spuma, bensì alle sue potenzialità devastatrici: «Come un mercante di merletti... Bravo! / Uno ne stendi, e tosto lo ritrai, ed ecco un altro, e un altro ancora... Scempio / fai così della tua grandezza, ignavo? / Tenta, prova altri scherzi... non ne sai? / Ma ingòjati la terra, per esempio!» (SPSV 669).[18]

Frequenti, nelle poesie e nelle novelle, le metafore che hanno per oggetto il mare: «il vento che faceva nei castagni del bosco come un fragor di mare» (*Canta l'Epistola* [1911]; NpA, vol. I, t. I, 484);[19] e, per fare un altro esempio, in *Sole e ombra* (1896), «Oltrepassate le ultime case, [Ciunna] allargò il petto, alla vista della campagna che pareva allagata da un biondo mare di messi, su cui sornuotavano qua e là mandorli e olivi» (NpA, vol. I, t. I, 495). Tali metafore si presentano anche negli scritti saggistici, come in *Arte e coscienza d'oggi* (1893), in cui l'Autore aveva affermato—lasciando affiorare, oltre che il fondo gorgiano delle sue riflessioni, una profonda amarezza per l'epoca contemporanea –: «Siamo alla discrezione della vita»; e «la vita non sa requie, come non sa requie il mare» (SPSV 903).[20]

---

[18] Ed è appunto ciò che avverrà in uno dei "Miti" teatrali dell'ultimo periodo, *La nuova colonia* (1928).

[19] Cfr. la poesia *Pian della Britta* (1909), in *Fuori di chiave*, l'*incipit* della quale recita: «Pian de la Britta, che fragor di mare / fan questi tuoi castagni alti e possenti! [...]» (SPSV 659).

[20] L. Pirandello, *Arte e coscienza d'oggi*, in «La Nazione letteraria di Firenze», I (1893), 6. Ne riportiamo alcuni passi che ben sintetizzano il pensiero dell'Autore: «Non mai, credo, la vita nostra eticamente ed esteticamente fu più disgregata.

Non possiamo non sottoscrivere, pertanto, quanto asserisce Franco Zangrilli in merito alla presenza e alla funzione degli scenari naturali nell'intera opera pirandelliana:

> Nel ricorso al paesaggio nella sua produzione poetica dunque Pirandello riesce a raggiungere momenti e toni lirici quali raramente tocca nello sviluppo di altri motivi e di altri temi. Egli riesce a creare paesaggi intrisi di profonda tristezza, paesaggi essenzialmente elegiaci, anche quando tendono all'idillio, paesaggi mutevoli, che esprimono umori complessi e contrastanti del poeta, e perciò realizzati con una varietà di stile: ora realistico, ora ironico, ora surrealistico satireggiante, ora leggermente impressionistico, ora impegnato nella complessità della rappresentazione umoristica. [...] Quello che non è facile trovare in Pirandello è l'uso meramente decorativo del paesaggio, del paesaggio privo di funzione e di significato. Invece in tutta la sua opera, poesia, narrativa, teatro, il paesaggio è una presenza tanto costante quanto è feconda e universalizzante. E nel quadro della letteratura del Novecento si troveranno ben pochi scrittori che hanno impiegato il paesaggio con la stessa frequenza e intensità, e con la stessa ricchezza di intenti e di risultati artistici di Pirandello. (Zangrilli 68, 166)

Tra le *Poesie varie* raccolte dal Lo Vecchio Musti, ricordiamo *Approdo* (1895; SPSV 805-806), in cui l'Autore ripropone uno dei

---

Slegata, senz'alcun principio di dottrina e di fede, i nostri pensieri turbinano entro i fati attuosi, che stan come nembi sopra una rovina. Da ciò, a parer mio, deriva per la massima parte il nostro malessere intellettuale» (SPSV 901). E più avanti Pirandello individua i «segni caratteristici» dell'«inanismo contemporaneo»: «[...] egoismo, spossatezza morale, mancanza di coraggio di fronte alle avversità, pessimismo, nausea, disgusto di se stessi, neghittaggine, incapacità di volere, fantasticheria, straordinaria emotività, suggestibilità, bugiarderia incosciente, facile eccitabilità dell'imaginazione, mania d'imitare e sconfinata stima di se stessi. [...] Dall'irresolutezza del pensiero nasce naturalmente quella dell'azione. Nessun ideale oggi arriva a concretarsi dinanzi a noi in un desiderio intenso veramente, o in un bisogno forte. E come si crede alla vanità della vita, si crede all'inutilità della lotta [...]» (SPSV 901-903).

tòpoi dei *Salmi* biblici e della poesia classica, il mare procelloso come metafora della vita spirituale (numerosi sono gli echi petrarcheschi); e *Ritorno* (1910; SPSV 849-852), in cui campeggia, tra le innegabili venature romantiche e leopardiane (la «dolce luna» che accende un «palpito [...] d'innumeri faville» [SPSV 850] sulle acque), lo scenario "veristico" di Porto Empedocle e del traffico diuturno che lo anima tra le alte cataste dello zolfo.[21]

Nella concettualizzazione antropologica datane dall'Autore, l'apertura dello scenario marino, la vastità dell'orizzonte che senza soluzione di continuità fonde mare e cielo, sono inoltre elementi che determinano, per un contrasto tra interno ed esterno, l'indole introversa dei siciliani:

> I siciliani, quasi tutti, hanno un'istintiva paura della vita, per cui si chiudono in sé, appartati, contenti del poco, purché dia loro sicurezza. Avvertono con diffidenza il contrasto tra il loro animo chiuso e la natura intorno aperta, chiara di sole, e più si chiudono in sé, perché di quest'aperto, che da ogni parte è il mare che li isola, cioè che li taglia fuori e li fa soli, diffidano, e ognuno è e si fa isola da sé, e da sé si gode—ma appena, se l'ha—la sua poca gioia; da sé, taciturno, senza cercare conforti, si soffre il suo dolore, spesso disperato. (SPSV 398-399)[22]

Anche ne '*U Ciclopu*, il dramma satiresco di Euripide che Pi-

---

[21] Cfr. la precedente *Ai lontani* (composta a Monte Cavo il 23 agosto del 1893 e poi pubblicata nella «Nuova Antologia» il 16 giugno del 1933), di cui riportiamo la parte iniziale: «Ancora forse sul turbato mare / scendon le nubi a sera, entran per gli ampi / veroni a illuminar le stanze i lampi, / e si vede la notte sussultare. / Forse fra le cataste alte del solfo, / ancora, al mite lume siderale, / su l'arso lido strillan le cicale / ne la calma purissima del golfo. / Salpa da l'intricato porto a sera / con flosce vele qualche nave, a lento, / mentre il faro s'accende e nessun vento / spira su l'acque e sale una preghiera. [...]» (*Pirandello intimo* 33).

[22] L. Pirandello, *Giovanni Verga. Discorso alla reale Accademia d'Italia* (3 dicembre 1931) per il cinquantesimo anniversario della pubblicazione de *I Malavoglia*.

randello tradusse in siciliano nel 1918,[23] spira lo stesso sentimento; e non solo—come precisava l'Autore nella *Nota redazionale* anteposta alla pubblicazione della prima parte della traduzione—«perché l'azione si svolge in Sicilia, ma anche perché l'opera del poeta greco, in tutto ciò che forma la virtù essenziale della sua poesia, vive ancora laggiù per tanta parte della vita stessa dell'isola» (SPSV 1214).[24] Nella versione pirandelliana il personaggio di Polifemo conserva i tratti conferitigli da Euripide:[25] è il mostro antropofago,

---

[23] Il dramma fu messo in scena per la prima volta al Teatro Argentina di Roma il 26 gennaio 1919 dalla Compagnia del Teatro Mediterraneo diretta da Nino Martoglio (in relazione alle idee di Pirandello sul teatro dialettale, si vedano i due articoli *Teatro siciliano?* [1909] e *Dialettalità* [1921], SPSV 1205-1212). Rispetto al testo euripideo, Pirandello aggiunge il personaggio di Sileno e un coro di satiri per accentuare l'intonazione farsesca della vicenda. Nel racconto omerico (IX libro dell'*Odissea*) non è indicata la località in cui si svolge l'azione; nella «favola campestre» euripidea, invece, la vicenda è ambientata in Sicilia «secondo una tradizione viva ad Atene nel V secolo (Tucidide, VI, 2), la quale dava l'isola per sede a Ciclopi e Lestrigoni» ('*U Ciclopu*, XIX). La figura di Omero, perennemente giovane per candore e audacia, compare in una delle sue liriche giovanili (17 marzo 1884): «Giovine ancor—come la sua figura / m'arrise un dì ne' sogni miei sereni—/ giovine eterno in cima ai colli ameni, / lo vedo a conversar con la Natura! [...]» (*Pirandello intimo* 47).

[24] *Nota redazionale*, pubblicata con la prima parte della traduzione in siciliano (i primi 184 versi) sul «Messaggero della Domenica» del 3 novembre 1918.

[25] Pirandello si rifece non alla fonte greca del testo euripideo ma alla traduzione italiana di Ettore Romagnoli, accentuando, attraverso le battute, alcuni tratti dei personaggi. Per le differenze tra la traduzione italiana del Romagnoli e la traduzione vernacolare di Pirandello coi suoi toni «decisamente popolareschi», e per lo scarto stilistico che distanzia entrambe dall'originale euripideo, si veda l'*Introduzione* del Pagliaro a '*U Ciclopu* (in part. XXIV-XXXVI). La traduzione di Pirandello si studiava «di rendere vivo e popolare il discorso mediante interrogazioni, esclamazioni, sospensioni, amplificazioni. [...] A ciò lo portava anche l'uso del dialetto, che si prestava a dare varietà e colore all'espressione. Infatti, nei confronti degli altri lavori dialettali, '*U Ciclopu* ha un posto a sé per l'eleganza estrosa con cui l'autore si è servito del dialetto, al fine di dare una caratterizzazione linguistica dei vari personaggi, mediante graduazioni, che la sicura conoscenza della parlata natia gli rendeva possibili» ('*U Ciclopu*, XXVI, XXVIII). Ha osservato Marco Manotta: «La scelta di rifarsi a una mitologia arcaica di tipo dionisiaco dà

prodigiosamente forte, che vive di pastorizia e abita nelle caverne
da cui esce solo per cacciare; appartiene al regno ctonio—la sua
forza è di natura vulcanica—e, metaforicamente, alla sfera
dell'istintività e della passione, appena illuminate dalla ragione;
una ragione che tuttavia si piega anch'essa alle esigenze brute della sopravvivenza. Di qui, la sua fisionomia grottesca (già presente
nel testo euripideo e ancor più accentuata nella traduzione pirandelliana),[26] che si afferma sin dal suo ingresso (vv. 216 sgg.) per
farsi poi, nella successione degli eventi, sempre più chiara e definita. E il grottesco nasce da un duplice contrasto: il primo, appartenente all'interiorità del Ciclope, si origina dalla compresenza di
brutalità e dolcezza, seppure anch'essa a un livello elementare; il
gigante, nonostante la sua natura rude, è capace per esempio di
provare tenerezza nei confronti dei suoi agnellini: «Comu stannu
'i me' agnidduzzi / nati d'ora? 'Un addàttanu? Non cùrrinu / sutta
'i cianchi d''a mamma? [...]» ('U Ciclopu 31).[27] Il secondo, che invece è esterno (ma intimamente legato al primo), si palesa nel confronto tra il mondo agreste e primitivo del Ciclope e il mondo civile, con le sue regole etiche e sociali, che Ulisse, nel bene e nel male,
rappresenta.[28] Pertanto, con le parole del Pagliaro, l'adesione di

---

ragione all'intuizione di Gramsci che un anno prima, a proposito di Liolà, aveva
sottolineato il fondo satiresco classico di certa arte drammatica di Pirandello»
(Manotta 48); in merito, rinviamo a Gramsci 341-343. Sull'atto unico in dialetto
come «exemplum antropologico e linguistico», si veda Mazzamuto 232 sgg.

[26] «[...] nel poema satiresco euripideo Pirandello scoprì un esempio di
quell'umorismo, in cui riconosceva [...] il canone della propria arte» ('U Ciclopu
XIX). Circa la presenza di una letteratura "umoristica" nelle letterature classiche
e in special modo in quella greca, si vedano le considerazioni pirandelliane ne
L'umorismo, Parte I, cap. II (SPSV 25 sgg.).

[27] Emerge da questi versi il contrasto tra corpo e anima, materia e spirito, forma
esteriore e vita interiore così frequente in tanti personaggi della narrativa pirandelliana.

[28] Il contrasto campagna-città è qui espresso anche attraverso le differenti connotazioni del dialetto di Polifemo e Ulisse: il dialetto sembra «del tutto quello locale, usuale, vernacolare, solo quando parla il siciliano Polifemo [...]. Ulisse, a sua
volta, diventa, quando parla, il popolano borghese che vanta qualche superiorità

Polifemo alla natura non è priva di un certo trasporto poetico. Intorno a lui spira dopo tutto quasi un'aura di simpatia, come quella che si ha per la vittima di un modo di essere e di agire che ha radici profonde nella stessa natura, e che, in sostanza, è come un ritorno ai motivi essenziali e primordiali dell'esistenza (*'U Ciclopu* XXII).[29]

Pirandello, tra l'altro, rintracciava proprio in questa essenzialità primordiale dei sentimenti una delle ragioni della sopravvivenza della figura di Polifemo nella cultura dell'Isola, tra i «pastori delle sue alte Madonìe» (*Nota redazionale*, SPSV 1214).

Inoltre, nella figura del Ciclope e nella sua caratteristica fisionomia l'Autore riconosceva il prototipo dello zolfataro, che rischiara il buio che lo avvolge col suo unico "occhio" luminoso:

Il protagonista, Polifemo, è vivissimo tuttora nella tradizione leggendaria di tutta la Sicilia, [...] che tuttavia, spogliato delle trasfigurazioni del mito, se lo ritrova, vivo e presente, negli uomini delle sue zolfare [...]. L'occhio che brilla in fronte al Ciclope è la lumierina che stenebra ancora gli antri profondi delle sue zolfare. Ancora i zolfatari della Sicilia hanno veramente quel-

---

intellettuale sugli altri e ricorre all'enfatizzazione della sua parlata, o italianizzando il dialetto, o sicilianizzando l'italiano [...]» (Mazzamuto 248). L'ideologia del personaggio dell'atto unico dialettale di Pirandello «cerca quasi romanticamente un certo accordo tra individuo e società, ma è tutta risolta in una valorizzazione antagonistica del primo e nel conseguente rifiuto della seconda, in quanto società borghesemente farisaica e dispotica, risolta cioè in una sorta di dualismo che non può non richiamare molte coeve esperienze fenomenologiche ed esistenzialistiche» (Mazzamuto 229).

[29] Cfr. invece le considerazioni di Mazzamuto, per il quale i personaggi di Ulisse e Polifemo sono «figure complementari dello stesso modello antropologico, dell'individuo siciliano, intelligente e brutale, causidico e sentimentale, malizioso e violento [...], a meno che non si voglia dire che sia lo sconfitto ridicolizzato il solo autentico siciliano della *pièce*, Polifemo, il vero intimo protagonista» (Mazzamuto 248). E ancora: «entrambe autentiche le condizioni di Ulisse e Polifemo, [...] ma inconciliabili nella concreta situazione scenica in cui esse si rappresentano e si colgono, e ognuna chiusa e assolutizzata nella sua maschera, ognuna vera e reale per sé» (Mazzamuto 250).

l'unico occhio in fronte. Il sacco che serve a guardar loro le spalle dalla scabra soma del minerale grezzo, è commesso per un lembo della sua bocca alla fronte: questo lembo, ripiegato un po' nel mezzo, accoglie la *lumera*, conchettina di terra cotta, tuttora arcaica nella foggia, con un beccuccio davanti per lo stoppino. Spegnere questa lumiera al zolfataro vuol dire accecarlo. (*Nota redazionale*, SPSV 1214)

Nel giudizio dell'Autore, pertanto, Polifemo incarna differenti aspetti della natura e della visione del mondo dei siciliani, costretti per alcuni versi a soggiacere alla realtà inovviabile dell'ambiente—le «necessità di clima e di suolo» (SPSV 1214) menzionate nella *Nota redazionale*—ma, al contempo, capaci di avvertire e di seguire quel flusso della vita che scorre nell'interiorità d'ognuno, e che talvolta, come fiume in piena, straripa e distrugge ogni fittizia costruzione esterna.[30] «Figghiu di lu diu d''u mari» (*'U Ciclopu* 39, v. 314) e della Terra, privato della vista, umiliato e schernito,[31] Polifemo riscatta se stesso e il proprio mondo agreste e pastorale col gesto di vendetta—impetuoso come le forze telluriche e violento come la tempesta di rabbia e di dolore che gl'invade il cuore—

---

[30] Citiamo per esteso: «La vita è un flusso continuo, che noi cerchiamo d'arrestare, di fissare in forme stabili e determinate, dentro e fuori di noi, perché noi già siamo forme fissate, forme che si muovono in mezzo ad altre immobili, e che però possono seguire il flusso della vita, fino a tanto che, irrigidendosi man mano, il movimento, già a poco a poco rallentato, non cessi. [...] Ma dentro di noi stessi, in ciò che noi chiamiamo anima, e che è la vita in noi, il flusso continua, indistinto, sotto gli argini, oltre i limiti che noi imponiamo, componendoci una coscienza, costruendoci una personalità. In certi momenti tempestosi, investite dal flusso, tutte quelle nostre forme fittizie crollano miseramente; e anche quello che non scorre sotto gli argini e oltre i limiti, ma che si scopre a noi distinto e che noi abbiamo con cura incanalato nei nostri affetti, nei doveri che ci siamo imposti, nelle abitudini che ci siamo tracciate, in certi momenti di piena straripa e sconvolge tutto» (*L'umorismo*, Parte seconda, cap. V, SPSV 151-152).

[31] «Ahi! Mi burlati! Mi rumpiti 'u cori, / nni la svintura!», grida il Ciclope al Coro che si prende gioco di lui nel momento della maggior sofferenza e prostrazione (*'U Ciclopu* 79, vv. 730 sgg).

contro Ulisse, «lu Malizziusu» (*'U Ciclopu* 80, v. 772),[32] e i suoi
uomini in fuga sul mare: il finale del dramma, come faceva notare
il Pagliaro, non vede il mostro sconfitto; accecato da Ulisse e deriso dai suoi schiavi (Dioniso si è preso la rivincita), gli resta la sua
immane forza: sradicherà dalla montagna le rupi e le scaglierà
contro il «piccolo uomo» che fugge con le sue navi. In complesso,
può dirsi che l'epilogo, la catarsi, nel dramma euripideo, è il ritorno del Ciclope alla sua natura, alla materia da cui è nato. Nella
narrativa e nel teatro pirandelliani, l'epilogo è spesso, al di là di
ogni finzione, un ritorno del personaggio alla sua natura e al suo
destino […]. (*'U Ciclopu* XXIII)

In conclusione, circa le opere menzionate in precedenza, possiamo dire che, pur nella varietà e molteplicità di funzioni che il
paesaggio assume, di volta in volta, nei diversi contesti dell'opera
pirandelliana, ci sembra che la natura, in maniera più o meno ve-
lata, rappresenti un luogo di riscatto e di rinascita, un centro di
irradiazione vitale—una vitalità libera dalle dolorose implicazioni
della consapevolezza di sé—che si riverbera sulla coscienza dei
personaggi, placandone, anche se per pochi istanti, il tormento
febbrile.[33]

I vasti scenari naturali, che compaiono nelle poesie e nelle novelle qui ricordate, pur preservando l'ambivalenza dei significati
simbolici ad essi connaturati, esercitano un richiamo che, a nostro
giudizio, può dirsi comunque positivo: la natura si fa rievocatrice
di un'antica e segreta consonanza con gli uomini, quasi fosse la
manifestazione vivente di una dimensione "altra" in cui preval-
gono l'ordine e l'armonia legati ai cicli primordiali, meta privilegiata anche se utopica (e, forse, proprio per questo più ambita)

---

[32] L'aggiunta dell'epiteto è di Pirandello (l'etimologia tradizionale, invece, rimanda al greco "*odýssomai*": "essere adirato").

[33] «Ma l'uomo? Anche da vecchio, sempre con la febbre: delira e non se n'avvede
[…]» (*L'umorismo*, Parte seconda, cap. V, SPSV 154).

delle anime pirandelliane assetate d'assoluto.[34]

BIBLIOGRAFIA

Alajmo Roberto—Paladino Mimmo. *Le ceneri di Pirandello*. Bagheria: Drago Edizioni, 2008.

Alessio, Antonio. *Pirandello pittore*. Agrigento: Edizioni del Centro Nazionale di Studi Pirandelliani, 1984.

«Almanacco Letterario Bompiani». 1938.

Borsellino, Nino. *Ritratto e immagini di Pirandello*. 1991. Bari: Laterza, 1993.

De Crescenzo, Assunta. *La "funzione maieutica" del paesaggio nelle novelle de "La rallegrata" di Luigi Pirandello*. In *Il concetto di "tipo" tra Ottocento e Novecento. Letteratura, filosofia, scienze umane*. Atti del Convegno di Napoli (10-12 marzo 1999). Ed. Domenico Conte ed Eugenio Mazzarella. Napoli: Liguori, 2001.

Gramsci, Antonio. *Letteratura e vita nazionale*. 1950. Roma: Editori Riuniti, 1991.

Leopardi, Giacomo. *I "Canti" e le "Operette morali"*. Ed. Gino Tellini. Roma: Salerno Editrice, 1994.

Manotta, Marco. *Luigi Pirandello*. Milano: Bruno Mondadori, 1998.

Marsili Antonetti, Renata. *Lina e Luigi Pirandello. Una vita per l'arte*. Roma: Azimut, 2007.

_____. *Luigi Pirandello alla sorella Lina pittrice: "Su dunque, al sogno mio rendi il colore...*. Roma: Gangemi, 2010.

Mazzamuto, Pietro. *La maschera dialettale dell'atto unico pirandelliano*, in *Gli atti unici di Pirandello (tra narrativa e teatro)*. Ed. Stefano Milioto. Agrigento: Edizioni del Centro Nazionale di Studi Pirandelliani, 1978.

Nardelli, Federico Vittore. *Pirandello. L'uomo segreto*. (Titolo originale *L'uomo segreto. Vita e croci di Luigi Pirandello*). Ed. Marta Abba. Milano: Bompiani, 1986.

---

[34] Per ciò che concerne il motivo del personaggio «in cerca d'assoluto», che si precisa nelle novelle del quinquennio 1909-14, si veda in particolare Borsellino 59 sgg. L'armonia è uno dei tratti costitutivi del mito della "grande Madre", la Terra, sempre presente e attivo nella vita e negli scritti di Pirandello (si vedano, per esempio, le osservazioni contenute nei *Taccuini* e nelle *Pagine autobiografiche*, in SPSV 1227-1289, in part. 1230-1231, 1247, 1261, 1285), con accentuazioni ed esiti sempre differenti da opera a opera; a tal proposito, si vedano Zangrilli, De Crescenzo 207-233 e Pupino 161-193.

Pirandello, Luigi. *'U Ciclopu*. Ed. Antonino Pagliaro. Firenze: Le Monnier, 1967.

_____. *(SPSV) Saggi, Poesie, Scritti varii*. 1960. Ed. Manlio Lo Vecchio Musti. Milano: Mondadori, 1993.

_____. *(NpA) Novelle per un anno*. Ed. Mario Costanzo. Milano: Mondadori, 1997.

Luigi Pirandello intimo. Lettere e documenti. Ed. Renata Marsili Antonetti. Roma: Gangemi, 1998.

Interviste a Pirandello. «Parole da dire, uomo, agli altri uomini». Ed. Ivan Pupo. Pref. Nino Borsellino. Soveria Mannelli: Rubbettino, 2002.

Pupino, Angelo Raffaele. *Lo sguardo sulla natura. Un'idea di paesaggio in Pirandello*. In *Luoghi e paesaggi nella narrativa di Luigi Pirandello*. Atti del Convegno di Roma (19-21 dicembre 2001). Ed. Gianvito Resta. Roma: Salerno Editrice, 2002.

Sciascia, Leonardo. *Pirandello e la Sicilia*. 1961. Caltanissetta-Roma: Salvatore Sciascia Editore, 1983.

Terracini, Benvenuto. *Analisi stilistica. Teoria, storia, problemi*. 1966. Milano: Feltrinelli, 1975.

Tilgher, Adriano. *Studi sul teatro contemporaneo*. Roma: Libreria di Scienze e Lettere, 1922.

Zangrilli, Franco. *Lo specchio per la maschera. Il paesaggio in Pirandello*. Napoli: Cassitto, 1994.

I vent'anni del *Sabato* ovvero la retorica dell'antinomia
E' sabato mi hai lasciato e sono bellissimo di Emanuele Pettener

Anthony Julian Tamburri
John D. Calandra Italian American Institute

E' sabato mi hai lasciato e sono bellissimo è un romanzo serio e nello stesso divertente, che racconta la storia dell'amicizia di sette persone sui vent'anni ognuna delle quali rappresenta una componente di ciò che possiamo considerare il mosaico della gioventù, e in questo caso specifico del romanzo di Pettener la generazione sulla soglia del ventunesimo secolo. E, ancor di più, possiamo aggiungere che si tratta anche di un romanzo di sfumature alquanto statunitensi. Dico questo anche perché siamo nel periodo dell'inizio del terzo millennio quando ci si potrebbe non difficilmente immaginare un'influenza USA giacché l'Internet a questo punto ha ormai una trentina d'anni di vita.

E' sabato intanto è un romanzo serio che tratta dei temi importanti nell'evoluzione dell'adolescenza e lo fa in modo sensibile, anche se il racconto è imbevuto di un senso di humor non di rado pungente. Il modo di narrare possiede delle peculiarità che sfida il lettore a stare più attento del solito durante la sua lettura. In tal caso, allora, il romanzo diverte il lettore in tre modi diversi: (1) come un qualunque prodotto culturale fatto bene esso lo intrattiene; (2) esso lo fa ridere diverse volte nel percorso della sua lettura, e (3) lo porta fuori strada, si potrebbe dire, di una solita lettura di un qualunque romanzo di stampo narratologico tradizionale.

Gli appellativi sono forse una delle prime peculiarità del romanzo. Alcuni personaggi hanno dei nomi particolari, quale Niso, France, Alcapone, e Saba, che accompagnano poi quelli con i nomi meno insoliti quali Rebecca, Emanuele, e Angelica. Il romanzo, allora, è innanzitutto un ritratto della gioventù articolata dalle diverse esperienze delle sette persone: ambizioni senza limiti, desideri non appagati, gioia e disperazione che si alternano da un momento all'altro, e una specie d'innocenza che, nel complesso, li provoca ad andare avanti.

Ema, il nostro protagonista, intorno a cui tutto ruota, è la lente principale tramite la quale vediamo questi ragazzi confrontare gli elementi basilari della loro vita—l'amore, l'amicizia, lo studio, e il lavoro—in quel periodo fra la maturità e l'università, quella specie di interstizio quando, si direbbe, la vita comincia a prendere forma. I ragazzi, vale a dire, si trovano in quello stato del limen, in cui non sono né più ragazzi né ancora adulti, ma stanno in quello stadio del "fra" in cui si provano tutte quelle emozioni che rendono la loro vita instabile, con gli inaspettati alti e bassi che, si potrebbe dire, capitano maggiormente a quelli sulla soglia dei vent'anni. La loro quindi è, di natura, una vita condotta *in limine*; hanno compiuto il liceo e superato la maturità—parola in questo caso molto indicativa—ma sono contemporaneamente all'inizio di un'altra fase della loro vita, l'università. Detto questo, la cosiddetta "maturità", e tutto ciò che la concerne, risulta in questo contesto un termine alquanto ambiguo, e in questo senso possiamo anzi considerarlo "necessarily ambiguous", come dice Victor Turner, con la sua ormai famosa definizione del liminoide, colui che esiste, secondo Turner, "neither here nor there; they are betwixt and between the positions assigned and arrayed by law, custom, convention, and ceremonial"[1]. Cioè, coloro che non fanno parte di quella rete emotiva di "classifications that normally locate states and positions in cultural space" (95).

E tutto questo è visto tramite un filtro ironico nel senso etimologico della parola; cioè quel concetto fondamentale dell'ironia che consiste nel contrasto fra l'apparenza e la realtà. E' un'ironia,

---

[1]Victor Turner, *The Ritual Process. Structure and Antistructure* (Chicago, Aldine, 1969) 95-100 (In italiano, *Il processo rituale: struttura e anti-struttura* [Brescia: Morcelliana, 1972] 111-114).

fra l'altro, che funziona su diversi livelli[2]. Innanzitutto, e in senso largo, all'interno della treccia del romanzo i diversi ragazzi si trovano ad affrontare quel contrasto fra ciò che credono e/o vogliono e quella realtà invece che impedisce e/o cancella l'appagamento dei loro desideri.

Al livello extra-testuale, invece, è un'ironia che sfida il lettore presentandogli di volta in volta degli episodi che vanno *ri*-letti, una seconda volta, da un altro punto di vista proprio perché quella voce del narratore è e non è il protagonista che racconta. Non cadiamo ahimè nella trappola troppo facile di identificare l'io narrante con il protagonista, anche se colui si chiama Ema come l'autore; sarebbe un *ri*-appropriamento di una forma della storica "nuova critica" che ormai per tanti oggigiorno non ha più senso come principale chiave di lettura. Con questo intanto non voglio nemmeno scartare automaticamente i fatti biografici di chi scrive un testo creativo come *possibili contribuenti* a una lettura interpretativa di un'opera letteraria. D'altro canto non voglio neppure chiamare in gioco come dei *sine qua non*—specialmente in questo caso, quello di un presunto primo romanzo di formazione, come può risultarsi, anche troppo facile, a volte al critico—"fatti" biografici. Sì, Pettener aveva vent'anni; sì, Pettener viveva a Mestre, e sì, chi scrive testi narrativi e/o lirici sovente si basa su esperienze personali. Però anche qui, d'altro canto, una specie di deviazione per quanto riguarda l'età: "Che poi a dir la verità non avevo ancora vent'anni: mancavano otto mesi" (8), ragione per cui il lettore del romanzo deve sempre stare attento. Ciononostante, tutto que-

---

[2]Per ironia intendo ciò che mette in risalto un contrasto tra ciò che sembra sia il caso e ciò che lo è in verità. Per un testo scritto intanto il contrasto fra l'apparenza e la realtà dovrebbe avere, in linea di massima, un significato doppio se non proprio polivalente. Detto questo, un testo qualunque—scritto e/o orale—dovrebbe avere, come dice lo stesso Mueke, "both surface and depth, both opacity and transparency, [it] should hold our attention at the formal level while directing it to the level of content" (D. C. Muecke, *Irony* [London: Methuen, 1970] 5). Si veda pure, Wayne Booth, *The Rhetoric of Irony* (Chicago: U Chicago P, 1961).

sto non vuol dire che si debba sempre ricorrere a un autobiografi-
smo che fa sì che il lettore creda che spicchi qualche circostanza
originatasi nella vita dello scrittore; si tratta in diversi casi analoghi di una semplice coincidenza—se non pure desiderata—per
cui, come si attribuisce all'ormai famoso psicanalista, a volte un
sigaro è per l'appunto davvero soltanto un sigaro.

La storia di Ema con Angelica rappresenta per motivi mai
spiegati, se non inspiegabili, quell'impossibilità di godimento del
sogno realizzato. Ema, cioè, si trova benissimo con Angelica, pur
tuttavia non ne rimane soddisfatto. Tale situazione, a chi si ricorda
l'ottocento italiano, ci richiamerà in un certo senso al pensiero
leopardiano giacché è l'attesa che ha più valore e non la realizzazione del sogno—e nel caso di questo romanzo si direbbe che è
più il *processo* della conquista e non la conquista di per sé. E', infatti, un ulteriore richiamo al pessimismo leopardiano, spesso artico-
lato da giovani in questo stato del *liminoide*, che si verifica con le
stesse parole del poeta recanatese quando Ema racconta del paradosso di chi si prende sul serio:

> Prendersi sul serio è la via del fanatismo, dell'integralismo, del-
> la crudeltà ma—al contempo—significa esser felici. Al di là di
> questa buffa coincidenza (quasi che l'uomo consapevole della
> *vanità del tutto*, e quindi solidale con sé e con tutti, non possa es-
> sere felice) quando qualcuno ci disvela la nostra ridicolaggine fa
> cascare il castello di carte…. (59; corsivi miei)

Non è poi soltanto il paradosso quanto pure il pericolo di prendersi sul serio, perché, come si legge sopra, dal momento in cui ci
si accorge della "ridicolaggine" dell'auto-centrismo, crolla tutto;
ovvero, "fa cascare il castello di carte". Eppure, in questo istante,
non perdiamo nemmeno l'occasione di un possibile commento
narratologico. Giacché il prendersi sul serio è una contraddizione
di termini secondo il nostro io narrante, non sarebbe neppure, a
mio avviso, un'esagerazione leggervi al livello meta-letterario una
specie di avviso occulto al lettore che anche un testo narrativo po-

trebbe fare "cascare [un] castello di carte" di un processo semiotico che a prima vista sembra tutto lineare.

Nel tornare al discorso del "[p]rendersi sul serio è la via del fanatismo," molto più in là nel romanzo, quando il nostro protagonista sta passando un periodo piuttosto difficoltoso, che si tratterebbe di una specie di presa di coscienza siccome vorrebbe abbandonare gli studi per trovare un lavoro, Ema descrive il tempo nella seguente maniera:

> Faceva freddo, pioveva. Pioggia fredda e neve, *e fango e il mondo*. Lasciavo che mi piovesse addosso. La città sembrava avere un' anima arrabbiata, plumbea e insoddisfatta". (263; corsivi miei)

Questi due riferimenti di carattere negativo ("la vanità del tutto"; "… e fango e il mondo") costituiscono, a mio avviso, due referenti leopardiani che benché appaiano qui in punti diversi del romanzo, come si è appena visto, compaiono originariamente nello stesso sonetto di Leopardi, "A sé stesso"[3]. Tale discordanza di località ha poco significato. Ciò che conta è che codeste citazioni suggeriscono al lettore risonanze leopardiane, per cui a chi legge, infatti, viene in mente la filosofia nichilista del poeta recanatese e contemporaneamente ricorda il fatto che secondo il poeta l'unica possibilità di felicità stia nell'occorrenza dell'attesa, come—si potrà quindi supporre—la pensa così anche il nostro Ema. E tutto questo è sottolineato verso la fine del romanzo proprio con l'attesa del possibile incontro fra loro due, Ema e Angelica, in quanto Ema fantasticava che Angelica "vive[sse] ogni secondo nell'attesa, *come [lui]*" (308; corsivi testuali).

Tre aspetti narratologici sono di particolare interesse per noi lettori. Il primo è la non rara auto-identificazione dei due prota-

---

[3] A tale proposito si veda il mio "Giacomo Leopardi: 'A se stesso'," *Ipotesi 80* 27 (1989): 17-24.

gonisti con attori cinematografici. Il richiamo a Paul Newman da parte di Ema porta a luce una serie di cose. Innanzitutto, si avvera ovviamente un rapporto fra l'io narrante e la cultura statunitense. Tale rapporto si articola in una serie di circostanze che percorrono il romanzo. Angelica, ad esempio, è figlia di un italiano e un'americana, e viveva a Palm Beach in Florida. Il richiamo alla città floridiana, infatti, diventa ancora più rilevante per ciò che è Palm Beach e per quello che essa rappresenta, una vita parecchio agiata in un ambiente che rispecchia contemporaneamente sia uno pseudo-provincialismo sia un cosmopolitismo che, forse, riflette il vero ambiente della cittadina. Sempre a proposito di un referente statunitense, a metà romanzo Angelica stessa s'identifica con un'attrice americana. Si vede inoltre, che non è un'attrice qualsiasi, ma che, più precisamente, la nostra Angelica s'immedesima nella gran dama del cinema statunitense della prima metà del ventesimo secolo, Gloria Swanson, dichiarando così a quanto segue: "Ho vent'anni e sembro Gloria Swanson in *Viale del Tramonto*. Anzi: d'ora in poi, chiamami Gloria" (209).

Tali ricorrenze al cinema americano come referente culturale, inoltre, ci riportano in un altro ambiente estetico-interpretativo siccome si comincia a parlare di una cultura anche visuale; una componente estetica che potrebbe influire senza dubbio sulla scrittura delle ultime generazioni; tant'è vero che Paul Newman è una figura dominante nel cinema USA come pure in quello mondiale come interprete di personaggi che spesso non raggiungono la felicità alla fine del film, per cui il lieto fine, sia a loro sia ai nostri personaggi del romanzo, viene spesso a mancare[4]. La stessa Gloria Swanson del *Viale del Tramonto* interpreta un personaggio altret-

---

[4] In un ruolo non tanto diverso, la figura di Paul Newman appare assieme a Robert Mitchum nel romanzo d'esordio di Sandro Veronesi, *Per dove parte questo treno allegro* (Roma: Theoria, 1988) A questo proposito si veda il mio "Abitare *in limine*: *Per dove parte questo treno* [mica tanto] *allegro*." *Esperienze letterarie* 30.2 (2005): 67-84.

tanto inappagato alla fine, o almeno non ha ancora raggiunto un fine lieto quando la narrativa cinematografica termina[5]. A sua volta, intanto, questo romanzo finisce in un modo analogo: il lieto fine è assente ma ciò non toglie che esso risulti non triste; casomai, il romanzo rimane incompiuto alla fine. Ed è questa incompiutezza che possa rendere il romanzo ancor più curioso dal punto di vista semiotico perché lascia al lettore la possibilità di attribuirgli significati che magari non sembrano emanarsi a prima vista.

Un altro richiamo intertestuale sta proprio nel nome della donna con cui Ema ha una storia, Angelica, la quale a sua volta richiama la famosa protagonista del poema ariostesco. In quell'opera ormai super-canonica della letteratura italiana del Rinascimento, la bella Angelica è bramata da tutti quanti: i grandi cavalieri e gli eroi cristiani e saraceni del mondo fantastico, in cui viene ambientata la multi-stratificata trama del poema, cercano inutilmente a conquistarla giacché lei possiede una bellezza che la rende irresistibile a tutti quanti. Non ci riesce nessuno, specialmente il grande paladino Orlando, perché lei, imbattendosi per caso in Medoro, un semplice fante dell'esercito musulmano ferito e quasi privo di vita, lo salva dalla morte e contemporaneamente se non pure inaspettatamente se ne innamora. Ecco, lei, donna bella e accattivante come la nostra Angelica del romanzo—quella ariostesca bionda e di una bellezza incredibile ed esotica giacché orientale di origine, quella di Pettener, metà americana e metà italiana, solare anche lei (in senso lato del termine) che è addirittura floridiana dalla parte americana—sono ambedue un po' distanti nei confronti degli altri. E sono entrambe irraggiungibili quanto ai protagonisti delle rispettive opere.

Intenzionalità del narratore del romanzo questi richiami alla protagonista ariostesca? Non c'è da offrire una risposta chiara e netta ma, invece, si ha soltanto da fare notare semplicemente che

---

[5] Si potrebbe pure parlare qui di un testo visuale aperto proprio perché non si raggiunge alcun fine in senso tradizionale narratologico quando il film finisce.

all'interno della letteratura italiana e/o italianeggiante, il nome Angelica ci riporterà per forza sia a questa ariostesca sia ad altre donne protagoniste delle opere letterarie in lingua italiana; un'altra ancora, ad esempio, sarà Angelica de *Il gattopardo,* una donna tanto bella e affascinante che riesce a farsi innamorare Tancredi che era già fidanzato ad un'altra, Concetta[6]. A questo punto, però, ricordiamoci dell'attrice cui s'identifica la nostra protagonista, il cui primo nome Gloria costituisce accanto a quello di Angelica un perfetto duetto femminile per la nozione ideale della desiderata donna che è insieme beata e/o amata, una donna angelica e glorificata. Tale accoppiamento d'altro canto rende problematica la figura della nostra protagonista perché non è né angelica né beata (leggasi, glorificata) e quindi il lettore rimane con il compito di sciogliere questo nodo semiotico-ermeneutico per quanto riguarda la nostra Angelica metà italiana e metà americana. E anche qui una problematica semiotica continua, perché insieme al binomio Angelica / Gloria, si aggiunge quello identificario etnico di italiana / americana. In tale modo, di conseguenza, la semiosi di questo personaggio femminile continua a complicarsi per il lettore. Questo, ovviamente, un pretto distinguo del romanzo come opera divertente—da chiarire in modo definitivo con un suo simile aggettivo "divergente"—nel terzo senso del termine menzionato all' inizio di questo saggio.

---

[6] Ciò che sostengo qui è un concetto semiotico basilare secondo il quale è sovente il privilegio del lettore ad ascrivere significati ai segni che trova sott'occhi, compreso chiaramente il fatto che tale assegnazione rientri in qualche modo all'interno della logica comunicativa del testo. In questo caso mi attengo al saggio di Umberto Eco e il suo concetto di *intentio lectoris* che si avvicina con quello di *intentio operis,* dato che il bagaglio intertestuale di qualunque lettore deve sempre, pure in senso alquanto, prendere in considerazione il contest dell'opera, e cioè la decodifactio del lettore dovrebbe tornare, anche minimamente, con il testo. Si veda il suo *"Intentio Lectoris*: The State of the Art," *Differentia, review of italian thought* 2 (Primavera 1988): 147-68.

Detto questo, bisogna anche prendere in considerazione il fatto che—sia il poema cavalleresco, *Orlando furioso,* che il romanzo, *E' sabato...*—siano due opere che prendono in giro la tradizione dei due rispettivi generi. Vale a dire, l'*Orlando furioso* è una chiara e acuta parodia del poema cavalleresco del Rinascimento; e a sua volta il romanzo, *E' sabato...,* è pure esso una parodia del romanzo di formazione della cultura contemporanea. Due opere, di conseguenza, che vanno oltre le rispettive formule su come si dovrebbero comporre sia il poema cavalleresco sia il romanzo di formazione. In ambedue i casi, l'amore / la bellezza è un fattore importante. Si sa che tutti quanti gli eroici paladini s'innamorano di Angelica nel poema ariostesco e nessuno di loro la avrà. In un certo qual modo lo stesso avviene nel nostro romanzo. E come l'amore travolge tutti i cavalieri del poema epico, una cosa simile accade nel romanzo, tanto che il nostro io narrante lo dice chiaramente che "la ... bellezza [di Angelica lo] turbava" (23). In questo caso allora si potrebbe ancora una volta tornare per un attimo alla discussione all'apertura di questo saggio, e cioè alla polifonia dell'aggettivo divertente— vale a dire, il nostro romanzo va fuori strada, per così dire, per quanto riguarda la classificazione del romanzo. Basta rileggere l'iniziale descrizione di Angelica quando appare per la prima volta:

> Era una gru. Una gru fantastica, per Dio, ma la prima impressione che ne ebbi è che fosse una gru. Le gambe lunghissime e nervose che terminavano dentro scarpine rosse col tacco, miniminigonna, una camicetta a quadri da texana sbottonata sul davanti: sotto, una maglietta nera attillatissima disegnava due seni appuntiti come baionette. (20)

Come descrizione amorosa è piuttosto anomala poiché (1) risulta parecchio dettagliata per quanto riguarda i particolari delle doti fisiche di Angelica, e (2) sembra molto meno la donna tradizionalmente desiderata e amata quanto invece una ventenne sexy che voglia decisamente attrarre l'attenzione dei maschi che le stanno intorno. Ed è proprio a tale proposito che una specie di antinomia vige qui. Si è già detto che sia con il poema epico che con questo romanzo ci si trova in una parodica situazione estetica; l'opera letteraria e tutti gli aspetti tradizionali vengono capovolti in quanto, come si vede sopra in questa descrizione, le caratteristiche della donna angelica sono tutt'altro che quelle che si considererebbero angeliche, perché non ci si dimentichi che le radici della donna ariostesca risalgono alla donna angelicata del dolce stilnovo. In questo senso allora, come si era detto al principio di questa lettura, il romanzo è divertente già due su tre volte: (1) da un lato ci fa ridere perché più che donna angelicata sembra una che vuole godersi in modo non affatto consono a tale donna della tradizione amorosa; (2) dall'alto lato il romanzo diverte proprio perché devia in alcuni modo, e in senso lato, dal romanzo tradizionale, e in questo caso ci si presenta una donna abbastanza mondana, e non celeste, che vuole inoltre passare del tempo che chiaramente procuri piacere e allegria[7].

Un terzo aspetto ancora autoriflessivo del romanzo che è, a mio avviso, alquanto più approfondente, è la "passione per le parole" che Ema esprime esplicitamente:

> Perché quel giorno quel corso e quella donna segnarono un punto di svolta. Alle scuole elementari, il giovedì era il mio giorno preferito essendo il giorno del tema in classe. Avevo una passione istintiva per le parole, e la mia materia preferita era la grammatica: andavo in bambola per il congiuntivo. La mia cara maestra, estasiata, telefonava ai miei per leggere i miei temini, e mio padre telefonava ai suoi fratelli e sorelle per dir loro che razza di prodigio fossi, e io a dieci anni conoscevo già il mio destino: direttore della "Gazzetta dello Sport". Le medie rappre-

---

[7] Partendo da questa prospettiva della donna più mondana che non in cerca di piaceri ed allegria, non sarebbe errato pensare anche, in questo contesto, alla donna dell'amor cortese, quella dei corti provenzali secondo il quale l'amore è un insieme di attrazione fisica e sentimento spirituale. Si tratta cioè di un amore che non era puramente platonico, ma che aveva inoltre anche una sua componente erotica accanto a quella spirituale e/o divina.

sentarono un brutto risveglio, l'insegnante d'Italiano, un'ex sessantottina, apprezzava molto meno la mia prosa (diceva che ero retorico) e mi costrinse a letture quali *Le mie prigioni* di Silvio Pellico e poi mi ricordo un tale Marcovaldo e un altro, un certo Useppe, gente tristissima che mi faceva detestare quelle parole scarne, quei luttuosi caratteri tipografici sulle pagine sporche e pesanti delle antologie scolastiche, pagine su pagine, pacchi desolanti di pagine inutili. (116)

Si vede qui la sua "passione istintiva per le parole" lo avrebbe portato da adulto, così credeva lui, a fare il direttore della "Gazzetta dello Sport"; una combinazione non tanto inaspettata giacché un ragazzo bravo con e innamorato della lingua lo allega a una sua altra passione, che in questo caso è quella dello sport. E il duro scontro con la letteratura—e qui bisogna precisare che è letteratura in quanto materia scolastica e non come arte da apprezzare—riporta il nostro povero Ema a disprezzare ciò che invece amava davvero, la lingua: e come diceva lui, "andavo in bambola per il congiuntivo".

Si potrebbe anche mettere in dubbio il tipo di letteratura che il nostro Ema ha dovuto leggere: racconti e romanzi che sono per la maggior parte pesanti e troppo seri, che pure il volumino di Marcovaldo, nonostante qualche racconto "buffo", non si colloca in quel genere di letteratura satirica e/o umoristica. Mentre questo genere di umorismo e satira serve per mettere luce in maniera non seria delle cose importanti del mondo che ci circonda, i racconti di Marcovaldo rimangono sempre in quel genere di letteratura che alla fine resta *seria* in tutti i sensi della parola, con una chiusura inoltre che andrebbe letta anche in chiave autoriflessiva[8].

Ma la letteratura, come materia formale da scuola e non come una forma d'arte di per sé qual è, e cioè quell'espressione artistica

---

[8] Si veda il mio "La 'nevicata' di Italo Calvino: una rilettura di *Marcovaldo*," *L'Asino d'oro* 10 (1994 [1996]): 35-62; adesso in *Una semiotica della ri-lettura: Guido Gozzano, Aldo Palazzeschi, e Italo Calvino*. Firenze: Franco Cesati Editore, 2003. 79-102.

da gradire per la sua naturale estetica, raggiunge il suo apice—anzi, il punto più basso—con il romanzo che va esaltato dall'*establishment* come uno dei migliori della letteratura italiana, come si legge in seguito:

> Ma il colpo letale lo diede lui, Alessandro Manzoni. L'avevo assaggiato alle elementari, l'avrei dovuto ingoiare alle medie, l'avrei dovuto ingurgitare al liceo: mentre, come qualsiasi ragazzo della mia età, ero una cisterna ribollente d'ormoni, eccomi forzato a leggere di Lucia Mondella, la ragazza meno sexy di tutti i tempi.

Tale categorizzazione viene messa in risalto con aggettivi e verbi quali "letale," "ingoiare," "ingurgitare", e il colmo dell'esperienza manzoniana durante la sua lettura è che deve subire quelle sforzature di consumare il testo letterario, quel testo, come si legge, tanto disgustoso, anzi "letale", come lo descrive il narratore, che gli verrebbe, metaforicamente, anche da vomitare. Ma non solo, perché è, come si legge sopra, un testo narrativo per l'appunto della "ragazza meno sexy di tutti i tempi": un paradosso data la sua età nei confronti della sua "cisterna ribollente d'ormoni".

Con tale dichiarazione de *I promessi sposi* come romanzo della "ragazza meno sexy di tutti i tempi" si rientra anche in un discorso di letteratura canonica nei confronti di una letteratura non canonica. In tal senso—e, aggiungo, contemporaneamente a discorsi pertinenti all'adolescenza—si imbocca pure in quella strada del concetto dell'insegnamento di tale letteratura canonica; cioè come e fin quanto si dovrebbe insistere su testi considerati soltanto canonici per corsi di letteratura indirizzati a studenti adolescenti. Bisogna evitare a tutti i costi quelle letture che potrebbero in qualche modo soddisfare quei potenziali lettori che sono, come dice il nostro narratore, una "cisterna ribollente d'ormoni"? Bisogna insistere soltanto sugli scrittori canonici, quelli cioè che appaiono nelle antologie "approvate" dall'*establishment* sia letterario che peda-

gogico? Queste sono alcune delle domande che vengono a galla a
questo punto, specialmente da una voce—l'io narrante se non pure il cosiddetto narratore onnipresente—del terzo millennio, precisamente perché si corre il rischio che tale letteratura venga a mancare esteticamente benché essa faccia parte di quel canone, per
quanto arbitrario sia, come infatti si vede sotto:

> Cominciai ad odiare la letteratura, avvertendola come una cosa
> greve di noia e tristezza. Al ginnasio non andò meglio. Dovetti
> leggere a quindici anni un libro di tale Alberto Moravia *Gli in-
> differenti*, quando tutto ero io tranne indifferente, e mi straziavo
> d'amore e ruggivo di rabbia e masticavo amaro per l'ingiu-
> stizia, qualunque fosse il significato che a quindici anni dessi ad
> amore, rabbia ed ingiustizia. Poi a sedici anni mi costrinsero a
> leggere (per le vacanze!) *Una vita violenta* di Pierpaolo Pasolini,
> scritto per metà in romanesco e zeppo di miseria nera, e avevo
> l'ingenua impressione che quanto più io inorridissi tanto quel
> bizzarro autore ci godesse a raccontare tanta mostruosa pover-
> tà, con un ragazzino che alla fine muore annegato per salvare
> qualcun altro e allora gli si dedica una sede del partito comuni-
> sta, il cui unico risultato fu procurarmi una sempiterna diffi-
> denza per romani e comunisti.

E mentre arriva "ad odiare [davvero] la letteratura" in senso largo
del termine, ciononostante Moravia e Pasolini in un certo qual modo sveglia in lui un curioso interesse. Nel primo caso si accorge di
una certa incompatibilità nella vita, si potrebbe dire, che tutte le
cose, tutti i desideri, ecc., non sono per nulla sempre conciliabili. Il
romanzo di Moravia è di un gruppo d'indifferenti mentre il nostro
Ema non sapeva neppure cosa volesse dire l'indifferenza alla sua
tenera età di quindici anni. Poi, con il passare di un anno e una
lettura parecchio più impegnativa sotto tanti aspetti, gli tocca leggere un romanzo di Pasolini, *Una vita violenta*, lettura, come dice
lui, "per le vacanze" per giunta, mentre è tutt'altro che una lettura
di villeggiatura; è una lettura pesante, disturbante, piena di cose

tristissime e parecchio brutte. E' pure ciononostante una lettura costitutiva per il nostro io narrante per diversi motivi. Innanzitutto, il romanzo gli apre gli occhi a un tipo di vita misera: "tanta mostruosa povertà, con un ragazzino che alla fine muore annegato". In secondo luogo, gli fa capire che l'autore di un romanzo potrebbe anche voler avere un impatto sul suo lettore; e cioè che esiste addirittura *agency* letteraria quando l'io narrante dice il seguente a proposito delle possibili intenzioni di Pasolini: "avevo l'ingenua impressione che quanto più io inorridissi tanto quel bizzarro autore ci godesse a raccontare". E ancora, inoltre, gli dà un primo sguardo a un mondo che prima non conosceva, quel mondo non veneto e politico allo stesso tempo: "il cui unico risultato fu procurarmi una sempiterna diffidenza per romani e comunisti". E di conseguenza, la conclusione a tale proposito era che un totale rifiuto della letteratura non si avvera con la lettura pasoliniana; anzi, nonostante tutto gli nasce qualche interesse:

> Eppure, flebili lampi di luce mi avevano ancora tenuto aggrappato ad un certo rispetto per questa cosa che chiamavano letteratura, un po' grazie all'entusiasmo di Niso che ci parlava di questo e di quello con molto più passione di quanto avesse mai fatto un insegnante, un po' per certe traduzioni dal latino e dal greco, specie quell'Omero, con i suoi epiteti e i suoi aggettivi ridondanti, con l'aurora delle rosee dita che mi procurava un piacere in sé, mi dava un immotivato animo d'allegria…

Ed ecco che la letteratura si ravviva non tramite la lezione a scuola ma addirittura attraverso conversazioni con gli amici, specialmente Niso in questo caso. E vediamo che la passione di Ema superava per l'appunto qualunque lezione a scuola ("con molto più passione di quanto avesse mai fatto un insegnante") e che procurava in lui una soddisfazione naturale di consumo, come per così dire, letterario ("mi dava un immotivato animo d'allegria").

E quello che successivamente viene fuori come discorso importante è che il summenzionato consumo testuale è un consumo personale, non istituzionale qual è quella della scuola e quella che gli impartisce la maestrina "dagli occhi di rubinetto". Perché a scuola gli si dice come leggere il testo, quali sono le tematiche da riconoscervi, ecc., come si vede in ciò che segue:

> Ma poi arrivò lei, la nanetta dagli occhi di rubinetto, la volgare baldracca! E non c'erano più quel ciccione d'Orazio o quell'implacabile Archiloco a proteggermi e mi convinsi che fosse così, che gli scrittori fossero degli ipocriti che, comodi comodi in poltrone foderate di pelle, con una tazza fumante di tè all'anice sulla scrivania di mogano, davanti al caminetto delle loro tenute in campagna, scrivessero su come fosse orribile il mondo ma bravi i minatori; mi convinsi che fossero imbecilli che scrivevano delle cose per intenderne delle altre, che fossero dei noiosi pedanti talmente presuntuosi da sbrodolarmi sulla pagina i propri ego ipertrofici, beghe di famiglia e masturbazioni varie, dei castrati che scrivevano perché non sapevano scrivere. Se costei non mi avesse detto in lungo e in largo che la letteratura è una cosa seria, che un libro è "nutrimento della mente" e tutte queste orribili e amare corbellerie—allora forse non mi sarei abbruttito come mi accadde da lì in poi.

Si è abbruttito proprio per la istituzionalizzazione della letteratura e perché la sua professoressa gli ha insistito così tanto sulla serietà della letteratura e del suo valore nella vita dell'individuo. E il suo disdegno sia per la materia sia per la maestra si manifesta nella sua aggressività semantica del linguaggio con cui si scaglia contro tutto e tutti. Ad esempio, la professoressa è una "nanetta dagli occhi di rubinetto, [una] volgare baldracca", e gli scrittori sono degli "ipocriti" e "imbecilli che scrivevano delle cose per intenderne delle altre", "presuntuosi da sbrodolarmi sulla pagina i propri ego ipertrofici". Ma col passare del tempo si vede che il nostro Ema si accorge non soltanto della bellezza e, aggiungiamo pure a questo punto, ma anche della necessità delle parole, come si legge in seguito:

Infatti, quel mio piacere infantile per le parole e per i congiuntivi, come compresi molto più tardi, altro non era che il mio modo per percepire le cose belle, e poi tradurle, farle mie; il mondo
mi si disvelava attraverso le parole, intuivo la bellezza di un
fiore o del cielo grazie alle parole *fiore* e *cielo*, e questo a sua volta accendeva in me un desiderio di dar forma e armonia all'esistenza, cavarne il succo. Quando persi ogni minimo interesse
per la bellezza delle parole e dei congiuntivi, persi di vista anche la bellezza della vita, poiché io riuscivo a percepire la bellezza solo attraverso il linguaggio.
   E perder di vista la bellezza significa diventar dei bruti. (116-
18)

Le parole, ossia il linguaggio, si manifestano sopra come "il [suo]
modo per percepire le cose belle, e poi tradurle, farle [sue]". E la
lingua di conseguenza risulta il modo migliore tramite il quale il
nostro Ema riesce a dar forma alla vita: "un desiderio di dar forma
e armonia all'esistenza, cavarne il succo". E non solo ma anche,
come si legge nel brano appena citato, di cercare di capire fino in
fondo ciò che è il mondo—"percepire le cose belle"—e di poterlo
fare in modo approfondito—"cavarne il succo". Non è una situazione tanto diversa da ciò che si era già visto in un capitolo precedente a proposito della poesia di Alfredo de Palchi, e cioè che la
lingua costituisca uno stato costante di potenzialità significatrice,
un processo semiotico che è sempre in corso di sviluppo, il quale
poi mette in rilievo dei segni che fanno parte di un universo, come
si era detto in quello stesso capitolo precedente appena citato, di
una semiosi con ritmo crescente, ciò che Peirce aveva classificato
una "semiosi illimitata"[9]. Perché è soltanto "attraverso il linguaggio" che il nostro riusciva a "percepire la bellezza della vita"; e chi
non è consapevole dell'importanza del linguaggio per capire me-

---

[9] A tale proposito si veda il mio "A Semiotics of Ambiguity: Indeterminacy in
Alfredo de Palchi's *Anonymous Constellation*" in *Essays in Honor of Alfredo de Palchi*. Luigi Fontanella, ed. Stony Brook: Gradiva Publications, 2011. 269-89..

glio la vita, perde "di vista la bellezza" e di conseguenza "[si] divent[a] dei bruti".

❖

A questo punto torniamo ai nomi. Perché ancora qui si rispecchiano sia dei particolari nei riguardi dell'auto-riflessività sia altri per quanto riguarda allusioni agli States. E ricordiamoci ancora una volta, come si è detto all'inizio, di evitare la trappola di leggere in questo romanzo un'autobiografia che in realtà non esiste; sarebbe una lettura sin troppo facile se non pure superficiale. E pensiamo invece alla possibilità che si tratti ancor di più, caso mai, di analogie che, volente o nolente, ci indirizzino in una o più direzioni interpretative, tecnica narrativa di un autore che—come ha detto il nostro Ema della sua lettura di Pasolini—"godesse a raccontare" cose che, in questo caso, ci possano portare fuori strada di una narrativa tradizionale.

Abbiamo già discusso a lungo la funzione semiotica della nostra protagonista Angelica e, tra l'altro, del suo collegamento a una delle donne più famose della letteratura italiana. Altri nomi sono marcatamente esotici—per mancanza di un altro termine— quali ad esempio Niso e France, che ci fanno pensare a cose non italiane sia per la peculiarità di un nome come Niso o sia per un riferimento geo-culturale non italiano come France. Siamo già, infatti, al di là dei confini geo-culturali prettamente italiani. France, prendo per scontato, si spiega da sé, segno di una lingua e di una cultura storicamente considerate superiori a tante altre del mondo occidentale. Niso, d'altro canto, è un caso assai più curioso e, ribadisco, originale anche se, come si è detto al principio, il significato dipende altrettanto dal lettore quanto pure dallo scrittore, se non più privilegiato l'atto di significazione da parte appunto di chi legge.

Detto questo, Niso si figura come nome significativo a chi ha familiarità con il mondo classico. Nell'*Eneide*, Niso viene accoppiato con Eurialo, un suo caro e, meno esperto nelle armi, amico; e quando Niso sta per partire per poter raggiungere Enea ed aiutarlo in battaglia, Eurialo insiste che lo accompagni. Niso se lo porta appresso, ed Eurialo ci riesce anche lui imitando appunto il suo caro amico più esperto[10]. In modo analogo, si potrebbe anche dire che il Niso del nostro romanzo contemporaneo non ha una funzione narratologica tanto diversa. Per Ema, come si è visto sopra, il nostro Niso contemporaneo gli dà accesso, si potrebbe senz'altro dire, alla letteratura quale arte, mentre, invece, non ci riusciva mai la maestrina, come si era letto prima: "Eppure, flebili lampi di luce […], un po' grazie all'entusiasmo di Niso che ci parlava di questo e di quello con molta più passione di quanto avesse mai fatto un insegnante". Ugualmente rilevante qua per il nostro tentativo e/o desiderio di decodificazione è il riferimento a "certe traduzioni dal latino e dal greco, specie quell'Omero", collegando il nostro Niso al mondo classico dove il Niso classico compare due volte, prima nell'*Iliade* di Omero e poi successivamente nell'*Eneide* di Virgilio, i due referenti classici che appaiono nel testo del nostro romanzo. Tutto quello—di nuovo, come si era letto sopra—che al nostro Ema "procurava un piacere in sé, [e gli] dava un immotivato animo d'allegria". E ricordiamoci pure che più in là nel romanzo, durante una telefonata, Niso fa al nostro E__ _na serie di complimenti a proposito dei suoi scritti:

---

[10] A prima vista Eurialo e Niso rappresentano il simbolo di sincera amicizia e di valori umani. E mentre qui non è il mio intento di ascrivere al rapporto tra Niso e Ema lo stesso che esisteva fra Eurialo e Niso, ribadisco qui che alla fraterna amicizia che lega i nostri due soldati troiani, è anche vero che vi si può collegare una specie di legame di omoeroticità. Come ben si sa, il termine che Viriglio adopera per descrivere il rapporto fra questi due è per l'appunto "amore", termine che include sia amicizia fraterna sia sentimenti affettuosi di omoerotismo, costume comunissimo fra i soldati dell'epoca in quanto tali rapporti omosessuali avrebbero guarantito più alto valore e più forte coraggio in battaglia. Si vedano a tale proposito Mark Petrini, *The Child and the Hero: Coming of Age in Catullus and Vergil* (University of Michigan Press, 1997) 24–25, e Massimo Gioseffi, "Amici complici amanti: Eurialo e Niso nelle *Interpretationes Vergilianae* di Tiberio Claudio Donato", *Incontri triestini di filologia classica* 5 (2005-2006): 185-208.

"Ciao Niso…"

"Il mio scrittore preferito! Qual buon vento, volevo proprio chiamarti… la tua ultima opera è genio puro…"

"Dai, dimmi la verità."

"Eh, quid est veritas… Ma è vero, credimi… raffinata, snob, con quella scena finale così crudele…"

"Ma… e tu ti sei rivisto nel protagonista… sai, pensavo a te… anche se poi *ogni protagonista è proiezione dell'autore*…"

"Ma come parli?" Rise, mi sentii molto coglione, ma avevo bisogno d'altro.

"Senti… parlamene, dimmi di più dimmi cosa ne pensi".

"Cosa devo dirti? E' veramente bella, i dialoghi sono ben distribuiti, i personaggi molto paradossali… Alcuni sono autentiche macchiette…"

Fu una spina nel cuore.

"Troppo?"

"Ma no, vecchio mio, poi è la prima. La seconda sarà migliore, e così via…

[…]

"Si, grazie, per me è importante il tuo giudizio… quello degli altri , beh tu sai che me ne fotto… ma il tuo mi aiuterebbe a migliorare…" (247-48; parentesi quadre sono mie)

Si capisce nel sopra citato dialogo quanto sia importante per Ema il giudizio estetico-letterario di Niso. Una conferma questa della situazione analoga che abbiamo già menzionato a proposito dell'amicizia tra Eurialo e Niso del mondo classico poiché il primo imparava dal secondo, un rapporto in questo senso non tanto diverso da ciò che Ema sente nei confronti di Niso qui nel romanzo.

Altrettanto curiosi a loro volta sono i due nomi Saba e Alcapone. Il primo nome ci riporta all'interno di una tradizione letteraria italiana che è, fino a un certo punto, canonica. Dico fino a un certo punto proprio perché Umberto Saba, considerato uno dei grandi poeti italiani del novecento, si figura anche ciononostante come un poeta leggermente sui margini. Cioè Saba, a differenza di altri poeti quali, Eugenio Montale, Salvatore Quasimodo, e Giuseppe Ungaretti, è sempre rimasto un po' fuori, un poeta diverso dagli altri, sia per la sua *ars retorica* sia per il suo ebraismo[11]. Nei confronti degli altri poeti dell'epoca, Saba era innanzitutto il poeta della quotidianità e della "poesia onesta", una poesia che cercava di rappresentare i veri sentimenti del poeta e di non cadere invece nella trappola di produrre freneticamente ciò che lo *establishment* letterario avrebbe considerato sia *bello* che *originale*[12]. E in modo analogo il nostro romanzo segue una traiettoria non tanto diversa. Cioè, è un romanzo di formazione ma allo stesso tempo è un romanzo che pure prende un po' in giro il racconto serio dell'adolescenza. E', vale a dire, un romanzo con due possibili facce, quella tradizionale in quanto è *bildungsroman* e quella ironica e a volte sarcastica che per l'appunto prende in giro questa forma letteraria e tutto ciò che lo concerne. Saba, in questo contesto, allora, è un referente per certi lettori, e quindi non soltanto non insignificativo ma neppure indifferente. Sarebbe in un certo qual modo quel segno di sintesi tra ciò che è centrale e ciò che si trova sui margini; e questo varrebbe non soltanto per la sua estetica quanto pure per la sua etnia[13].

---

[11] Su Saba a tale proposito, rimando il lettore ai seguenti saggi: H. Stuart Hughes, *Prisoners of Hope: The Silver Age of the Italian Jews, 1924-1974* (Cambridge, MA: Harvard University Press, 1983) 32–33; G. Lopez, "Umberto Saba e l'anima ebraica" in M. Carla e L. De Angelis, *L'ebraismo nella letteratura italiana del Novecento* (Palermo: Palumbo, 1995) 87–99. Si veda anche la sezione intitolata "Gli Ebrei" nel suo *Tutte le prose*, a cura di Arrigo Stara, con un saggio introduttivo di Mario Lavagetto (Milano: Mondadori, 2001).
[12] Si vede a questo proposito il suo saggio originariamente proposto a *la Voce* nel 1911 ma rifiutato, che si trova adesso nel volume sopramenzionato, *Tutte le prose*. Per "onestà letteraria", infatti, Saba scrisse: "che è prima un non sforzare mai l'ispirazione, poi non tentare, per meschini motivi di ambizione o di successo" (676).
[13] Dati i diversi riferimenti alla cultura statunitensi non sarebbe un'esagerazione pensare anche alla situazione degli americani italiani giacché tale accoppiamento si trova sia in Angelica sia, ancora più rilevante, nel nome di uno degli amici di Ema, Alcapone.

Come si è già detto sopra, fin dall'inizio del romanzo il lettore percepisce con minima difficoltà che il romanzo è imbevuto di una sorta di sfumatura americana. Tanto è vero che, per tutto il libro, il lettore s'imbatte spesso in segni italiano/americani. Ne abbiamo già visti alcuni: Paul Newman e Gloria Swanson sono due esempi che ci vengono subito in mente, insieme pure alle radici americane di Angelica. Adesso chiudiamo la nostra discussione con il segno più italiano/americano che ci possa essere in questo contesto, specialmente perché porta a galla una serie di questioni a proposito degli americani di origine italiana.

Appropriato, dunque, per ultimo è il nome del personaggio Alcapone nei riguardi della nostra lettura. Innanzitutto, è un nome americano per eccellenza per una serie di motivi. Per primo, è un netto referente agli Stati Uniti proprio perché Al Capone è stato il criminale numero uno negli anni venti e trenta. Secondo, risulta inoltre—per bene o male che sia—un punto di riferimento per il mondo degli americani italiani giacché il nome è per l'appunto italianissimo nel contesto USA. In terzo luogo, problematizza il discorso degli americani italiani proprio perché nel contesto del romanzo è italiano, ed è di conseguenza una specie di antipodo culturale, seppure negativo, alla figura di Angelica, l'americana italiana di buona famiglia con radici floridiane.

Tutto quello che abbiamo visto lungo la nostra lettura di *E' sabato mi hai lasciato e sono bellissimo* ci riporta come lettori in un campo della semiosi di varie possibilità di letture. E' proprio questa combinazione di contraddizioni e/o *coincidentia oppositorum* che rende problematico questo aspetto del libro. Ma non finisce qui, ed è, infatti, questa continua presenza di *opposita* a diversi livelli che dà al libro il suo aspetto affascinante per quanto riguarda il lettore. Vale a dire, Alcapone ci dà una prima impressione di un gangster. Piaccia o no, il segno /Alcapone/ ha un referente negativo in quanto riporta il lettore a prima vista allo storico gangster italiano/americano. Sempre in questo ambito di prima impressione, esso è pure, come appena accennato, un antipodo culturale ad Angelica. Ma Alcapone è un altro anche se al primo impatto ci viene da pensare al personaggio storico; e cioè, simile al vero Capone, era cicciotto ("quel tricheco di Alcapone" [13]), e faceva un po' lo spaccone ("[f]aceva il gradasso" [19]). E invece differente dal personaggio storico di Chicago, il nostro Alcapone è tutt'altro. E' vero che lo assomigliava un poco il nostro gangster americano Alphonsus, specie perché era un po' "tricheco" se non "un grassone" (25), e, infine, "[s]i vestiva con il cappello di veltro, il panciotto di velluto, pantoloni grigi e carissimi stile anni Trena" (25). Ma il nostro, contrariamente al playboy storico, "aveva accostato le labbra solo ai panini—pur con gusto simile a quello che si prova con la bocca di una donna"; e, si legge poco dopo che "le donne non lo consideravano" (25). Un serbatoio di segni contradditori il nostro Alcapone, simile al romanzo che abbiamo sott'occhi, esso stesso un contenitore di segni contrastanti che sfidano il lettore che man mano va avanti nella sua lettura.

Il ricettacolo di segni dissonanti che è il nostro Alcapone rappresenta per l'appunto il tipo di romanzo che è quello di Pettener. *E' sabato mi hai lasciato e sono bellissimo* costituisce in fondo un romanzo contemporaneo che è al tempo stesso canonico e non-canonico in quanto segue una certa formula del romanzo di formazione che simultaneamente satireggia tale genere, come si è visto sopra. E' un distinguo questo che ci porta in quella direzione di prendere in considerazione altre cose di cui si è discusso lungo questa lettera. C'è innanzitutto la questione di intertestualità. Fino a che punto possiamo riconoscere chiari e netti legami con caratteristiche di altre opere e di altri generi letterari se non pure qualche aspetto di arti visuali quali il cinema e la televisione?

In tal modo il romanzo mette in dubbio non soltanto la questione del canone e il suo valore estetico, ma, come si è visto specialmente nell'episodio della maestrina "dagli occhi di rubinetto", chiama in causa contemporaneamente un discorso sull'insegnamento della letteratura, e cioè sul come e su che cosa. Si tratta in fin dei conti di una nozione dell'istituzionalizzazione della letteratura da ambedue le prospettive che è inoltre una questione del valore sia estetico sia morale della letteratura e del potere della classe dominante culturale: vale a dire, chi ne ha l'ultima parola[14].

Un romanzo gremito di segni plurivalenti che, sulla scia della loro variabilità interpretativa, possiede una caratteristica polivalente nei confronti della sua capacità di divertire il lettore. È un divertimento, come si è detto all'inizio di questo saggio, a tre stadi: quello del puro intrattenimento; un altro che nel far passare il tempo al lettore in modo piacevole, lo fa ridere; e un altro ancora che, a base del summenzionato serbatoio di segni contraddittori, svia il lettore da una lettura, diciamolo pure, tradizionale[15].

[14] E' una questione che aveva sollevato nel lontano 1959, con tanto candore come nessuno finora, Giose Rimanelli nel suo *Il mestiere del furbo: panorama della narrativa italiana contemporanea* (Milano: Sugar, 1959). E' adesso disponibile in una nuova edizione a cura di Eugenio Ragni: *Il mestiere del furbo: panorama della narrativa italiana contemporanea* (New York: Bordighera, 2015).
[15] Ringrazio Paolo Giordano e Fred Gardaphé per i loro pertinenti suggerimenti.

INDEX OF NAMES

SAGGISTICA

Taking its name from the Italian — which means essays, essay writing, or nonfiction — *Saggisitca* is a referred book series dedicated to the study of all topics and cultural productions that fall under what we might consider that larger umbrella of all things Italian and Italian/American.

Vito Zagarrio
  The "Un-Happy Ending": Re-viewing The Cinema of Frank Capra. 2011. ISBN 978-1-59954-005-4. Volume 1.
Paolo A. Giordano, Editor
  The Hyphenate Writer and The Legacy of Exile. 2010. ISBN 978-1-59954-007-8. Volume 2.
Dennis Barone
  America / Trattabili. 2011. ISBN 978-1-59954-018-4. Volume 3.
Fred L. Gardaphè
  The Art of Reading Italian Americana. 2011. ISBN 978-1-59954-019-1. Volume 4.
Anthony Julian Tamburri
  Re-viewing Italian Americana: Generalities and Specificities on Cinema. 2011. ISBN 978-1-59954-020-7. Volume 5.
Sheryl Lynn Postman
  An Italian Writer's Journey through American Realities: Giose Rimanelli's English Novels. "The most tormented decade of America: the 60s" ISBN 978-1-59954-034-4. Volume 6.
Luigi Fontanella
  Migrating Words: Italian Writers in the United States. 2012. ISBN 978-1-59954-041-2. Volume 7.
Peter Covino & Dennis Barone, Editors
  Essays on Italian American Literature and Culture. 2012. ISBN 978-1-59954-035-1. Volume 8.
Gianfranco Viesti
  Italy at the Crossroads. 2012. ISBN 978-1-59954-071-9. Volume 9.
Peter Carravetta, Editor
  Discourse Boundary Creation (Logos Topos Poiesis): A Festschrift in Honor of Paolo Valesio. ISBN 978-1-59954-036-8. Volume 10.
Antonio Vitti and Anthony Julian Tamburri, Editors
  Europe, Italy, and the Mediterranean. ISBN 978-1-59954-073-3. Volume 11.
Vincenzo Scotti
  Pax Mafiosa or War: Twenty Years after the Palermo Massacres. 2012. ISBN 978-1-59954-074-0. Volume 12.

Anthony Julian Tamburri, Editor
 Meditations on Identity. Meditazioni su identità. ISBN 978-1-59954-082-
 5. Volume 13.
Peter Carravetta, Editor
 *Theater of the Mind, Stage of History. A Festschrift in Honor of Mario
 Mignone.* ISBN 978-1-59954-083-2. Volume 14.
Lorenzo Del Boca
 *Italy's Lies: Debunking History's Lies So That Italy Might Become A
 "Normal Country".* ISBN 978-1-59954-084-9. Volume 15.
George Guida
 *Spectacles of Themselves: Essays in Italian American Popular Culture and
 Literature.* ISBN 978-1-59954-090-0. Volume 16.

CPSIA information can be obtained at www.ICGtesting.com
Printed in the USA
BVOW02s0216061115

425646BV00002BA/53/P

9 781599 541006